아동안전관리

오경숙 · 강영식 · 김유나 · 정서진

 21세기사

들어가며

　유아교육기관에 조기 입학하는 영유아들의 증가와 함께 학부모들의 염려와 관심은 무엇보다도 자녀들의 건강과 안전이다. 유아교육현장에서 운영하고 관리하는 책임자들 또한 0순위로 생각하는 것은 영유아들의 건강과 안전이다. 활동량이 풍부한 영유아들은 모든 사물과 주변 환경에 대한 호기심이 많고 탐색하려는 충동이 강하여 것이 특징이다. 그러나 이 시기는 발달적 특성으로 보아 아직 미성숙한 시기로서 주의력이나 판단력 인지적 능력이 미성숙한 것이 특징이다.

　이러한 발달적 특징으로 인하여 영유아들은 위험을 인지하거나 위험한 상황에 대처하는 능력이 부족하여 위험한 상황에서의 노출에 대처 능력이 부족하다. 따라서 교육을 담당하고 지도하는 유아교사들은 영유아들의 안전과 지도에 항상 신경을 써서 영유아들에게 발생할 수 있는 안전사고를 미연에 예방하도록 해야 한다.

　안전사고 예방을 위해서는 무엇보다도 먼저 기본생활습관지도와 함께 영유아기에 지속적이고 올바른 안전교육을 통하여 영유아 스스로 자신의 안전을 책임질 수 있도록 하는 것이 무엇보다 중요하다. 이에 따라 현행유아교육기관에서 실시되고 있는 안전교육(소방안전·아동학대·교통안전·재난대비·실종·유괴·약물오남용·응급처치·성폭력·생활안전·보건안전)등을 기준으로 하여 영유아를 지도하게 될 예비교사들이 안전교육의 중요성을 인식하고, 현장에서 체계적이고 전문적인 안전교육과 지도를 할 수 있는 능력 함양 할 수 있도록 현행 유아교육외 이론과 실제에 맞추어 본서를 집필하였으며 구체적인 내용의 전개는 다음과 같이 구성되었다.

제 4차 표준보육과정과 2019 개정 누리과정에서 제시되는 놀이를 통한 안전교육을 실시할 수 있도록 모든 관련 활동계획안을 수록하여 학생들의 교사되기 실전의 경험을 학습 해 볼 수 있도록 하였다

　　교과 내용면에서는, 영유아 안전교육의 이해를 돕기 위해 CHAPTER 01. 영유아 안전교육의 이해, CHAPTER 02. 영유아 발달특성과 안전, CHAPTER 03. 영유아 안전교육의 내용을 구성하였으며 CHAPTER 04. 안전관리 제도 및 관계법령, CHAPTER 05. 유아교육기관 실내 시설·설비 안전관리, CHAPTER 06. 유아교육기관의 실외 시설· 설비 안전관리, CHAPTER 07. 교통안전, CHAPTER 08. 대인관계 및 미디어 안전, CHAPTER 09. 폭력 및 신변안전, CHAPTER 10. 보건안전, CHAPTER 011. 재난안전, CHAPTER 12. 응급처치에 대해 이론적 배경과 함께 실제적 사례와 안전 경험을 수록하여 학생들이 유아교육현장 교사로서 역할을 하기 전 사전 경험을 통하여 충분한 지식과 역량을 갖출 수 있도록 준비하였다.

　　안전이란 어떤 한정된 계층에게만 요구되는 것이 아니라 인간이 태어나면서부터 삶을 다할 때까지 끊임없이 제기되는 과제라고 볼 수 있다. '유아교사는 안전한 환경 관리를 어떻게 해야 하며 유아안전에서 있어서 무엇을, 어떻게 교육할 것인가?' 유아교육기관의 안전 관리 및 실제적 안전교육과정 운영을 돕기 위하여 유아 안전 교육에 대한 이론뿐만 아니라 안전과 관련된 다양한 형태의 안전활동 들을 충분히 숙지하고 있어야 할 것이다.

2022년 2월

저자일동

차례

Chapter10 | 보건안전

Chapter11 | 재난안전

Chapter12 | 응급처치

영유아 안전교육의 이해

1. 영유아 안전 및 안전교육의 개념
2. 영유아 안전교육의 필요성
3. 실 제
   - ■영유아 안전교육의 중요성
   - ■안전지도 만들기

1장. 영유아 안전교육의 이해

1. 영유아 안전 및 안전교육의 개념

1) 영유아 안전 및 안전교육의 개념

세계보건기구(WHO)에서는 안전이란 '개인과 지역사회의 건강과 안녕을 유지하기 위해 신체적 손상 및 정신적, 물리적인 해를 유발하는 조건이나 위험요인을 통제한 상태'라고 정의하고 있다(안혁근, 정지범, 김은성, 2009). 사전적 의미로 안전은 '위험 원인이 없는 상태 또는 위험 원인이 있더라도 인간이 위해를 받는 일이 없도록 대책이 세워져 있고, 그런 사실이 확인된 상태'를 뜻한다(두산백과 홈페이지).

안전은 '위험하지 않고 편안한 생태이며 상처를 입은 곳이 없는 상태' 라고도 하며(남유정 2013), 신체의 건강과 생명을 지키고 사고의 가능성과 위험을 제거하기 위해 인간의 행동을 변화시키거나 물리적 환경을 변화시킴으로써 위험한 상황이 생길 수 있는 가능성을 줄이는 것으로 정의하고 있다(도남희, 이윤진, 조아라, 박은영, 2015). 이처럼 안전의 범위는 개인적인 안전에서부터 사회적 안전까지 그 범위가 다양하고 매우 복합적이며 광범위한 개념까지도 내포하고 있다.

따라서 영유아안전교육이란 위험이 발생 할 수 있는 가능성을 줄일 수 있도록 영유아의 행동 및 태도를 바람직한 방향으로 바꾸는 교육이다. 일반적으로 안전교육이란 안전을 위협하는 여러 요소로부터 건강한 생활을 유지하기 위한 적극적인 방법으로서 사고의 위험을 사전에 방지하여 사고율을 낮추고, 사고에 대한 안전한 대책을 마련하여 그 피해를 줄이기 위한 방법을 주된 내용으로 하는 교육을 의미한다. 즉, 안전에 대한 바람직한 행동의 변화와 태도 및 능력을 기르는 것을 목표로 하는 교육으로 말 할 수 있다.

　교사와 부모들은 일상생활 속에서 안전에 대한 태도를 영유아에게 모범을 보임으로써 영유아가 안전에 대한 습관이 생활화되도록 한다. 어려서부터 교통신호를 잘 지키고 과속을 하지 않는 부모를 보면서 자녀는 늘 안전에 대해 실천하는 일관성 있는 행동이 습관화 될 것이다. 부모가 완전히 차가 정차한 후에 타고 내리는 법, 안전벨트를 매는 습관, 어린이를 보호 장구에 앉히는 것, 주행 시 창문을 열고 손이나 목을 내밀지 않는 것, 신호등을 지키는 것, 과속하지 않는 것 등의 실천사항을 지켜 스스로 일관성 있는 행동으로 시범을 보일 수 있다. 이와 같이 안전교육의 필요성은 아무리 강조해도 지나치지 않은 표준교과서이다. 처음도 마지막도 안전교육은 필수인 것이다.

2) 영유아안전교육의 목표

　영유아 안전교육의 목표는 일상생활에서 영유아 안전을 위해 필요한 사항을 이해시키고 자신과 타인의 생명을 존중하며, 안전한 생활을 영위할 수 있는 태도와 주의력 및 기술의 상호작용을 기르는데 있다. 이를 위해서는 다음과 같은 사항에 주의하도록 한다.

　첫째, 일상생활에 있어서 안전을 위해 필요한 사항을 이해시키고 스스로 규칙을 지키며, 안전하게 행동 할 수 있는 태도와 능력을 기른다.
　둘째, 일상생활 속에 숨어 있는 위험을 예측하여 항상 안전을 확인하고, 정확한 판단 아래 안전하게 행동할 수 있는 태도와 능력을 기른다.
　셋째, 자신이나 타인의 생명을 존중하고 유아교육기관이나 가정 및 사회의 안전에 기여할 수 있는 태도 및 기술의 상호작용과 위험에 대처하는 데 필요한 지식을 습득시킨다(곽은복, 2008).

2. 영유아 안전교육의 필요성

영유아들에게 안전교육이 필요한 이유는 이것이 곧 영유아와 교사, 학부모 모두를 위험과 해로움, 상해로부터 자유롭게 해 주는 해결책이며 결과이기 때문이다. 또한 영유아들의 생명을 보존하고 양질의 삶을 사는 데 절대적인 것 뿐만 아니라 유아교육 현장에서 생활하는 모든 유아교사들의 현실인 것이다. 가정에서 자녀에게 스스로 자기를 보호 관리할 수 있는 지혜와 방법을 터득하도록 어려서부터 차근차근 가르쳐 나가는 정성과 노력을 하여야 함에도 불구하고 대다수의 부모들은 사회와 유아교육기관에 기대를 한다. 유아교육기관에서는 그러한 부모들을 위해 최근의 동향을 고려하여 영유아들의 안전의 필요성을 깊이 반성하고 실천하는데 노력해야 한다.

1) 영유아기 안전사고의 증가

(1) 영유아의 성, 발달단계별 안전사고 현황

한국소비자원이 2017년부터 2020년까지 소비자위해감시시스템(CISS)을 통해 수집한 14세 이하 어린이 안전사고를 집계한 결과, 4년간 총 안전사고 건수 286,042건 중 14세 이하 어린이 안전사고는 총 93,261건으로 전체 안전사고 건수의 약 32.6% 비율을 보였다. 14세 어린이 안전사고에 대해 년도 별로 살펴보면 2017년 25,699건, 2018년 24,097건, 2019년 24,971건 그리고 2020년 18,494건 발생하였으며 최근 4년간의 현황 중 2020년의 경우 다른 년도에 비해 안전사고 비율이 많이 감소되었다. 또한 전체 안전사고 건수 대비 14세 이하 어린이의 안전사고의 비율도 평균 34,6%에 비해 2020년의 경우 26.4% 비율로 전체적으로 14세 이하 어린이의 안전사고가 감소되었다.

표 1-1. 최근 4년간 CISS에 접수된 어린이 안전사고 현황

(단위:건, %)

구 분	2017년	2018년	2019년	2020년
전체 안전사고건수	71,000	72,013	73,007	70,022
어린이 안전사고건수	25,699	24,097	24,971	18,494
전년대비 증감률	–	△ 6.2	3.6	△25.9
어린이 안전사고 비율*	36.2	33.5	34.2	26.4

* 전체 안전사고 중에서 어린이 안전사고가 차지하는 비율

최근 4년간 '남아'와 '여아'의 비율은 매년 6:4의 비슷한 양상을 보였으며, 2020년 '남아'의 안전사고는 11,002건으로 전체의 59.5%를 차지하였고'여아'는 7,462건으로 40.3%를 차지하여 전반적인 비율상의 변화는 없는 것으로 나타났다. 표 2와 같이 '남아'가 '여아'에 비해 안전사고 비율이 높은 이유는 '남아'가 '여아'에 비해 상대적으로 활동적인 특성을 지니고 있기 때문으로 해석하였다.

표 1-2. 최근 4년간 CISS에 접수된 어린이 안전사고 성별 현황

(단위:건, %)

구 분	2017년	2018년	2019년	2020년
남 아	15,706(61.1)	14,704(61.0)	15,257(61,1)	11,002(59.5)
여 아	9,990(38.9)	9,388(39.0)	9,676(38,7)	7,462(40.3)
미 상	3(0.0)	5(0.0)	38(0.2)	30(0.2)
합 계	25,699(100.0)	24,097(100.0)	24,971(100.0)	18,494(100.0)

최근 4년 간 '걸음마기', '유아기', '학령기', 및 '영아기' 순으로 안전사고가 다발하였으며 2020년 또한 '걸음마기'가 7,933건으로 42.9%를 차지해 가장 많았고, '유아기' 4,438건(24.0%), '학령기' 4,403건(23.8%), '영아기' 1,720건(9.3%) 순으로 나타났다. 특히 '걸음마기'에서 안전사고가 많이 발생하는 이유는 '걸음마기'는 활동범위가 넓어지나 균형감각 및 신체 민첩성이 완전하지 못해 안전사고에 가장 취약한 것으로 분석되었다.

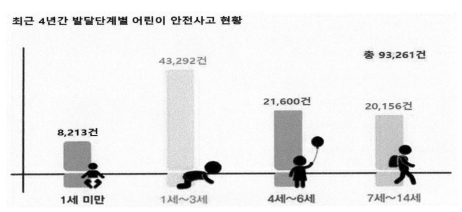

그림 1-1. 발달단계별 어린이 안전사고 현황(2017~2020년)
출처: 한국소비자원(2021).

(2) 위해장소별 안전사고 현황

최근 4년간 '주택'의 아동의 사고 비중은 매년 평균 68.7%로 전 연령의 사고 비중(52.5%)과 비교해 높게 나타났으며, 아동의 이용률이 높은 '교육시설', '여가문화 및 놀이시설'의 경우에도 전체 연령의 안전사고 보다 더 높은 비중을 차지하는 것으로 나타났다. 이렇듯 아동의 안전사고 비중이 '주택'에서 가장 높은 이유는 아동들이 대부분 가정 내에서 보내는 시간이 많기 때문인 것으로 분석하였다.

표 1-3. 최근 4년간 어린이 안전사고 위해발생 장소별 현황

(단위:건, %)

위해발생장소	2017년		2018년		2019년		2020년	
주택	17,605	68.5	16,343	67.8	16,749	67.1	13,218	71.5
교육시설	1,492	5.8	1,474	6.1	1,602	6.4	513	2.8
여가문화 및 놀이시설	1,395	5.4	1,309	5.4	1,500	6.0	788	4.3
도로 및 인도	1,132	4.4	789	3.3	1,147	4.6	1,528	8.3
숙박 및 음식점	812	3.2	827	3.4	725	2.9	473	2.5
스포츠/ 레저시설	540	2.1	428	1.8	614	2.5	340	1.8
쇼핑시설	302	1.2	265	1.1	266	1.1	110	0.6

출처: 한국소비자원(2021).

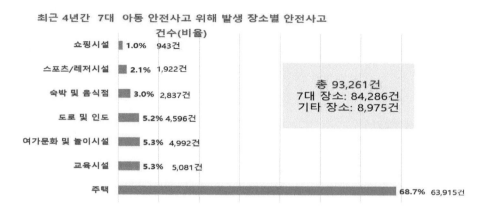

그림 1-2. **위해발생 장소별 어린이 안전사고 현황(2017~2020년)**

(3) 유치원 안전사고 유형별 현황

2020년 학교 안전공제회가 제시한 유치원에서 발생한 안전사고는 총 6,202
건으로 이중 10건 중 6건은 넘어지거나 물리적 힘의 노출에 의해 발생하였고,
부상 부위는 머리(39.9%)가 가장 많았다. 사고유형을 자세히 살펴보면 물리적
힘 노출 사고가 41.0%(2,542건), 넘어짐 사고가 23.3%(1,447건)로 전체 사고
의 절반 이상을 차지했으며, 미끄러짐 사고가 8.7%(542건), 사람과 부딪힘
6.2%(382건), 떨어짐 3.2%(198건)등의 순으로 나타났다. 이외에 기타 다양한
유형의 사고가 17.6%(1,091건)이었다. 이와 같은 내용을 살펴볼 때 어린이집
안전사고 유형이 주로 물리적 힘 노출 및 넘어짐 사고임을 알 수 있다.

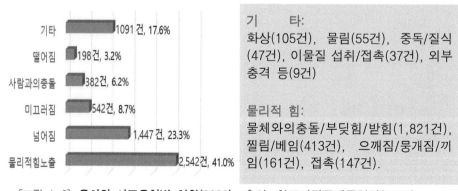

[그림 1-3] **유치원 사고유형별 현황(2020)** 출처: 학교안전공제중앙회(2021)

2020년 유치원 사고는 약 77.7%가 유치원내에서 발생하고 유치원외 사고는 22.3% 정도이다. 원내에서 발생한 사고 중 52.4%가 영유아가 가장 많은 활동을 하고 있는 교실에서 발생하며 부속시설(17.5%), 운동장(19.7%), 통로(7.7%)에서도 적지 않게 일어난 것으로 나타났다. 이외에도 교외활동에서 약 2.6%비율로 사고가 발생하였음을 보고하였다.

사고발생 시간 비율을 보면, 수업시간이 58.4%로 가장 많았고, 체육수업과 점심시간이 각 8.7%, 휴식 청소시간 6.9% 기타 15.7%의 발생률을 보였다.

- 2020년 주요 사고 장소는 [교실]에서 가장 많은 사고가 발생하였음
- [교실]에서 발생하는 사고의 주요유형(상위 3개)
  - 사고당시행동 : 장난/놀이(40.0%) > 보행/주행(11.5%) > 식사/수면/휴식(11.3%)
  - 사 고 형 태 : 물체와 충돌/부딪힘/받힘(36.9%) > 찔림/베임(9.0%) > 사람과의 충돌(7.8%)
  - 사고매개물 : 가구(책상·의자·책장 등)(38.6%) > 자연(사람·동식물 등)(15.3%) > 건물(문·바닥 등)(8.4%)
  - 사 고 부 위 : 눈(15.5%) > 입(구강)=이마(8.6%) > 치아(7.7%)

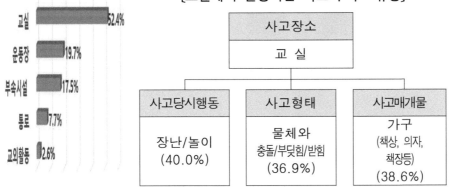

[교실에서 발생하는 사고의 주요유형]

[그림 1-4] 유치원 내 안전사고 발생 장소 및 유치원 교실에서의 안전사고 현황(2020)
출처: 학교안전공제중앙회(2021)

참고동영상

YTN [사이언스 119]
"집이 가장 위험하다?".. 가정 어린이 안전사고 예방법은?
https://www.youtube.com/watch?v=dchdE7hymWM

(4) 어린이집 안전사고 유형별 현황

2019년 어린이집 안전공제회가 제시한 어린이집에서 발생하는 안전사고 10
건 중 6건은 넘어지거나 부딪혀서 발생하고 부상 부위는 얼굴이 가장 많았다.
사고유형을 자세히 살펴보면 넘어짐 사고가 30.3%(6,909건), 물체에 부딪힘
사고가 24.9%(5,687건)로 전체 사고의 절반 이상을 차지했으며 사람과 부딪
힘 6.9%(1,567건), 꼬집음 할큄 5.2%(1,194건), 긁힘 4.4%(1,005건) 등의
순으로 나타났다. 이외에도 끼임·화상·물림·호흡곤란 등 기타(28.2%)등의 사고
가 발생하였다. 이와 같은 내용을 살펴볼 때 어린이집 안전사고 유형이 주로 넘
어짐, 부딪힘 사고임을 알 수 있다.

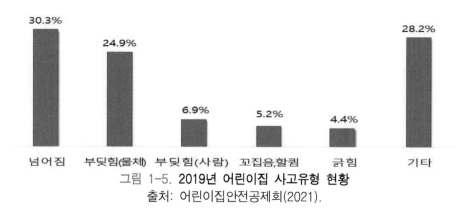

그림 1-5. **2019년 어린이집 사고유형 현황**
출처: 어린이집안전공제회(2021).

넘어짐 사고는 약 77.9%가 원내에서 발생하고 원외 사고는 22.1% 정도이
다. 원내에서 발생한 넘어짐 사고 중 43.0%가 영유아가 가장 많은 활동을 하고
있는 보육실에서 발생하며 유희실과 놀이터 및 마당(14.3%), 복도 및 계단
(6.4%)에서도 적지 않게 일어난 것으로 나타났다. 이외에도 화장실, 현관에서
약 1.9%비율로 사고가 발생하였음을 보고하고 있다.

부딪힘 사고의 경우, 약 89.7%가 어린이집 내에서 발생하였고 원외 사고는
10.3% 정도이다. 로 나타났다. 원내 부딪힘 사고 장소로 보육실에서 발생한 경
우가 가장 많았고(64.5%), 유희실 강당(11.6%), 놀이터 및 마당(5.7%), 화장
실 (3.7), 복도 및 계단(2.8%), 기타(1.4%)의 장소에서 부딪힘 사고가 발생하
였음을 보고하였다. 실외 공간의 경우에는 인근 놀이터 및 운동장(4.3%), 견학

장소 및 공원(4.1%), 실내놀이터(0.9%), 등하원길(0.8%), 관외 기타(0.2%) 순으로 나타났다.

부상유형은 찢어짐 27.5%(6,261건), 찰과상 6.6%(3,787건), 타박상 16.6%(3,780건)이 가장 빈번하게 나타났고, 그 밖에 골절 7.9%(1,793건), 치아손상 7.5%(1,700건), 탈구 5.7%(1,303건), 뻠 4.2%(962건) 순 이었으며 그 외의 부상은 2% 이하의 분포를 보였다.

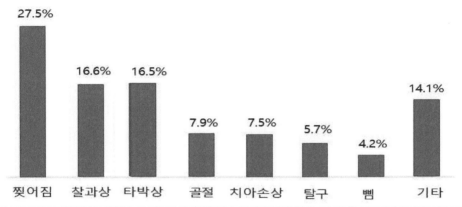

그림 1-6. 2019년 어린이집 부상유형 현황
출처: 어린이집안전공제회(2021).

성별에 따라서 남아가 60.8%(13,873건), 여아가 39.2%(8,929건)로 남아가 여아보다 1.6배 정도 사고 비율이 높았다. 연령별로는 영아 36.7%(8368건), 유아 54.7%(12482건)로 유아가 영아보다 1.5배 높게 나타났다.

월별 사고 발생률을 보면, 다른 계절보다 봄(3~5월), 가을(10월~11월)철이 높게 나타났다. 요일 비교 시, 금요일이 다른 요일에 비해 비교적 높은 발생률을 보였다.

2020년 어린이집 안전관리 실태 및 안전강화 방안 연구를 실시한 결과 어린이집의 실내·외에서 일어나는 안전사고 원인에 대해서는 유아의 개인적 특성이 가장 큰 원인인 것으로 나타났다. 2020년 어린이집 사고원인 분석에서 유아의 개인적 특성(56.3%), 영유아의 부주의(27.6%)가 대부분을 차지한 반면, 보육교사 즉, 교사의 안전의식 부족(7.3%), 시설물에 문제가 있었다고 보고된 경우는 0.6%에 불과했다.

2) 영유아 발달특성

영유아의 발달특성을 이해하는 것은 영유아 안전교육의 내용과 방법을 구성하는데 있어서 중요하다. 영유아기는 신체적·지적·사회적·정서적 발달에 있어서 다른 시기보다 변화의 속도나 정도가 급격하다. 이 시기에는 새로운 기술과 능력이 발달되며, 보다 독립적으로 행동하고 사회적으로 적합한 행동을 배우게 된다. 그러나 이러한 발달이 진행되는 과정에서의 미성숙은 영유아기의 여러 안전사고와 관련성이 높다(곽은복, 2008). 즉, 영유아는 자신의 신체를 적절히 조절하고 균형을 유지하는 능력, 안전하게 생활하는데 필요한 지식이나 기술, 상황 판단에 필요한 사고력 등이 부족하다. 더구나 영유아의 주변 환경에 대한 호기심과 탐색 욕구는 신체적·지적인 측면에서의 미성숙으로 인하여 영유아기 안전사고의 발생 빈도를 높이는 중요한 요인으로 작용한다. 이외에도 영유아는 발달의 개인적인 차이가 크므로 영유아 안전사고는 개별 영유아의 인지수준, 근육발달, 상황인식 등의 요인에 의해 영향을 받는다(문은주, 2005).

3) 사회변화 측면

가족구조의 변화와 맞벌이 가정의 증가로 인한 사회적 요구의 변화로 유아교육기관에 다니는 영유아의 연령이 낮아지는 한편, 무상보육 실시 이후 영유아의 유아교육기관 이용률이 증가하였고 기관에서 보내는 시간도 길어졌다. 이와 같은 취원 연령의 하향화와 1일 교·보육 시간의 증가로 영유아의 안전에 대한 유아교육기관의 책임은 커지고 있다. 즉 유아교육기관은 단순한 교육과 보육의 공간을 넘어 이제는 영유아들의 생활공간이 되고 있다. 따라서 유아교육기관의 시설과 설비는 영유아의 발달수준에 맞게 설치되어야하며 각 연령의 요구와 지적수준에 적절한 안전교육 내용이 적용되어야 한다.

실제 1.   영유아 안전교육의 중요성

■ (팀 활동)

영유아를 대상으로 안전의식을 높이기 위한 '아동 안전 설명서' 또는 '안전 지도 매뉴얼'을 만들어 소개해 봅니다.

실제 2. 안전지도 만들기

▣ (팀 활동)

여성가족부(2011) '아동안전지도 매뉴얼'에 제시된 내용을 참고로 우리학교 안전지도를 만들어 보고 유아교육현장에서 직접 적용해 봅니다.

안전지도란?

학교(유아교육기관)주변에서

1. 범죄가 많이 발생하는 장소
2. 범죄가 발생할 가능성이 높은 장소
3. 범죄에 대한 불안감이 큰 장소
이러한 장소들을 지도에 표현하는 것입니다.

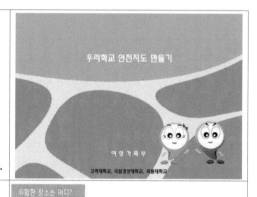

위험한 장소는 어디?

사각지대

어둡고 가려져 있어서

사람들 눈에 띄지 않아요.

- 건물이나 담장으로 둘러싸여서 주변이 잘 안보이는 복잡한 공간이나 좁은길
- 나무가 많이 심어져서 주변이 안보이는 공간
- 지하에 있거나 어두워서 잘 안보이는 주차장

사각지대
사람들 눈에 띄지 않아 불안해요.

위험한 장소는 어디?

가로등 없음

가로등이 없어서

밤에 너무 어둡고 무서워요.

- 가로등이 없어서 밤에 다니기가 불편하고 무서운 골목길
- 가로등이 있지만 어두워서 앞이 잘 안보이는 골목길
- 어두워서 저녁에는 불안해지는 놀이터

가로등없음
가로등이 없어 밤에 너무 어두워요.

위험한 장소는 어디?

지저분한 환경

쓰레기가 아무데나 버려져 있어요.
낙서가 많아서 지저분해요.
고장나고 깨진 시설들을 그냥 두고 있어요.

- 전봇대나 건물 앞에 함부로 쓰레기가 버려진 장소
- 낙서가 많아서 사람들이 불쾌하게 하는 장소
- 부서지거나 깨진 유리창, 건물이 그대로 있는 장소
- 녹이 슨 시설들을 수리하지 않고 그냥 둔 장소

지저분한 환경
쓰레기가 버려져 있고, 낙서로 지저분한 곳이에요.

위험한 장소는 어디?

통행량 적음

사람들이 적게 다니고,

찾아오는 사람이 드물어요.

- 평소에 사람들이 잘 다니지 않는 골목길
- 집들이 밀집된 좁은 골목길
- 뒷산으로 연결되는 골목길
- 논밭, 과수원 등 사람들이 드문 길

통행량적음
사람들이 적게 다녀서 불안해요.

안전지도를 만드는 과정은 조사구역 설명과 조 편성, 조원의 역할, 조사방법, 강외실에서 지도 만들기외 순으로 구성된다. 팀 별 구성인원에 따라 편성되는 조원의 수가 달라지나 보통 1개조를 6~8명으로 구성하고, 각 구성원의 역할을 안내한다. 현장조사 시 안전에 각별히 유의하도록 하며, 사진 촬영 시에는 개인의 프라이버시가 침해되지 않도록 교육한다. 특히 범죄예방에 초점을 두고 있기 때문에 주민 인터뷰시에는 "범죄"라는 용어를 써서 인터뷰를 할 수 있도록 교육한다.

예) " 이 주변에는 범죄에 위험한 공간이 있나요?"
"이 주변에서 범죄가 발생한 적이 있나요?"

조 편성

1. 이동루트 안내: 지도를 목에 걸고 팀원들이 가야 할 방향을 이끈다.
2. 교통안전 주의: 팀원들의 교통안전 및 기타 안전에 대한 주의를 담당한다.
3. 인터뷰: 주민의 인터뷰 및 대화/인터뷰 내용을 적는 역할을 한다.
4. 사진 찍기: 사진을 찍는 역할을 한다.
5. 지도기입: 위험 장소에 대한 코멘트를 지도에 적는다.
6. 스티커담당: 위험 장소에 대해 스티커를 붙인다.

■ 지도 상단에는 조이름, 조원, 지도교사 등의 성명을 기록하고, 필요에 따라서는 개선되기를 바라는 학생들의 의견을 포스트 잇 등에 기록하여 별도의 공간에 부착한다.

■ 교실에서 만든 지도는 A1 사이즈로 제작하며, 종이 재질은 무광택 일반 용지를 사용한다. 이는 다양한 재료를 붙이고 펜으로 내용을 기록하는데 용이하기 때문이다. 포스트 잇 등을 자유롭게 오려서 다양하게 표현하도록 한다.

영유아 발달특성과 안전

2장. 영유아 발달특성과 안전

1. 안전사고의 개념 및 안전문제의 중요성

1) 안전 및 안전사고의 개념

안전은 위험과 대비되는 개념이지만 절대적으로 안전한 상태는 존재하지 않는다. 즉, 안전한 상태란 위험 요인이 없는 상태이거나 위험 원인이 있더라도 인간이 손상이나 사고를 당하는 일이 없도록 대책이 세워져 있는 상태를 뜻한다. 안전을 재해나 사고가 발생하지 않는 상태로 보는 안전에 대한 소극적 개념에서 한 걸음 더 나아가 재해나 사고가 발생하지 않도록 하기 위해 잠재되어 있는 위험 요인을 예측하여 이에 대한 대책이 체계적으로 수립되어 있는 상태로 보는 안전에 대한 적극적 개념을 가져야 한다.

안전사고는 주변 환경에 존재하는 다양한 종류의 위험요인을 사전에 발견하여 대처하지 못한 결과 발생하는 손상이나 상해를 가리킨다. 유아가 가장 많이 생활하는 곳인 가정과 유아교육기관에서 안전사고도 주로 일어난다. 그러므로 가정과 유아교육기관에서 발생할 수 있는 잠재적 위험 요인에 대한 대처가 잘 되어 있는 것이 유아의 안전을 위해 중요하다.

2) 영유아 안전문제의 중요성

사회가 점차 현대화되어 갈수록 영유아의 안전문제 및 관리의 어려움이 증가되고 있다. 현대사회의 특징이라고 할 수 있는 핵가족화 및 여성의 사회진출은 가정 내에서 영유아를 보호할 수 있는 기능을 약화시켰고, 보호자 없이 방치되는 아동을 증가시켰다. 인구증가와 도심의 팽창으로 인해 주택이 밀집화되고 고층화되면서 아동을 위한 안전한 놀이공간의 부재가 발생하게 되었고, 차량증가로 인한 교통안전사고의 위험이 증대되었다. 이러한 환경적 유해요인의 증가뿐만 아니라 조기교육의 열풍으로 인해 영유아들은 일상생활의 위험에 노출될 기회가 증가되었다. 예를 들면 유치원이나 학원 등 교육시설에 통원하는 영유아의 수가 급증하였고, 종합유원지 등 대규모 놀이시설이 증가되었으며, 완구나 놀이용구 또는 영유아 기호식품 등의 소비가 팽창된 것이다. 그러나 이에 반해 우리 사회전반에 걸친 안전의식 부족과 개인주의는 공동체적 대응에 대해 무관심을 유발하고 영유아 안전을 위한 제도적 장치와 정책 부족으로 이어졌으며, 이는 결국 증가되는 영유아 안전문제에 대한 대책 마련을 어렵게 하고 있다.

2. 영아기 발달특성과 안전사고 유형

과거 영유아 안전사고는 우연히 발생하는 사고로 예방을 할 수 없다고 여겨졌으나, 최근에는 영유아의 발달 특성과 위험한 상황 및 환경, 요인과의 상호관계성 등을 미리 차단하거나 조절함으로써 예방이 가능하다고 보는 등 영유아 안전사고에 대한 인식이 변화했다(허인애, 2003). 즉, 영유아의 발달적 특성을 이해하고 위험한 상황이나 잠재적 위험 요인을 인식하여 영유아의 안전사고에 미리 내처할 수 있다. 따라서 영유아의 발달특성에 따른 안전사고 유형을 알아보고 이에 대한 안전관리 방안을 마련할 필요가 있다.

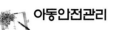 아동안전관리

1) 영아기(만 0세) 발달 특성 및 안전사고 유형

(1) 만 0세 영아 발달 특성

영아기는 인간의 성장과정에서 신체성장이 가장 빠른 시기로, 체중은 출생 후 1년이 지나면 출생 시보다 3배 이상이 증가하고, 뇌의 무게는 2.5배, 심장의 무게는 보통 2배 정도, 신장은 1.5배가 될 정도로 급속한 성장을 보인다(이금선, 2017).

0세 영아들은 성장이 가장 급격하게 이루어지며, 머리가 다른 신체에 비해 먼저 발달한다(김선옥, 2017). 생후 4개월까지 신생아는 하루 대부분을 자면서 보내는데, 하루 24시간을 밤과 낮의 구별 없이 일정 간격으로 자고 깨면서 생활을 한다. 생후 6개월이 되어서야 밤에는 자고 낮에는 깨어있는 성인의 수면 양상이 나타나기 시작한다. 4~12개월의 영아들은 몸을 뒤집거나 기어 다니기, 앉아있기, 서있기, 이동하기 등 운동능력이 발달하게 되어 넘어지고 부딪히는 등의 사고 유발 행동을 하게 된다. 12개월이 된 영아는 머리 크기가 성인의 70%정도까지 성장한다. 그러나 다른 신체 부위는 상대적으로 덜 발달함으로써 신체가 불균형하고, 무게중심이 위로 향하기 때문에 머리를 쉽게 다칠 수 있다(정옥분, 2018). 또한 이 시기의 영아들은 호기심이 많아 손에 잡히는 모든 물건을 입으로 가져와서 탐색하고자 하는 욕구가 강해 이물질 흡입으로 인한 질식사고의 위험이 높아지고, 영아돌연사 발생 우려가 높다(보건복지부, 2017).

표 2-1. 만 0세 영아의 발달 특성

연령	발 달 특 성
만 0세	순식간에 몸을 뒤집거나 바닥에서 구르기를 즐김
	모든 물건을 입으로 가져감
	누워만 있던 영아는 고개를 가누고, 뒤집고, 잡아주면 앉게 됨
	물체를 손에 잡는 것을 즐김
	사물에 대한 호기심이 많아 탐구 욕구가 생김
	균형 감각이 부족함
	대소근육 발달이 적어 물건을 떨어뜨리기 쉬움
	새로운 행동을 실험하며 운동성이 발달
	활동 반경이 넓어지고 움직임의 범위가 넓어짐

출처: 한국소비자원(2021).

(2) 만 0세 영아 발달 특성에 따른 안전사고 유형

만 0세 영아들은 움직임이 자유롭지 못해 활동범위가 좁고 대부분의 시간을 가정에서 보내기 때문에 '주택'에서의 안전사고 비율이 매우 높게 나타난다. 특히 2020년에는 '주택'의 비율이 92.0%로 2017년 88.3%, 2018년 87.4%, 2019년 89.7%에 비해 최대 비율을 차지했는데, 이는 코로나19 확산에 따른 사회적 거리두기 캠페인의 영향을 받은 것으로 보고 있다.

만 0세 영아들은 위에서 제시된 발달 특성으로 추락, 부딪힘, 미끄러짐, 넘어짐, 화상, 삼킴 등 안전과 관련된 사고가 많이 발생한다. 따라서 보육교직원과 부모는 안전의 개념이 형성되지 않은 영아에게 주의를 주는 것보다는 전열기구, 작은 놀잇감, 물건 등 영아들에게 위험이 될 수 있는 요소들을 모두 제거해야 한다(보건복지부, 2017). 특히 영아 돌연사 증후군과 같이 순간적으로 사고가 발생되는 경우가 있는데, 이를 예방하기 위해서는 만 0세 영아가 낮잠을 자거나 분유를 먹을 때 수시로 지켜봐야 하고, 수면 자세를 수시로 확인해 주어야 한다(최경아, 2017).

표 2-2. **최근 4년간 만 0세 영아의 안전사고 위해 발생 장소별 현황**

(단위:건, %)

위해발생장소	2017년		2018년		2019년		2020년	
주택	2,066	88.3	1,735	87.4	1,944	89.7	1,582	92.0
숙박 및 음식점	41	1.8	26	1.3	31	1.4	15	0.9
도로 및 인도	32	1.4	19	1.0	28	1.3	24	1.4
의료서비스 시설	26	1.1	27	1.4	24	1.1	11	0.6
쇼핑시설	13	0.6	12	0.6	11	0.5	5	0.3
여가문화/ 놀이시설	8	0.3	10	0.5	13	0.6	3	0.2
교육시설	7	0.3	3	0.1	7	0.3	4	0.2
기타	147	6.2	154	7.6	109	4.9	76	5.4
합계	2,340	100.0	1,986	100.0	2,167	100.0	1,720	100.0

출처: 한국소비자원(2021).

표 2-3. 만 0세 영아기의 안전사고 위해 유형별 현황(2016~2020년) (단위:건,

순위	위해유형	주요원인품목	건수	비율
1위	추락	침대, 소파, 유모차, 유아용 침대 등	5,303	50.8
2위	부딪힘	침대, 거실장 및 TV장, 식탁, 테이블 등	1,076	10.3
3위	미끄러짐/넘어짐	목재마루재, 바닥재, 침대 등	858	8.2
4위	식품섭취 위해	분유류, 달걀, 치즈류, 이유식 등	694	6.7
5위	고온물질 위해	커피포트, 전기밥솥, 전기압력밥솥 등	667	6.4
6위	이물질 삼킴/흡입	스티커, 완구, 비닐 랩, 전지 등	553	5.3
7위	눌림/끼임	문, 승용물, 옷장, 냉장고 등	468	4.5
8위	베임/찔림	손톱깎이, 완구류, 면도기, 옷걸이 등	323	3.1
9위	충돌/추돌 등 충격	전신거울, 완구류, 선풍기, 덤벨 등	159	1.5
10위	약물부작용	주사액, 약품류, 항생제 등	52	0.5
합 계			0	100.0

출처: 한국소비자원(2021).

만 0세 안전사고 사례

【사례1】 (여, 9개월, 추락) 쇼파(50cm)에서 추락하여 머리 타박상 발생
【사례2】 (남, 8개월, 화상) 압력밥솥 스팀에 데여 손목 및 손의 화상 발생
【사례3】 (여, 8개월, 추락) 유모차에 타고 있다가 바닥으로 떨어져 뇌진탕 발생
【사례4】 (남, 9개월, 부딪힘) 화장실 문에 부딪혀 왼쪽 눈에 열상

3. 걸음마기 발달특성과 안전사고 유형

1) 걸음마기(만 0~1세) 발달 특성 및 안전사고 유형

(1) 만 1~2세 걸음마기 발달 특성

생후 1년부터는 팔, 다리가 빠른 속도로 발달하며 신장은 60% 이상 증가한다. 무게중심은 머리에서 몸의 중심으로 옮겨 오고 하체의 힘이 발달하게 되며 점차 걷기 시작하고 운동능력이 향상되나 신체적 균형 감각이나 조절능력은 미흡하다. 이 시기 영아들은 탐색하고자 하는 의욕과 모방하려는 심리가 어느 시기보다 왕성하여 끊임없이 신체를 움직이게 된다(김선옥, 2017). 걸을 수 있게 되면서 걷기, 빨리 걷기, 달리기 등을 하다가 자주 넘어지고 부딪히게 되며, 만 2세가 되면 리듬감 있는 걸음걸이에서 자유로운 기술로 발달하여 공 던지기, 세발자전거 타기, 그네타기 등 상체와 하체를 조합하는 활동을 하게 된다(정효정 외, 2010).

(2) 만 1~2세 걸음마기 발달 특성에 따른 안전사고 유형

이 시기의 안전사고는 2016년부터 2020년 간 전체 영유아 위해 유형별 사고의 약 59.7%를 차지하며 영유아기중 가장 높은 비율을 보였다. 걸음마기는 영아기에 비해 비교적 움직임이 자유롭지만 아직은 양육자의 보호가 각별히 필요한 시기로 대부분의 시간을 가정에서 보내기 때문에 '주택'에서의 안전사고 비율이 매우 높게 나타난다. 다만 영아기에 비해서는 '주택'에서의 안전사고 비율이 다소 낮아졌다. 2020년에는 '주택'에서의 안전사고 비율이 82.0%로 2017년 79.3%, 2018년 77.3%, 2019년 78.0%에 비해 높은 비율을 차지하였다. 특히 2020년 '여가 문화 및 놀이시설', '교육시설'의 안전사고 비율이 2017년 이후 최저치를 기록하였는데 이는 코로나19 확산으로 외출이 감소하였기 때문인 것으로 보고 있다(어린이집안전공제회, 2021).

만 1~2세 걸음마기 영아들은 위에서 제시된 발달 특성으로 미끄러짐, 넘어짐, 부딪힘, 추락, 이물질 삼킴 등 안전과 관련된 사고가 많이 발생한다. 또한 이 시기에는 칼, 가위 등 위험한 도구에 상해를 입는 경우가 자주 발생하게 되므로 주의 깊게 영아들을 관찰하고 사고가 발생하지 않도록 조심해야 한다.

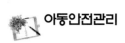

표 2-4. 만 1세~2세 걸음마기의 발달 특성

연령	발 달 특 성
만 1세	머리와 몸의 비율이 맞지 않아 잘 넘어짐
	생활 반경 속 관심의 대상이 확대되고 손과 발의 협응력이 발달함
	행동 및 활동 범위가 넓어지고, 호기심이 많아 탐색을 즐김
	소근육이 발달하며 문과 서랍 열기를 좋아함
	아직 물건을 입에 넣는 것을 즐김
	자아개념, 자기중심적 사고, 중심화 사고 경향을 보임
	타인의 입장에서 사물이나 사건을 인식하지 못함
	운동능력의 발달로 걷고 기어오르는 등의 신체활동을 즐기지만, 신체 조절능력이 미숙함
만 2세	소근육과 신체능력이 발달하여 새로운 행동의 시도가 많고, 급속한 성장으로 활동반경이 확대되는 것에 비해 안전감각은 매우 부족함
	자기중심적 사고의 시기
	내 것에 대한 소유 개념이 발달하여 함께하기, 같이하기, 차례 기다리기를 힘들어 함
	주로 혼자놀이를 진행, 발달이 빠른 경우 친구와 함께 놀이를 시도하지만 지속시간이 짧으며 양보가 힘들어 친구와의 갈등 생김
	정서조절이 완벽하지 않고, 화를 내거나 눈물을 흘림으로써 자신의 감정을 표현
	모방과 탐색하고자하는 의욕이 어느 시기보다 왕성하여 끊임없이 움직이므로 칼, 가위 등 위험한 도구에 상해를 입는 경우가 자주 발생함
	외부의 위험한 상황에 대처하거나 반응하는 지각·운동능력이 미성숙한 상태
	달리기, 기어오르기, 뛰기 등 대근육 활동을 할 수 있지만 속도감이나 균형감각의 조절능력은 아직 완벽하지 않음

표 2-5. 최근 4년간 걸음마기의 안전사고 위해 발생 장소별 현황

(단위:건, %)

위해발생장소	2017년		2018년		2019년		2020년	
주택	8,901	79.3	9,022	77.3	8,968	78.0	6,507	82.0
여가문화/놀이시설	467	3.8	422	3.6	462	4.0	216	2.7
교육시설	382	3.1	410	3.5	411	3.6	145	1.8
숙박 및 음식점	368	3.0	361	3.1	309	2.7	173	2.2
도로 및 인도	245	2.0	196	1.7	282	2.5	256	3.2
쇼핑/상업시설	198	1.7	187	1.6	198	1.7	91	1.2
교통시설	39	0.3	63	0.5	50	0.4	18	0.2
스포츠/레저시설	45	0.4	27	0.2	41	0.4	34	0.4
기타	1,541	6.4	990	8.5	774	6.7	493	6.3
합계	12,186	100.0	11,678	100.0	11,495	100.0	7,933	100.0

출처: 한국소비자원(2021).

(단위:건, %)

표 2-6. 최근 5년간 만 1~2세 걸음마기의 안전사고 유형별 현황(2016~2020년)

순위	위해유형	주요원인품목	건수	비율
1위	미끄러짐/넘어짐	목재마루재, 바닥재, 킥보드 등	14,285	26.3
2위	부딪힘	침대, 식탁, 책상, 테이블 등	12,615	23.2
3위	추락	침대, 소파, 의자 등	9,540	17.5
4위	이물질 삼킴/흡입	구슬, 완구, 조립용 블록, 스티커 등	4,917	9.0
5위	눌림/끼임	문, 승용물, 엘리베이터 등	4,376	8.0
6위	베임/찔림	칼, 완구, 가위 등	2,128	3.9
7위	고온물질 위해	정수기, 전기밥솥, 전기압력밥솥 등	2,123	3.9
8위	식품섭취 위해	달걀, 우유, 조리식품, 치킨 등	1,990	3.7
9위	충돌/추돌 등 충격	선풍기, 거울, 문, 서랍장 등	977	1.8
10위	파열/파손/꺾어짐	유리컵, 유리병, 그릇 등	358	0.7
기 타			1,064	2.0
합 계			54,373	100.0

출처: 한국소비자원(2021).

> **걸음마기 안전사고 사례**
>
> 【사례1】 (남, 1세, 넘어짐) 어린이집 교실에서 넘어지면서 바구니에 얼굴 찰과상
> 【사례2】 (남, 2세, 이물질 삼킴/흡입) 레고를 가지고 놀다가 코에 들어가 콧구멍의
>   이물발생
> 【사례3】 (여, 2세, 넘어짐·찔림) 넘어지면서 물고 있던 칫솔에 찔려 구강의 찰과상
> 【사례4】 (여, 2세, 부딪힘) 방문 모서리에 머리를 부딪힌 후 이마 열상

4. 유아기 발달 특성과 안전사고 유형

1) 유아기기(만 3~5세) 발달 특성 및 안전사고 유형

(1) 만 3~5세 유아기 발달 특성

유아기는 영아기에 비해 양적인 성장은 더디지만 몸의 무게중심이 점차 아래쪽으로 이동하면서 균형이 잡혀간다. 이로 인해 움직임이 더욱 안정되고 유연해지며, 소근육 조절 능력이 발달하여 양손을 이용한 활동뿐 아니라 대근육 활동이 증가하고 복잡한 운동기술능력을 보인다. 끊임없이 움직이며 모험놀이를 즐기고 보다 활동적인 놀이를 즐기고 유치원, 놀이터, 키즈카페 등 외부활동이 증가한다(한국소비자원, 2021). 또한 모든 주변 사물과 상황을 자신의 관점에서만 파악하려고 하고 혼자서 하고 싶어 하는 자아중심적인 특징을 갖는다(정금연, 2018). 그로 인해 유아들은 유아교육기관 등에서 친구들과 함께 놀이를 하면서 의견 충돌이 일어나 잦은 다툼이 일어나기도 한다.

표 2-7. 만 3세~5세 유아기의 발달 특성

연령	발 달 특 성
만 3세 ~만5세	어린이집과 유치원에 등원하는 비율이 높아짐
	혼자놀이보다 함께 놀이를 더 즐김
	기어오르기, 뛰어오르기 등 대근육 활동을 즐김
	놀이기구를 사용한 놀이가 증가
	집이나 동네, 이웃 등 활동 범위가 넓어짐
	모험심이 강해짐
	행동대신 언어로 표현하고 이해하게 됨
	환경과 보다 효율적으로 상호작용 가능
	안전에 대한 개념을 인지
	구체적 사물이나 행동이 제시되지 않아도 상상하거나 추측하여 행동하는 것이 부분적으로 가능함.
	위험한 활동을 해냈다는 성취감을 즐김

(2) 만 3~5세 유아기 발달 특성에 따른 안전사고 유형

유아기는 신체 운동 기능이 발달하고 위험한 상황이나 도구에 대한 판단력이 형성되기 시작함으로써 질식과 같은 사고도 줄어든다(이기숙 외 2011). 또한 유아들의 활동범위가 넓어짐으로써 '주택' 비중이 감소하고 그 외 '여가 문화 및 놀이시설', '교육시설' 등의 비중이 증가하는 등 실내보다는 실외의 사고가 많아진다. 자기중심적인 사고로 자신의 관점에서 상황을 파악하며, 성인과 같은 논리적인 사고가 부족함으로 위험을 정확히 인지하는 것이 쉽지 않다. 예를 들어 길을 건널 때 팔만 들고 건넌다든지, 굴러가는 공을 잡으러 차도로 뛰어든다든지 하고, 이동 중 물건을 밟거나 걸려서 잘 넘어지고 부딪힌다(강희숙 1993). 대근육의 발달과 함께 신체의 움직임이 활발해지면서 자유롭게 뛰기, 움직이기, 달리기, 자전거 타기 등 놀이기구의 자유로운 이용이 가능해지고, 주변 환경에 대한 탐색 기회가 승가하면서 충돌 사고, 교통사고나 스포츠 안전사고(자전거 등 바퀴달린 놀이기구 이용 시), 동식물에 의한 사고, 내인사고, 놀이시설에서 일어나는 사고가 증가한다(성미영 외 2018).

2020년 유아기 안전사고는 '주택'에서의 안전사고 비율이 66.1%로 2017년

62.1%, 2018년 62.7%, 2019년 61.6에 비해 비교적 높은 비율을 차지하였다. 특히 2020년에는 '여가 문화 및 놀이시설'에서의 사고가 다른 년도에 비해 줄었고 '도로 및 인도'의 안전사고 비율이 2917년도 이후 가장 높게 발생하였다.

만 3~5세 유아들은 위에서 제시된 발달 특성으로 미끄러짐, 넘어짐, 부딪힘, 추락, 눌림·끼임 등 안전과 관련된 사고가 많이 발생한다. 또한 이 시기에는 가정 밖 생활 증가하면서 등 하원 차량 등 자동차 사용 횟수 증가로 인한 교통사고와 칼, 가위 등 위험한 도구에 의한 베임·찔림 등의 사고가 자주 발생하게 되므로 주의 깊게 유아들을 관찰하고 사고가 발생하지 않도록 조심해야 한다.

표 2-8. 최근 4년간 유아기의 안전사고 위해 발생 장소별 현황

(단위:건, %)

위해발생장소	2017년		2018년		2019년		2020년	
주택	3,668	62.1	3,506	62.7	3,498	61.7	2,932	66.1
여가문화/놀이시설	511	8.7	479	8.6	518	9.1	291	6.6
교육시설	409	6.9	385	6.9	410	7.3	165	3.7
도로 및 인도	309	5.2	206	3.7	309	5.5	425	9.6
숙박 및 음식점	188	3.2	194	3.5	156	2.8	108	2.4
스포츠/레저시설	127	2.1	103	1.8	97	1.7	64	1.4
쇼핑/상업시설	110	1.8	98	1.8	95	1.7	71	1.6
교통시설	39	0.7	33	0.6	27	0.5	7	0.2
기타	546	9.3	582	10.4	559	9.7	375	8.4
합계	5,907	100.0	5,586	100.0	5,669	100.0	4,438	100.0

✹ 유아기 안전사고 사례

【사례1】 (남, 4세, 부딪힘) 골목에서 놀다가 정차되어 있는 차의 백미러에 부딪혀 귀의 열상

【사례2】 (남, 5세, 넘어짐·미끄러짐) 워터파크 슬라이드에서 넘어져 아래턱에 열상을 입음

【사례3】 (여, 5세, 넘어짐·미끄러짐) 킥보드를 타다 넘어져 턱에 열상

【사례4】 (남, 4세, 부딪힘) 아파트 주차장에서 차문을 열다가 부딪쳐 이마에 열상

표 2-9. 최근 5년간 만 3~5세 유아기의 안전사고 유형별 현황(2016~2020년)

(단위:건, %)

순위	위해유형	주요원인품목	건수	비율
1위	미끄러짐/넘어짐	마루재, 바닥재, 킥보드 등	8,314	31.3
2위	부딪힘	침대, 식탁, 책상, 테이블 등	5,706	21.5
3위	추락	침대, 소파, 미끄럼틀, 놀이시설 등	4,264	16.1
4위	눌림/끼임	문, 승용물, 어린이 자전거 등	2,105	7.9
5위	이물질 삼킴/흡입	구슬, 완구, 블록, 동전 및 화폐 등	2,006	7.6
6위	식품섭취 위해	달걀, 고기류, 조리식품, 치킨 등	1,240	4.7
7위	베임/찔림	칼, 완구, 가위 등	1,108	4.2
8위	충돌/추돌 등 충격	승용물, 시소, 문, 문구 등	538	2.0
9위	고온물질 위해	정수기, 화로, 글루건, 고데기 등	414	1.6
10위	파열/파손/꺾어짐	세면대, 유리컵, 유리병, 유리창 등	212	0.8
기 타			617	2.3
합 계			26,524	100.0

출처: 한국소비자원(2021)

5. 영유아의 발달적 특성과 상해의 종류 및 예방적 조치

영유아는 연령별 발달적 특성에 따라 상해의 종류와 장소가 다르다. 4개월 이전의 영아는 스스로 이동하는 것이 어렵기 때문에 추락하거나 질식, 화상 등의 상해가 많으며, 12개월 이전의 영아는 놀이공간이나 목욕실, 장난감, 작은 물체, 독성 물체 등으로 인한 상해 발생이 많다. 1~2세 영아는 미숙한 걸음으로 주변을 탐색하는 것을 좋아하여 현관문이나 창문, 놀이 공간에서 사고 발생이 빈번하고, 2~3세 영아는 활동영이 넓어지고 또래와의 사회관계가 형성되면서 교통사고, 화상, 친구와 놀이하는 상황에서 사고가 발생한다. 3~5세는 대근육이 발달하여 활동의 범위나 영역이 넓어진다. 자전거를 타거나 높은 곳을 오르는 등 어른들의 행동을 모방하고 호기심이 왕성하여 주변을 적극적으로 탐색

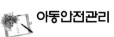

하므로 도구나 설비에 의한 사고나 추락, 물, 교통사고 등이 빈번하게 발생한다. 영유아의 주요 발달적 특성과 상해의 종류 및 예방적 조치를 살펴보면 다음과 같다.

표 2-10. **영유아의 주요 발달적 특성과 상해의 종류 및 예방적 조치**

연령	발달적 특성	상해의 종류와 장소	예방적 조치
출생 ~ 4개월	• 먹고, 자고, 운다.	• 화상 • 추락 • 삼키기 • 날카로운 물체 • 질식	• 팔꿈치로 목욕물의 온도를 재어본다. • 보호울타리가 없는 침대나 탁자 위에 혼자 있게 하지 않는다. • 삼킬 수 없는 커다란 장난감을 선택한다. 또한 독성이 없으며 모서리가 날카롭지 않은 것이어야 한다. • 핀이나 날카로운 물체들을 영아 가까이에 놓지 않는다. • 얇은 비닐, 비닐봉지, 끈, 베개 등에 의하여 영아가 질식되거나 목이 졸릴 수 있으므로 주의한다. 침대 매트리스나 요는 단단한 것이 안전하다. 이 시기의 영아들은 완전한 보호를 필요로 한다.
4~12 개월	• 물체를 손에 움켜쥐며, 입에 넣는다. • 움직임의 범위가 커진다.	• 놀이 공간 • 목욕실 • 장난감 • 작은 물체 • 독성 물체 • 추락 • 화상	• 늘 성인이 보는 안전한 장소에 있게 한다. • 욕조의 마개 가까이에 영아가 있게 하지 않는다. 어떤 이유에서든 잠시라도 목욕실에 영아 혼자 있게 해서는 안 된다. • 모서리가 날카롭지 않고, 독성이 없는 나무나 플라스틱 종류의 장난감을 선택한다. • 단추, 구슬, 동전 등 작은 물체는 항상 주의하여 보관한다. • 이 시기의 영아들도 여전히 완전한 보호를 필요로 한다. • 계단이나 현관에 안전울타리를 설치한다. • 난로나 라디에이터 주변에 보호막을 설치한다. 뜨거운 음식, 물, 기구 등을 영아 가까이에 놓지 않는다. 또한 뜨거운 증기를 주의한다.

연령	발달적 특성	상해의 종류와 장소	예방적 조치
1~2세	• 걷고, 기어오르고 탐색한다. • 문과서랍 등을 열고 닫아 보며 놀기를 즐긴다.	• 현관문, 문, 창문 • 놀이 공간 • 물 • 독성 물체	• 도로에 접한 문은 항상 닫아 둔다. 계단, 복도 등에 안전대를 설치한다. • 실외 놀이장은 울타리를 친다. 실내에 있는 전기용품 등의 코드를 모두 치운다. • 욕조, 물가 주변에 영아가 혼자 있게 하지 않는다. • 약품, 소독제 등은 장 안에 넣고 잠근다. 화장품, 청소용품 등 가정에서 항상 사용하는 것들도 영아들의 손에 닿지 않는 곳에 보관한다.
2~3세	• 끊임없이 움직인다. • 혼자서하고 싶어 한다. • 모방행동과 탐색행동을 한다.	• 화상 • 교통사고 • 물 • 장난감 • 위험한 물체 • 놀이 친구	• 난방용 가구는 보호대를 설치하고 조리용 기구는 사용 후 바로 정리한다. • 길가나 도로에 혼자 나가지 않도록 보호 울타리를 친다. 위험에 대해 이야기해 주고, 혼자 가서는 안 되는 곳을 구분지어 준다. • 성인의 보호 없이는 얕은 물도 위험요인이 될 수 있다. • 날카로운 모서리가 없는 견고한 것을 선택한다. • 화(化)기구를 유아 가까이에 두지 않는다. 불이 얼마나 위험한 것인지를 유아에게 가르쳐 준다. 집에 영유아 혼자 잠시라도 있게 하지 않는다. • 약품, 소독제, 식물 재배용 비료 등을 잠금장치가 된 장에 보관한다. 가위, 칼 등을 안전하게 사용할 수 있는 방법을 가르친다. • 단단한 공, 자전거 등에 의한 사고를 많이 당한다.
3~6세	• 행동범위가 확대된다. • 자전거를 즐겨 타고, 기어오르거나 뛰어오르는 대근육활동을 즐긴다. • 모방놀이가 확장된다.	• 도구 및 설비 • 독성 물질 및 화상 • 추락 및 기타 안전 사고 • 물 • 교통	• 가정에서 사용하는 위험한 도구는 잠금장치가 된 장에 보관한다. 가위, 칼 등을 안전하게 사용할 수 있는 방법을 가르친다. • 약품, 청소용 약품 등은 장에 보관한다. • 무독성의 미술자료를 제공한다. • 버린 냉장고, 쓰레기더미, 오래된 건물, 건축 장소 등에서 놀지 못하게 한다. • 불의 위험을 알려주고, 수영지도를 시작한다. • 교통규칙을 가르쳐주고, 지키도록 한다. 또한 교통사고의 위험도 알려준다.

6. 영유아 안전사고 예방을 위한 교사의 역할

영유아 시기는 발달적으로 안전사고의 위험성이 잠재되어 있고 하루 평균 8~9시간 정도로 장시간 머무는 유아교육기관의 원장 및 교사를 비롯한 보육교직원들의 안전인식은 매우 중요하다. 특히 어린이집은 집단 보육이 실시되므로 영유아의 건강과 안전한 생활을 위해 연령·시기별 영유아 발달 특성에 따른 안전사고 유형 등을 잘 인지하고, 유아교육기관 내 실내·외 환경뿐만 아니라, 교통/차량, 급식, 재난/비상대비, 안전교육 등에 대한 철저한 관리를 함으로써 안전사고를 미연에 방지할 수 있어야 한다. 영유아 안전사고 예방을 위한 교사의 역할은 다음과 같다.

첫째, 영유아의 발달특성 및 행동 특성에 대한 교사의 이해가 필요하다. 각 연령에 따른 인지능력, 운동 능력 등의 차이에 대한 교사의 이해는 영유아의 행동을 보다 용이하게 예측할 수 있게 한다. 이로써 사고를 효과적으로 예방할 수 있게 함은 물론 유아 안전교육의 내용과 방법을 구성하는데 도움을 줄 수 있다(이순영, 2010).

둘째, 유아교육기관을 이용하는 영유아 안전사고 예방과 관리를 위해 안전사고에 대한 교사의 인식이 중요하다. 영유아의 특성, 어린이집 시설, 설비 기준, 물리적 환경에 따라 안전 기준이 달라지므로 교사들의 안전 인식, 안전 기준을 형성하는 일이 필요하다.

셋째, 교사가 영유아의 사고는 영유아 발달 특성과 위험 상황 및 환경을 포함하는 사고요인과 사고의 관계성을 파악하고 사전에 조치를 취한다면 이것들로부터의 사고를 줄일 수 있다(이현숙, 2017). 이를 위하여 교사는 영유아에게 안전교육을 실시함으로 영유아가 스스로 안전 행동을 하도록 도우며 영유아들의 안전사고가 발생하지 않도록 예방적 환경을 조성하는 역할을 담당한다.

넷째, 교사는 안전한 행동 실천을 통해 안전 행동의 모델이 되며 물리적 환경제공, 영유아 행동을 관찰함으로 영유아의 위험으로부터 보호, 안전사고 예방을 위한 교육, 안전교육과 안전 환경을 위한 의사결정의 역할을 수행한다(윤선화, 2000).

실제 1.   나의 안전사고 예방 점수

■ (QUIZ)

다음 OX 퀴즈를 확인하고 <u>나의 안전사고 예방 점수</u>가 몇 점인지 확인해 봅니다.

	안전사고 예방을 위한 수칙	O	X
1	영아의 숙면을 위해 푹신한 침대를 사용합니다.		
2	영유아가 구슬을 삼켰을 경우 물이나 우유를 마시게 합니다.		
3	서랍장에는 무거운 물건을 윗칸에 두어 서랍장이 넘어지지 않게 합니다.		
4	영아 주변에 크기가 작은 물건이나 장난감을 두지 않습니다.		
5	화상 부위에 얼음을 직접 대어 환부의 열을 내립니다.		
6	블라인드 끈은 영유아 손이 닿지 않는 높이로 조절합니다.		
7	팔을 심하게 부딪혀 타박상이 있는 경우, 곧바로 환부에 온찜질을 합니다.		
8	사소한 이야기일지라도 영유아의 말에 귀 기울여야 합니다.		
9	무더위 속 여유아가 물을 찾지 않는다면, 굳이 주지 않아도 됩니다.		
10	가방에 아이의 이름, 전화번호 등은 눈에 잘 띄도록 적어놓아야 합니다.		
11	날씨가 화창한 날은 미세먼지 수치가 낮은 날입니다.		
12	폭염 속 창문이 닫힌 자동차 안에 아이를 혼자 남겨두지 않습니다.		
13	아이가 차량에서 내리는지 확인 후 출발해야 합니다.		
14	길을 건너기 전, 신호와 상관없이 멈춰야 합니다.		
15	영유아의 문제행동을 수정하기 위해서는 체벌을 사용해야 합니다.		

15개 모두 정답	14개~10개	9개~5개	4개 이하
완벽합니다.	거의 완벽하지만, 조금 더 분발해 주세요.	분발해주세요.	영유아 안전사고 예방을 위한 각별한 주의가 필요해요.

정답: XXXOX / OXOXX / XOOOX

출처: 한국소비자원(2021). 어린이 안전사고 예방 가이드

 실제 2.   영유아 발달별 안전사고 유형

■ (집단 활동)

4명의 인원이 한 팀을 이루어 영유아 연령별 발달에 따른 안전사고 유형을 찾아 보고 연령, 사고의 원인, 발생상황, 대처 방안 등에 대해 토론 후 발표해 봅니다.

팀 명 및 팀 원 이름:

해당 연령	사고원인	발생상황	대처방안

제3장

영유아 안전교육의 내용

1. 영유아 안전교육의 내용
2. 제4차 표준보육과정의 안전교육 내용
3. 2019 개정 누리과정의 안전교육 내용
4. 실제
   - 안전교육 관련 사이트 안내
   - 직업안전에 대한 활동 전개

3장. 영유아 안전교육의 내용

1. 영유아 안전교육의 내용

1) 영유아 안전교육의 내용

안전교육의 내용은 영유아에게 위험요소들로부터 벗어나 사고나 재해로부터 몸을 지킬 수 있는 능력을 기르게 하여, 사고의 가능성을 줄이는 것에 일차적인 초점을 두어야 한다. 이러한 관점에 따라 영유아 안전교육에는 영유아에게 일상생활에서 개인 및 집단의 안전에 필요한 지식, 태도, 기술 습득과 자신과 다른 사람의 생명을 존중하며 안전하고 건강한 생활을 영위할 수 있는 습관을 육성시킬 수 있는 내용이 포함되어야 한다.

영유아의 안전교육은 다음과 같은 내용이 포함되어야 한다.

■ **잠재적 위험성을 감지하고 인식하며 위험도를 판단하고 대처하는 기술**

안전교육에는 영유아가 잠재적인 위험을 인식하고 얼마나 위험할 것인지를 파악하여 적절하게 행동하거나 대처할 수 있는 내용이 포함되어야 한다(예를 들면, 요리활동에서 가열 기구를 사용하거나 조형 활동에서 가위를 사용하는 경우의 위험성 판단).

■ **안전 태도 및 행동에 영향을 주는 요인**

영유아 안전교육은 영유아가 위험 상황에 대처하는데 영향을 주는 고정관념이나 습관이 반영되어야 한다(예를 들면, TV 등의 대중매체나 컴퓨터, 이동전화 등의 미디어는 안전교육 내용에 포함되어야 함).

■ **자신 및 타인의 안전 책임에 필요한 개인적·사회적 기술**

영유아가 자신 및 타인의 안전에 책임을 지려면 개인적·사회적 기술이 필요하다(예를 들면, 다른 사람에게 도움을 요청하거나 119구조대 부르기 또는 동승한 성인에게 안전벨트를 착용하도록 요청하기 등).

2) 교육부의 학교 안전교육 7대 표준안

교육부(2014.11.11.)는 현재 안전교육이 여러 법령에 분산, 규정되어 있어서 현장의 혼란을 줄 수 있으므로 「학교안전법」으로 일원화하는 '교육 분야 안전 종합대책'을 통해 학교안전교육을 강조하였다. 교육부는 발달단계별 체계적 교육이 가능하도록 생활안전, 교통안전, 폭력·신변안전, 약물·인터넷 중독, 재난안전, 직업안전, 응급처치의 7대 안전교육표준안을 개발하고 이를 안전교과 및 단원을 구성하여 안전교육 표준안을 제시하였다.

교육부가 마련하여 시행하고 있는 안전교육 7대 표준안의 영역과 현재 유치원에서 시행하는 내용을 제시하면 다음과 같다.

표 3-1. **안전교육 7대 표준안**

대분류	중분류	소분류	유치원
생활안전 (13차시)	시설 및 제품 이용안전	시설 안전	교실에서 안전하게 활동하기
			끼임 사고 조심하기
			화장실 안전하게 이용하기
			공공장소에서 규칙 지키기
			실외에서 안전하게 놀이하기
			계단 안전하게 오르내리기
			승강기, 에스컬레이터 안전하게 이용하기
			미끄러운 곳에서 조심하기
			환풍구와 맨홀 안전하게 이용하기
		제품 안전	냉난방기구 조심하기

			전기감전 조심하기
			가스안전 점검하기
			공기청정기 및 공기 측정 도구 사용하기
			학용품 안전하게 사용하기
			급·간식 배식 조리도구 안전하게 사용하기
	신체활동 안전	놀이 안전	신체활동 안전하게 하기
			안전한 장소에서 안전한 방법으로 놀이
			탈 것 안전하게 이용하기, 보호 장구
			놀이기구 안전하게 이용하기
		체육 및 여가 활동 안전	탈 것 안전수칙 이해하기, 보호 장구
			도구를 사용하여 안전하게 활동하기
			물놀이 안전수칙 지키기
			안전하게 숲 체험활동하기
			바깥놀이, 현장학습 안전하게 다녀오기
			안전하게 실외놀이기구 참여하기
	실종 및 유괴 예방 안전	실종 및 유괴· 미아사고 예방	실종, 유괴, 미아 상황에 대한 이해
			실종, 유괴, 미아 상황에서의 대처
	급식 및 식품위생 안전	급식 및 식품위생 안전	몸에 좋은 음식 나쁜 음식
			식품 알레르기 알기
			식중독 예방법 알기
			식품첨가물 유해성 알기
교통안전 (10차시)	보행자 안전	교통표지판 구별하기	표지판 및 신호등의 의미
			교통안전 규칙 알기
		길 건너는 방법	횡단보도 길 건너기
			육교 건너기
			지하도 건너기
		보행안전	길 건너기
			사각지대 알기
	자전거 안전	안전한 자전거 타기 및 안전한 자전거 관리	안전한 자전거 타기를 위한 준비
			안전한 자전거 타는 장소
			안전한 자전거 타기
	통학버스 및 자동차	안전한 통학버스 타기 및 안전한 통학버스 관리	안전한 통학버스 타기를 위한 준비
			통학버스의 이해

			안전한 어린이 통학버스 타기
	안전	자동차 사고 예방	자동차의 이해
			안전띠 매기
	대중교통 안전	대중교통 안전 및 대중교통 이용안전 수칙	대중교통의 의미
			안전한 버스이용
			안전한 지하철 이용
			안전한 비행기, 선박이용
폭력 및 신변보호 안전 (8차시)	학교폭력	학교폭력	학교폭력을 알고 친구와 사이좋게 지내기
		언어/ 사이버 폭력	언어(사이버)폭력의 의미를 알고 바르고 고운 말을 사용
			언어폭력의 유형 및 사례를 알고 예방, 대처하기
			올바른 언어 사용
			언어폭력 대처법
			거부 표현하기
			도움 청하기
			신고하기
		물리적 폭력	신체폭력의 의미를 알고 사이 좋게 신체 놀이하기
			신체폭력 예방과 대처 알기
			친구의 물건을 소중히 다루기
			다른 사람의 물건을 뺏거나 가져가지 않기
		집단 따돌림	집단 따돌림의 이해-친구의 의미
			집단 따돌림의 유형 및 사례를 알고 예방, 대처하기
			집단 따돌림의 예방
			집단 따돌림의 대처법
			신고접수방법 및 도움요청
	성폭력	성폭력예방 및 대처방법	나의 몸 인식하기
			타인의 성적 강요행동과 언어를 알고 대처하기
			강제로 내 몸 만지는 일에 대해 대처 방법 알기
			성폭력 위험한 상황을 인식하기
			성폭력 위험한 상황에서 도움 요청하기
			위험한 상황에서 도와주는 사람들을 알고 도움 요청하기

	아동학대	아동학대예방 및 대처방법	아동학대의 이해 및 유형
			CCTV 설치 이해하기
			아동학대의 신고 및 대처방법
	자살	자살예방 및 대처방법	생명의 의미알기
			모두 특별한 존재임을 이해하기
			나의 소중함, 특별함 알기
	가정폭력	가정폭력 예방 및 대처방법	가족의 소중함 알기
			가족구성원의 역할 이해
			사랑을 표현하기
			가정폭력을 이해하고 유형 알기
			가정폭력의 피해 증상알기
			가정폭력에 대처하기
약물·사이버중독예방(10차시)	약물중독	약물의 오용 및 남용 예방	약에 대한 이해
			올바른 약물 사용법
		흡연폐혜 및 예방	간접흡연의 문제점
			담배 속 유해성분 파악
			담배가 신체에 미치는 부정적 영향 알기
		음주폐해 및 예방	알코올의 특성 이해
			술이 건강에 미치는 영향 파악
			음주운전의 위험성 인식
	사이버중독	인터넷 게임중독	인터넷 사용습관 파악
			인터넷 게임 중독의 위험성 인식
			인터넷 게임 예절 숙지
			인터넷 건전 사용방안 모색
		스마트폰 중독	스마트폰의 올바른 사용습관 형성
			스마트폰의 중독성 인식
			스마트폰의 건강한 사용습관 형성
			스마트폰의 건전한 사용방안
재난안전(6차시)	화재	화재 발생	화재의 기초적인 개념
			화재의 위험성
			화재로 인한 피해가능성
		화재 발생 시 안전수칙	화재 발생 시 유의사항
			화재 발생 시 대피장소
			화재 발생 시 대피요령
			연기 발생 시 대처요령
			화재 유형별 대처요령

			화재 발생 시 신고요령
		소화기 사용 및 대처방법	소화기의 사용방법
	사회 재난	폭발 및 붕괴의 원인과 대처방법	폭발과 붕괴 발생 시 기초적인 대피방법
		각종 사고 발생 시 대처요령	재난 사고 발생 시 기초적인 대처요령
	자연 재난	홍수 및 태풍 발생 시 대처요령	홍수 발생 시 기초적인 대처요령
			태풍 발생 시 기초적인 대처요령
		지진, 대설, 한파 낙뢰 발생 시 대처요령	지진 발생 시 기초적인 대처요령
			대설/한파/폭염 발생 시 기초적인 대처요령
		미세먼지 대응요령	고동도 미세먼지 알기
			미세먼지 단계별 대응요령
			깨끗한 실내공기질 유지하기
응급처치 (2차시)	응급 처치의 이해와 필요성	응급처치의 목적과 일반원칙	응급상황 이해하기
			응급 처치를 위한 도움 요청하기
		응급상황 시 행동요령	119신고와 주변에 알리기
			사고예방수칙 이해하기
		응급처치 전 유의사항 및 준비	손 씻기와 소독하기
	심폐 소생술	심폐소생술	심폐소생술 필요 상황 이해하기
		자동제세동기의 사용	자동제세동기 설치된 장소 탐색하기
	상황별 응급 처치	기도폐쇄	기도폐쇄의 원인 이해하기
		지혈 및 상처처치	상처의 종류 이해하기
			넘어져서 피가 날 때 대처하기
		염좌 및 골절 처치	염좌 및 골절 원인 이해하기
		화상응급처치	화상의 이해와 예방법 알기
		갑작스런 상황에서 응급처치	모기, 개 등에 물렸을 때
			햇볕에서 쓰러졌을 때
			물에 빠졌을 때
			이물질이 들어갔을 때
			발작(경련) 및 구토를 할 때
			추운 날 안전하게 활동하기
			안전하게 운동하기

※ 학교급에 따라 학생 활동 및 체험 중심으로 안전교육을 강화하여 편성 운영

출처: 교육부(2015). 유·초·중·고 발달단계별 '학교안전교육 7내영익 표준안' 발표. 보도자료(2월 25일).

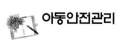

표 3-2. 안전교육 연간계획안 예시(유아)

월	주	안전교육 7대 표준안	교육내용	소방대피훈련 (재난 포함)
3	1	생활안전(실종·유괴 예방)	낯선 사람에 대해 알아요	소방대피훈련 (감염 대응)
	2	약물·사이버중독	약은 무엇일까요	
	3	재난안전	안전하게 대피해요	
	4	교통안전	안전하게 걸어요	
	5	생활안전	원에서 일하시는 분	
4	1	폭력 및 신변안전	소중한 곳의 이름을 알아요	소방대피훈련 (황사 대응)
	2	약물·사이버중독	잘못 먹은 약은 독이에요	
	3	재난안전	황사는 위험해요	
	4	교통안전	안전벨트를 꼭 해요	
5	1	생활안전(실종·유괴 예방)	아무나 따라가지 않아요	소방대피훈련 (미세먼지 및 오존 비상대응)
	2	약물·사이버중독	약은 정해진 약만 먹어요	
	3	재난안전	작고 작은 미세먼지	
	4	교통안전	자동차 옆에서 놀지 않아요	
6	1	폭력 및 신변안전	행복해질 권리 방패	소방대피훈련 (정전 대응)
	2	생활안전(실종·유괴 예방)	쉿! 아무도 없어요	
	3	약물·사이버중독	친구의 약을 먹으면 안돼요	
	4	직업안전	일터에서 일어나는 안전사고	
	5	교통안전	나를 지켜주는 보호장구	
7	1	폭력 및 신변안전	나는야 내 몸 지킴이	소방대피훈련 (집중호우 대응)
	2	생활안전(실종·유괴 예방)	싫어요! 안돼요! 도와주세요!	
	3	약물·사이버중독	옛날에 먹던 약은 먹으면 안 돼요	
		교통안전	투명 우산을 써요	
	4	생활안전	즐거운 물놀이 안전한 물놀이	
8	1	폭력 및 신변안전	나쁜 느낌을 말해요	소방대피훈련 (폭염 대응)
	2	생활안전(실종·유괴 예방)	낯선 사람과 함께 타지 않아요	
		약물·사이버중독	스마트폰을 사용하는 방법	
	3	재난안전	생명의 문 비상구	
	4	교통안전	멈춘다! 살핀다! 건넌다!	
	5	생활안전	승강기, 에스컬레이터를 타요	
9	1	폭력 및 신변안전	기분 나쁜 장난은 안돼요	소방대피훈련

	2	생활안전(실종·유괴 예방)	어른과 함께 다녀요	(태풍 대응)
	3	약물·사이버중독	아빠 엄마 술은 안 돼요 안 돼	
	4	재난안전	태풍에 대비해요	
10	1	생활안전(실종·유괴 예방)	따라가지 않을래요	소방대피훈련 (지진 대응)
	2	약물·사이버중독	예방접종으로 내 몸을 지켜요	
	3	재난안전	땅이 흔들려요	
		교통안전	안전하게 기다려요	
	4	생활안전	엄마 아빠 조심해요	
11	1	폭력 및 신변안전	나는 소중해요	소방대피훈련 (대 테러 대응)
	2	생활안전(실종·유괴 예방)	멈추기, 생각하기, 도와주세요	
		약물·사이버중독	인터넷 중독이 무엇일까?	
	3	재난안전	119에 신고해요	
	4	교통안전	교통안전 표지판을 알아요	
	5	생활안전	위험한 구멍 맨홀과 환풍구	
12	1	폭력 및 신변안전	친구의 권리도 소중해요	소방대피훈련 (한파 대응)
	2	생활안전(실종·유괴 예방)	길을 잃었어요	
	3	약물·사이버중독	술은 우리 몸을 건조하게 해요	
		재난안전	앗! 뜨거워 화상	
	4	교통안전	탈 때는 아이 먼저 내릴 때 어른 먼저	
1	1	생활안전(실종·유괴 예방)	아무 차나 타지 않아요	소방대피훈련 (폭설 대응)
	2	약물·사이버중독	하얀 담배 연기 속 나쁜 비밀	
		재난안전	눈이 올 때 조심조심	
	3	교통안전	빵빵 자동차 신호	
	4	생활안전	승강기와 에스컬레이터	
2	1	폭력 및 신변안전	아동권리 방패를 지키는 방법	소방대피훈련
	2	생활안전(실종·유괴 예방)	낯선 어른을 도와주지 않아요	
		약물·사이버중독	위험한 담배를 피해요	
	3	재난안전	멈춰요 엎드려요 뒹굴어요	
	4	교통안전	위험해요 위험해	

출처: 키드키즈 계획안 수정·보완

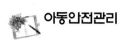

표 3-3. 안전교육 연간계획안 예시(영아)

월	주	안전교육 7대 표준안	교육내용	소방대피훈련 (재난 포함)
3	1	생활안전(실종·유괴 예방)	선생님과 손을 잡아요	소방대피훈련 (감염 대응)
	2	약물·사이버중독	먹을 수 있는 것과 없는 것	
	3	재난안전	불이야, 불이야	
	4	교통안전	빵빵 자동차	
	5	생활안전	장난감은 먹는 게 아니야	
4	1	폭력 및 신변안전	기저귀를 갈 때 좋은 느낌	소방대피훈련 (황사 대응)
	2	생활안전(실종·유괴 예방)	선생님이 보이지 않으면 그 자리에 서 있어요	
	3	재난안전	모래바람이 불어요	
		약물·사이버중독	맛있는 냄새! 먹으면 안 돼요	
	4	교통안전	손잡고 안전하게 건너요	
5	1	생활안전(실종·유괴 예방)	나를 사랑해요	소방대피훈련 (미세먼지 및 오존 비상대 응)
	2	약물·사이버중독	만지면 안 돼요 먹으면 안 돼요	
	3	생활안전	움직일 때 조심해요	
	4	교통안전	안전벨트를 꼭 해요	
6	1	폭력 및 신변안전	누가 있을까	소방대피훈련 (정전 대응)
	2	생활안전	손을 꼭꼭 씻어요	
	3	재난안전	만지면 안 돼요(전기 콘센트)	
	4	교통안전	차에 탈 때 조심조심	
	5	약물·사이버중독	스마트폰으로 노래를 틀어요	
7	1	폭력 및 신변안전	사랑해, 고마워, 도와 주세요	소방대피훈련 (집중호우 대응)
	2	생활안전(실종·유괴 예방)	아무나 따라가지 않아요	
	3	약물·사이버중독	친구 약을 먹으면 안돼요	
		교통안전	차에서 내릴 때 조심조심	
	4	생활안전	첨벙첨벙, 안전한 물놀이	
8	1	폭력 및 신변안전	내 몸의 소중한 곳을 만지지 않아요	소방대피훈련 (폭염 대응)
	2	생활안전(실종·유괴 예방)	쉿! 아무도 없어요	
		약물·사이버중독	약은 사탕이 아니에요	
	3	재난안전	불이 날 때 숨으면 안 돼요	
	4	교통안전	차가 올 땐 멈춰요	
	5	생활안전	신나는 놀이터!	

			안전하게 놀아요	
9	1	폭력 및 신변안전	팬티(기저귀)는 왜 입을 까요	소방대피훈련 (태풍 대응)
	2	생활안전(실종·유괴 예방)	사람이 없는 곳에 가지 않아요	
	3	약물·사이버중독	몸을 튼튼하게 해주는 주사	
	4	재난안전	태풍은 무서워요	
10	1	생활안전(실종·유괴 예방)	좋은 느낌과 나쁜 느낌	소방대피훈련 (지진 대응)
	2	약물·사이버중독	약은 정해진 약만 먹어요	
	3	재난안전	땅이 흔들려요	
		교통안전	창문 밖으로 손을 내밀지 않아요	
	4	생활안전	어른과 함께 타는 승강기	
11	1	폭력 및 신변안전	내 몸에 대해 알아요	소방대피훈련 (테러 대응)
	2	생활안전(실종·유괴 예방)	큰 소리로 도움을 청해요	
		약물·사이버중독	옛날에 먹던 약을 먹으면 안 돼요	
	3	재난안전	뜨거운 것을 조심해요	
	4	교통안전	차 안에서 일어나지 않아요	
	5	생활안전	위험한 구멍이 있어요	
12	1	폭력 및 신변안전	나쁜 느낌은 달라요	소방대피훈련 (한파 대응)
	2	생활안전(실종·유괴 예방)	아무나 따라가지 않아요	
		약물·사이버중독	선생님이 주는 약만 먹어요	
	3	재난안전	날아가요 (바람이 많이 불어요)	
	4	교통안전	자동차 옆에서 놀지 않아요	
1	1	생활안전(실종·유괴 예방)	어떻게 해야 할까요	소방대피훈련 (폭설 대응)
	2	약물·사이버중독	좋아요 나빠요(스마트폰)	
		재난안전	펑펑 눈이 와요	
	3	교통안전	빵빵 피하세요	
	4	생활안전	계단에서 조심조심 걸어요	
2	1	폭력 및 신변안전	난 행복해요	소방대피훈련
	2	생활안전(실종·유괴 예방)	손을 잡고 걸어요	
		약물·사이버중독	우리 몸을 건강하게 해주는 약이 있어요	
	3	재난안전	땅이 미끄러워요	
	4	교통안전	차 안에서 아무거나 만지지 않아요	

출처: 키드키즈 계획안 수정·보완

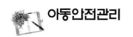

2. 제4차 표준보육과정의 안전교육 내용

어린이집 0~5세 영유아의 연속적 경험과 연령 간 발달적 연계를 위해서 「제2차 표준보육과정」중 「3~5세 연령별 누리과정」의 목표와 내용을 고려하여 0~1세 보육과정, 2세 보육과정을 개정하였고, 2013년 1월에 누리과정을 포함하여 「제3차 어린이집 표준보육과정」을 고시하였다(보건복지부고시 제 2013-8호).

2017년 12월, 보건복지부는 제3차 중장기보육 기본계획(2018~2022)에서, '영유아의 행복한 성장을 위해 함께 하는 사회'라는 비전을 설정하였고, '보육·양육에 대한 사회적 책임 강화'라는 국정과제를 실현하기 위해 보육의 공공성 강화, 보육체계 개편, 보육서비스의 품질 향상, 부모 양육지원, 4개 분야의 확대를 제시하였다. 영유아의 교육수요 변화 등을 고려하여 누리과정의 개편이 진행될 계획(18년~교육부·보건복지부)으로 0~2세 표준보육과정도 영아의 놀 권리 및 균형적 발달을 고려하여 개정을 추진한다고 발표하였다.

2019년, 어린이집에 다니는 0~5세 영유아를 대상으로 한 보육과정 중 3~5세 유아를 위한 보육과정(누리과정)은 개정되었고, 0~2세 영아는 유아교육기관 중 어린이집에 해당하여 보건복지부 주관 하에 2019년 10월부터 누리과정 및 표준보육과정 연구진을 중심으로 「제 3차 어린이집 표준보육과정」(0~2세) 개정 연구'가 시행되었다. 개정 연구를 통해 0~1세 보육과정과 2세 보육과정의 영역별 내용을 개정하였고, 0~2세 보육과정과 3~5세 보육과정(누리과정)을 포괄하는 총론의 일부를 개정하여 2020년 4월 9일 「제4차 어린이집 표준보육과정」을 고시하였다(보건복지부 고시 제 2020-75호).

제4차 표준보육과정은 영유아 중심, 놀이중심 보육과정을 실천하며 자율성과 창의성을 높이는 것을 목적으로 놀이중심 보육 패러다임 전환을 도모하고 있다. 그러나 자율성 강화와 함께 유아교육기관의 안전사고는 증대될 우려가 있기에 보육교직원은 안전관리에 대한 중요성 인식과 더불어 안전교육과 관련한 연령별 세부내용을 이해하고 보육과정 운영 시 반영해야 할 필요가 있다.

제4차 표준보육과정과 2019 개정 누리과정에서 각 각의 안전교육 필요성을

고시하여 실시하고 있으며, 영유아교육기관에서의 안전교육과 관련하여 국가
수준의 제4차 표준보육과정 중 0~1세, 2세 보육과정에 제시된 안전교육에 대
한 세부내용을 살펴보면 다음과 같다.

제4차 표준보육과정은 「기본생활, 신체운동, 의사소통, 사회관계, 예술경험,
자연탐구」 6개영역으로 구성되어 있으며, 그중 0~1세, 2세 모두 기본생활 영
역에 안전교육 관련 내용이 포함되어 있다. 기본생활 영역은 일생의 기초이며
일상생활의 기본이 되는 건강, 영양, 안전에 관한 지식과 기술을 습득하고 건강
하고 안전하게 생활하는 태도를 기르기 위한 영역이다(보건복지부, 2020). 기
본생활 영역의 연령별 목표 및 세부내용은 다음과 같다.

1) 0~1세

0~1세 기본생활 영역은 '건강하게 생활하기'와 '안전하게 생활하기'의 두 가
지 내용범주로 구성되어 있으며, 신체의 청결과 위생, 수유 및 이유식 등의 식
사, 휴식과 배변, 놀이, 교통수단 이용 등 일상에서 건강하고 안전한 생활을 경
험하는 것을 목표로 하고 있다.

'기본생활 영역'에 제시된 안전 관련 목표와 내용은 다음과 같다.

표 3-4. 0~1세 '기본생활 영역'의 목표와 내용

내용	0~1세
목표	건강한 일상생활을 경험한다.
	안전한 일상생활을 경험한다.
내용	건강하게 생활하기
	안전하게 생활하기

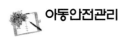

표 3-5. 0~1세 '안전하게 생활하기' 세부내용

내용범주	내용
안전하게 생활하기	· 안전한 상황에서 놀이하고 생활한다.
	· 안전한 상황에서 교통수단을 이용해 본다.
	· 위험하다는 말에 주의한다.

출처 : 보건복지부(2020). 제4차 어린이집 표준보육과정 해설서.

'안전하게 생활하기'는 안전한 상황에서 놀이하고 생활하며, 위험하다고 알려주었을 때 주의할 수 있는 안전한 생활을 경험하는 내용이 포함되어 있다.

'안전한 상황에서 놀이하고 생활한다.'는 안전한 상황에서 생활하고 놀이하는 내용이다.

'안전한 상황에서 교통수단을 이용해 본다.'는 차량으로 이동할 시 안전 장구를 올바르게 착용하고 안전하게 교통수단을 이용하는 내용이다.

'위험하다는 말에 주의한다.'는 위험하다는 말을 듣고 반응을 보이고 주의할 수 있도록 하는 내용이다.

2) 2세

2세 기본생활 영역은 0~1세와 같이 '건강하게 생활하기'와 '안전하게 생활하기'로 내용범주가 구성되어 있으며, 신체의 청결과 위생, 즐거운 식사, 배변습관 형성, 놀이, 위험한 상황 대처 등 일상생활에서 건강하고 안전하게 생활하는 습관의 기초를 형성하는 것을 목표로 하고 있다.

'기본생활 영역'에 제시된 안전 관련 목표와 내용은 다음과 같다.

표 3-6. 2세 '기본생활 영역'의 목표와 내용

내용	2세
목표	건강한 생활습관의 기초를 형성한다.
	안전한 생활습관의 기초를 형성한다.
내용	건강하게 생활하기
	안전하게 생활하기

표 3-7. 2세 '안전하게 생활하기'의 목표와 내용

내용범주	내용
안전하게 생활하기	· 일상에서 안전하게 놀이하고 생활한다.
	· 교통수단을 안전하게 이용해 본다.
	· 위험한 상황에 대처하는 방법을 경험한다.

출처 : 보건복지부(2020). 제4차 어린이집 표준보육과정 해설서.

'안전하게 생활하기'는 영아가 일상생활 및 놀이를 하며 안전하게 지내고, 위험한 상황에서 성인의 지시에 따라 대피하여 자신의 안전을 지키는 경험 내용이 포함되어 있다.

'일상생활에서 안전하게 놀이하고 생활한다.'는 안전한 장소와 상황에서 일상생활과 놀이를 하고 위험요소에 주의를 기울여 조심하며 안전하게 지내는 경험이 담긴 내용이다.

'교통수단을 안전하게 이용해 본다.'는 이동 시 교통수단을 안전하게 이용해 보며, 교통수단의 위험을 인식하고 사고위험으로부터 자신을 보호하는 안전습관의 기초를 형성하는 내용이다.

'위험한 상황에 대처하는 방법을 경험한다.'는 영아가 화재, 재난, 사고 등 위험한 상황이 발생하였을 때 성인의 지시에 따라 대피하거나 대처하는 방법을 경험하며 비상 시 대처능력의 기초를 형성하는 내용이다.

3) 교수·학습

표준보육과정에서 제시한 교수·학습 사항은 다음과 같다.

영유아의 의사 표현을 존중하고 민감하게 반응한다.
영유아가 흥미와 관심에 따라, 놀이에 자유롭게 참여하고 즐기도록 한다.
영유아가 놀이를 통해 배우도록 한다.
영유아가 다양한 놀이 활동을 경험할 수 있도록 실내외 환경을 구성한다.
영유아와 영유아, 영유아와 교사, 영유아와 환경 사이에 능동적인 상호작용이 이루어지도록 한다.

각 영역의 내용이 통합적으로 영유아의 경험과 연계되도록 한다.

개별 영유아의 요구에 따라 휴식과 일상생활이 원활히 이루어지도록 한다.

영유아의 연령, 발달, 장애, 배경 등을 고려하여 개별 특성에 적합한 방식으로 배우도록 한다.

(1) 0~1세 지도 시 유의점

0~1세 영아는 어린이집에서 먹고, 자고, 배변하고, 씻는 등 일상에 적응하는 과정을 통해 어린이집 생활에 편안함을 느낀다. 0~1세 영아는 어린이집 생활에 익숙해지고 주변 환경이 가정과 같이 친숙해지며 적극적인 탐색과 놀이가 시작되는데, 이 시기에는 위험에 대한 인식이 어려우므로 안전에 대한 보육교직원의 지속적인 주의와 점검이 필수적인 부분이 된다. 특히 0~1세 교사는 영아의 개별적 요구를 수용하고, 안전한 환경을 구성하고 허용하는 기회를 마련하여 영아가 스스로 시도해볼 수 있도록 격려하고 도움을 제공해야 한다.

(2) 2세 지도 시 유의점

2세 영아는 영유아교육기관에서 놀이를 통해 일상생활을 경험해나간다. 그 과정에서 청결과 위생, 균형 잡힌 식사와 낮잠, 배변과 더불어 안전에 대한 인식, 위험한 상황을 주의하는 경험은 몸과 마음의 건강에 도움이 된다. 이에 2세 교사는 영아가 건강하고 안전한 생활습관의 기초를 형성하는 것을 목표로 쾌적한 환경에서 즐겁고 안전하게 하루 일과를 보내고, 몸과 마음이 건강해질 수 있도록 지원해야 한다.

3. 2019 개정 누리과정의 안전교육 내용

2012년 제정된 「3-5세 연령별 누리과정」은 유치원과 어린이집에 다니는 3~5세 유아를 위한 국가 수준의 교육과정이다. 이후 2017년 12월 교육부는 '유아교육 혁신방안'을 발표하였고, 주된 내용으로 '유아가 중심이 되는 놀이

위주의 교육과정 개편'이 명시됨에 따라 유아·놀이중심 교육과정 개편 방향을 반영하여 「2019 개정 누리과정」이 고시되었다.

2019 개정 누리과정은 건강한 사람, 자주적인 사람, 창의적인 사람, 감성이 풍부한 사람, 더불어 사는 사람을 추구하는 인간상으로 제시하였으며, 3~5세 유아가 신체운동·건강, 의사소통, 사회관계, 예술경험, 자연탐구 5개 영역에 포함된 다양한 내용을 경험하고 성장해나가는 데에 목표가 있다. 그중 신체운동·건강 영역은 유아가 자신의 몸에 관심을 가지고 신체활동에 즐겁게 참여하는 것과 더불어 건강하고 안전한 생활을 해 나가는 다양한 경험과 관련된 내용을 다루고 있다. 신체운동·건강 영역은 '신체활동 즐기기', '건강하게 생활하기', '안전하게 생활하기'의 내용범주로 구성되어 있으며, 안전교육 관련 내용인 '안전하게 생활하기'에서는 일상에서 안전하게 놀이하고 생활하며, 스마트 기기를 바르게 사용하고, 안전사고, 화재, 재난, 학대나 유괴 등에 대처하는 방법을 알고 실천하도록 하는데 중점을 두고 있다.

1) 3~5세

3~5세 유아는 몸을 움직이고 놀이하면서 몸을 안전하게 보호할 수 있는 방식에 대해 알아간다(교육부, 보건복지부, 2019). 유아는 스스로 몸을 자유롭게 움직이고 탐색하는 놀이 과정을 통해 다양한 재료를 바르게 사용하고 조절하는 방법을 터득하여 안전하게 자신을 보호할 수 있는 힘을 기르게 된다. 이 시기에 발달단계에 맞추어 기본적인 운동능력을 기르면서 안전하게 생활하기 위해서는 기본생활습관 형성이 중요하다고 할 수 있다. 2019 개정 누리과정에서는 유아중심, 놀이중심으로 일과를 편성할 것을 권장하며, 유아들의 흥미와 무관한 활동을 교사가 계획해서 실시하는 않아야 함을 강조한다. 그러나 안전교육은 법적으로 요구되는 활동으로, 교사가 계획한 활동을 놀이 중심으로 이끌어가기 위해서는 영유아의 경험을 이해하고 놀이 상황이나 일상생활을 주의 깊게 관찰하며, 이와 연계하여 실시할 수 있는 안전교육 활동을 구성해야 할 필요가 있다.

'신체운동·건강 영역'에 제시된 안전관련 목표와 내용은 다음과 같다.

표 3-8. 3~5세 '신체운동·건강 영역'의 목표와 내용

내용	2세
목표	신체활동에 즐겁게 참여한다.
	건강한 생활습관을 기른다.
	안전한 생활습관을 기른다.
내용	신체활동 즐기기
	건강하게 생활하기
	안전하게 생활하기

표 3-9. 3~5세 '안전하게 생활하기'의 목표와 내용

내용	3~5세
목표	안전한 생활습관을 기른다.
내용	· 일상에서 안전하게 놀이하고 생활한다.
	· TV, 컴퓨터, 스마트폰 등을 바르게 사용한다.
	· 교통안전 규칙을 지킨다.
	· 안전사고, 화재, 재난, 학대, 유괴 등에 대처하는 방법을 경험한다.

출처 : 교육부, 보건복지부(2019). 2019 개정 누리과정 해설서.

'일상에서 안전하게 놀이하고 생활한다.'는 유아가 일상에서 위험한 장소나 상황, 도구 및 재료 등을 인식하고, 안전한 놀이방법과 규칙을 지켜 놀이하며 생활하는 내용이다.

'TV, 컴퓨터, 스마트폰 등을 바르게 사용한다.'는 유아가 자주 접하게 되는 TV, 컴퓨터, 스마트폰 등 다양한 미디어매체를 필요한 상황에서 적절하게 사용하고, 올바른 자세로 활용하는 방법을 실천하는 내용이다.

'교통안전 규칙을 지킨다.' 안전한 보행과 도로 횡단, 교통기관에 대한 인식과 안전하게 이용 등 일상 속 마주하는 교통안전 규칙을 알고 실천하는 내용이다.

'안전사고, 화재, 재난, 학대, 유괴 등에 대처하는 방법을 경험한다.'는 유아가 안전사고, 화재, 재난, 학대, 유괴 등의 위험한 상황을 인식하고, 주변 사람들에게 도움을 요청하는 방법을 익히며, 평소 주제와 관련한 훈련을 실시하여 대피하는 연습을 하는 안전교육 경험과 관련한 내용이다.

표 3-10. 신체운동·건강 영역 '안전하게 생활하기'의 내용이해 및 유아경험의 실제

내용이해	유아의 경험 실제
일상에서 안전하게 놀이하고 생활한다. 유아가 일상에서 위험한 장소, 상황, 도구 등을 알고, 안전한 놀이 방법과 놀이 규칙을 지키며 놀이하고 생활하는 내용이다.	한 유아가 미끄럼틀을 타고 내려오려고 한다. 다른 유아가 미끄럼틀 아래서 바라보다가 올라가려고 한다. 이때, 미끄럼틀을 타고 내려오던 유아가 "야, 비켜, 다쳐!"하고 큰 소리로 외친다. 이 모습을 지켜본 교사는 유아들에게 다가와 안전하게 미끄럼틀을 타기 위한 약속을 정하자고 제안한다.
TV, 컴퓨터, 스마트폰 등을 바르게 사용한다. 유아가 일상에서 자주 접하는 TV, 컴퓨터, 스마트폰 등을 필요한 상황에서 적절하게 사용하며, 바른 자세로 이용하는 내용이다.	유아가 색종이를 반으로 접어 한 면에는 모니터를 그리고, 다른 한 면에는 컴퓨터 자판 모양처럼 그린다. 다른 유아들에게 "나는 지금 컴퓨터로 공룡에 대해서 찾아보고 있어."하며 색종이 자판을 두드린다. 그리고 옆에 있던 친구에게 "같이 찾아볼래?"라고 말한다.
교통안전 규칙을 지킨다. 유아가 안전한 보행 및 도로 횡단, 교통기관의 안전한 이용 등 교통안전 규칙을 알고 실천하는 내용이다.	3세 유아가 종이 벽돌을 이어 길을 만들고, 그 위에 교통 표지판과 자동차를 일렬로 놓는다. 만들어진 길을 바라보다 갑자기 팔이 움직이는 사람 모형 2개를 가져와 팔 한쪽을 반복적으로 들어올리고 내리며 "조심, 조심 지나가요. 자동차들은 우리가 건너면 지나가세요."라고 흥얼거린다.
안전사고, 화재, 재난, 학대, 유괴 등에 대처하는 방법을 경험한다. 유아가 안전사고, 화재, 재난, 학대, 유괴 등의 위험에 처한 상황을 알고, 주변에 도움을 요청하는 방법을 배우며, 평소 훈련에 따라 대피하는 연습을 하는 등의 안전교육과 관련된 내용이다.	화재경보기 소리와 함께 지진 대피 방송이 들리자, 유아들은 재빨리 책상 아래와 벽쪽으로 대피한다. 지진이 잠시 멈췄다는 안내방송 후 유아들은 교사의 안내에 따라 침착하면서도 신속하게 바깥으로 대피한다

출처 : 교육부, 보건복지부(2019). 2019 개정 누리과정 해설서.

2) 교수·학습

유아중심 및 놀이중심을 추구하는 2019 개정 누리과정에서는 교사를 유아의 놀이 지원자로 제시하고 있다. 다음은 교사가 유아를 지원할 때 고려해야 할 사항이다.

- 유아가 흥미와 관심에 따라 놀이에 자유롭게 참여하고 즐기도록 한다.
- 유아가 놀이를 통해 배우도록 한다.
- 유아가 다양한 놀이와 활동을 경험할 수 있도록 실내외 환경을 구성한다.
- 유아와 유아, 유아와 교사, 유아와 환경 간에 능동적인 상호작용이 이루어지도록 한다.
- 5개 영역의 내용이 통합적으로 유아의 경험과 연계되도록 한다.
- 개별 유아의 요구에 따라 휴식과 일상생활이 원활히 이루어지도록 한다.
- 유아의 연령, 발달, 장애, 배경 등을 고려하여 개별 특성에 적합한 방식으로 배우도록 한다.

(1) 3~5세 지도 시 유의점

교사는 유아의 건강과 안전을 위해 필수적으로 요구되는 일상생활 습관 지도 및 안전 교육을 계획하여 운영할 수 있다. 유아교육기관에서는 유아가 일상생활과 놀이를 하며 안전을 지키고, 위험한 상황이 발생하였을 때 도움을 받아 위험에 대처하는 능력을 기르기 위해서 안전교육을 필수적으로 실시한다. 안전교육은 화재안전, 재난안전, 교통안전, 약물안전, 학대, 유괴 등에 대처하는 방법이 있고, 안전 교육 관련 법령 및 지침 등에서 재안하는 내용을 기초로 유아들이 이해하기 쉬운 방식으로 지도해야 한다.

실제 1. 안전교육 관련 사이트 안내

◼ (팀 토론)제시되어 있는 안전교육 관련 사이트에 방문하여 관련 교육을 들은 후 어떤 특징을 지니고 있는 각 사이트의 특징을 발표해 봅니다.

〈 안전교육 관련 사이트 안내 〉

	명칭	내용	주소
1	소방방재청	연령별 안전교육자료	http://www.nema.go.kr
2	재난안전교육포털	재난안전교육	http://portal.cdi.go.kr
3	아동안전 사이버교육	안전교육자료	http://www.childsafedu.go.kr
4	서울소방재난본부	안전매뉴얼	http://fire.seoul.go.kr
5	국민안전방송	재난 관련 영상들	http://nematv.com
6	사이버교통학교	교통안전 사이버자료	http://cyedu.koroad.or.kr
7	한국어린이안전재단	연령별 안전교육자료	http://www.go119.org
8	한국교통안전교육센터	재난안전교육	http://www.ktec.or.kr
9	꼬마 안전짱	국민재난대응행동요령	http://ccoma.redcross.ac.kr
10	어린이교통안전협회	안전매뉴얼	http://www.ksafekids.or.kr
11	어린이 안전넷	재난 관련 영상들	http://lsafe.go.kr
12	국민안전처어린이안전	교통안전 사이버학교	http://www.mpss.go.kr/child
13	시민안전체험관	안전교육자료	http://safe119.seoul.go.kr
14	안전보건공단	안전매뉴얼	www.kosha.or.kr

시사점		개선사항
	➡	
	➡	

아동안전관리

 실제 2. 직업안전에 대한 활동 전개

■ (팀 토론)제시되어 있는 활동계획안은 7대 안전교육 표준안 중 직업안전 Ⅱ-6 교사용 지도안에 소개된 내용입니다. 지도안의 내용에 살펴보고 참고자료 1의 활동을 전개해 봅니다.

|활 동 주 제 | 안전한 유치원을 함께 만들어요.
|학 습 목 표 | 일하는 사람들에게 일어날 수 있는 안전사고에 대해 알아본다.
|관련생활주제| 유치원과 친구, 건강과 안전

지도자료	– 유치원에서 일하시는 분(원장님, 원감님, 선생님, 조리사, 기사님 등)들 그림 또는 직접 찍은 사진 – 유치원의 여러 장소(원장실, 연구실, 보건실, 급식실, 버스승하차장, 특별실 등) 그림 또는 직접 찍은 사진

교수·학습활동

도입	**1** 유치원에서 일하시는 분들과 만났던 경험에 대해 이야기를 나눈다. – 유치원에서 선생님이 아닌 다른 어른들을 만나 본 적이 있니? – 그분들을 어디서 보았니?
전개	**1** 유치원에서 일하시는 분들의 그림 또는 사진을 보며 이야기를 나눈다. 〔참고자료1〕 – 유치원에서 만날 수 있는 어른들은 누가 있을까? 　＊ 원장선생님, 담임 선생님, 보건선생님, 영양사님, 운전기사님, 행정실 선생님, 하모니선생님, 청소도우미선생님 등 – 그분들은 유치원에서 어떤 일을 하시는 것 같니? **2** 유치원에서 일하시는 분들에게 일어날 수 있는 위험한 상황을 알아보고, 안전사고에 대처하는 방법에 대해 이야기 나눈다. 〔참고자료2〕 – 그분들이 유치원에서 일하시면서 어떤 경우에 다치게 될까? – 어떻게 하면 사고가 일어나지 않고 안전하게 일할 수 있을까?
정리	**1** 유치원에서 일하시는 분들이 안전하게 일할 수 있는 약속을 함께 정해본다. – 유치원에서 일하시는 분들이 안전하게 일하기 위해서 지켜야 할 약속에는 어떤 것이 있을까? – 우리가 만든 약속을 그분들에게 어떻게 전해주면 도움이 될까?
평가	– 일하는 분들에게 일어날 수 있는 안전사고에 대해 알고 있는가?

지도상의 유의점

■ 5세 누리과정 교사용 지도서(유치원과 친구)의 '유치원에서 함께 지내는 사람들이에요' 활동과 연계하여 직업안전교육을 실시하도록 한다. 유치원에서 일하시는 어른들은 유치원이 바로 자신들의 일터이며, 이곳에서 유아들의 안전하고 건강한 생활을 위해 애쓰고 계시는 분들이라는 것을 인식하도록 하는데 중점을 둔다. 따라서 우리 모두 유치원에서의 안전사고를 예방하며 즐겁게 생활하도록 노력해야 함을 지도한다.

■ 유치원에서의 위험한 곳에 대해 안전 약속을 함께 정해보고 이를 지키는 태도를 습관화 할 수 있도록 지도한다.

출처: 4세 누리과정 교사용 지도서 '유치원/어린이집과 친구'

참고자료 1   유치원에서 일하시는 분들[

일하시는 분들	하시는 일들	계시는 장소
원장(감) 선생님	유치원교사 및 직원들의 활동을 관리·감독한다. 유치원의 교육문제에 관하여 유치원교사 및 학부모와 상담한다. 교사들과 협의하여 교육과정 및 각종 행사계획 등 제반 교육활동을 수립·운영한다. 유치원 시설을 순시하며 안전문제를 확인·점검한다. 담당 교사와 협의하고 수업 참관을 통해 수업장학을 실시하고 각종 장부 및 공문서를 결재한다. 예산을 집행하며, 교사 및 기타 직원을 모집하고 채용하기도 한다.	원장실
담임 선생님	유아의 인지발달과 학습능력 개발을 위해 사회생활 교육, 언어교육, 교통안전 및 환경보전 교육 등을 지도한다. 유아들이 건강한 생활을 할 수 있도록 기초 체력을 기르고, 건강하고 안전한 생활습관을 가지	교무실 연구실

일하시 는 분들	하시는 일들	계시는 장소
	도록 개인위생에 관한 내용과 자기보호, 안전생활 등에 관해 가르친다. 현장견학, 소풍, 학예회 등의 활동을 지도하며, 다양한 예능교육을 실시한다. 유아들의 학습상황과 생활 측면을 평가하고 유치원생활, 학습능력, 성격 등에 대해 학부모와 상의한다.	
보건 선생님	보건교사는 건강서비스, 보건교육, 건강관리 및 상담, 지역사회와의 연계를 통한 학교 보건업무에 종사한다. 보건교사의 임무는 ① 학교 보건사업에 대한 계획의 집행, ②신체검사의 실시, ③전염병 예방사업 보조, ④안전계획 수립과 돌발사고의 구급처치, ⑤학교 급식 및 조리장의 청결정도·급식준비·영양·식중독 등에 대한 조언, ⑥건강상담·건강관찰의 담당, ⑦성교육, 약물오남용 예방교육, 응급처치·구강관리교육·시력관리교육·비만관리교육 등 보건교육 실시 등이다.	보건실
영양사 님 (조리사)	영양사는 건강증진 및 질병치료를 목적으로 영양기법 및 응용에 관하여 연구 개발하고 전문적인 영양서비스를 제공한다. 급식대상자의 기호 영양가 조리능력 비용 등을 기초로 하여 섭식의 준비를 기획한다. 식품의 신선도, 함유열량 등을 계산하고 섭취 영양소의 양을 분석한다. 조리 담당자의 조리, 위생 상태를 관리, 감독하며, 조리된 음식을 평가하기 위해 검식한다.	급식실
행정실 선생님	유치원의 각종 시설물들을 점검하고, 수목 관리, 교실 환경 정리 등 교육 환경 개선을 위해 일한다.	행정실
운전 기사님	유치원 통학버스 운전기사님은 버스를 운전하여 학생을 운송하는 일을 담당한다. 통학버스 운행시간과 정해진 노선, 시간에 따라 버스를 운전하며 출입문을 여닫고 정해진 장소 또는 목적까지 학생 및 물건을 운송한다. 차량의 청결을 유지하고, 교통법규를 준수한다.	통학 버스
하모니 선생님	핵가족화 시대에 유치원에서 할머니의 정을 느낄 수 있게 해 줌으로서 유아의 정서함양 및 세대 간 교류지원을 제공한다. 교육활동보조, 유아의 기본생활습관지도, 행사보조, 환경 및 위생관리 등을 보조한다.	교실
청소 도우미 선생님	유치원의 실내, 실외 환경을 정리, 정돈하며 청결 및 위생 사항을 점검하고 정돈한다.	교실, 교실 밖

[출처] 한국직업사전, 한국직업능력개발원 직원사전, 두산백과, 종일제 운영길라잡이
(경기도 교육청, 2013)

안전관리 제도 및 관계 법령

4장. 안전관리 제도 및 관계 법령

1. 어린이 안전관리 제도

2020년 11월 행정안전부는 13세 미만 어린이의 생명과 신체에 대한 위험예방 및 안전 확보를 위하여 정부·지자체·어린이이용시설 관리주체 등의 의무사항을 규정하기 위하여 어린이 안전관리에 관한 법률(약칭: 어린이 안전법)을 시행하였다. 이 법령은 총 6장으로 구성되었는데 총칙, 어린이 안전 정책의 수립 및 추진체계, 어린이 안전을 위한 조사 등, 어린이 안전을 위한 조치의무 등, 어린인 안전을 위한 교육, 벌칙 등으로 구성이 되어있다.

1) 어린이 안전관리 법규

표 4-1. **어린이 안전관리에 관한 법령 구성 체계**

	구분	내 용
1장	총칙	목적, 기본이념, 정의, 국가 및 지방자치단체의 책무, 보호자 등의 책무, 다른 법률과의 관계
2장	어린이안전 정책의 수립 및 추진체계	어린이안전 종합계획의 수립, 연도별 시행계획의 수립·시행 등, 업무의 협조
3장	어린이 안전을 위한 조사 등	안전사고 예방을 위한 실태조사 등, 안전사고 예방 등을 위한 현장조사, 조사 결과에 따른 조치
4장	어린이 안전을 위한 조치의무 등	어린이이용시설 관리주체 등의 응급조치의무, 어린이에 대한 안전조치의무, 신고 및 협조 의무 등
5장	어린이 안전을 위한 교육	어린이안전교육, 어린이안전 관리담당자
6장	벌칙	과태료

어린이 안전법에서 규정하는 '어린이 안전교육이란' 「어린이 안전법」 제16조에 따라 어린이 안전을 확보하기 위해 어린이 이용시설(22개 유형)의 종사자 등을 대상으로 실시되는 응급상황 행동요령 및 응급 처치 등에 대한 안전교육(실습포함)을 의미한다.

어린이 안전법에서 규정하고 있는 어린이 이용시설의 유형은 총22개로 법률 규정(제3조)에 따라 ① 어린이집, ② 유치원, ③ 초등학교, ④특수학교, ⑤학원, ⑥ 아동복지시설, ⑦ 대규모점포(매장면적 1만㎡ 이상), ⑧ 유원시설 (연면적 1만㎡ 이상), ⑨ 전문체육시설(관람석 5천석 이상 등), ⑩ 공연장 (객석 1천석 이상), ⑪ 박물관 (연면적 1만㎡ 이상), ⑫ 미술관 (연면적 1만㎡ 이상) 등 총 12개 유형이다.

시행령(제2조, 별표1)에서 규정하는 이용시설의 유형은 ① 외국교육기관(유치원·초등학교에 상응하는 기관), ② 과학관 (연면적 1만㎡ 이상), ③ 공공도서관 (건물면적 264㎡ 이상, 병원·병영·교도소 도서관 제외), ④ 사회복지관, ⑤ 유아교육진흥원 등, ⑥ 장애인 거주시설, ⑦ 장애인 지역사회재활시설, ⑧ 국제학교 (유치원·초등학교 과정을 운영하는 경우), ⑨ 외국인학교 (유치원·초등학교 과정을 운영하는 경우), ⑩ 대안학교 (초등학교 과정을 운영하는 경우) 등이 해당 된다.

안전교육의 내용, 이수주기, 시간은 응급상황 행동요령, 주요 내·외과적 응급처치 이론, 소아 심폐소생술을 포함한 응급처치 실습교육, 그밖에 행정아전부장관이 필요하다고 인정하는 사항에 대해 매년 3시간(실습교육 2시간 포함) 이상 이수하여야 한다.

아동안전지킴이집

낮선 사람으로부터 범죄의 위협을 받거나 길을 잃는 등 위험한 상황에 처했을 때 구조나 도움을 요청하면 임시 보호는 물론 경찰에 연계해 아동을 보호하자는 취지에서 도입된 제도이다.

경찰은 전국 유치원·초등학교 근방의 문구점이나 가게·편의점·약국 등을 아동안전지킴이집으로 선정했다.

지킴이집으로 선정된 가게에는 지킴이집이란 사실을 알리는 스티커와 입간판을 설치하고, 인근 지구대와 비상연락체계 구축하여 위급상황에 처한 아동을 보호하는 등에 기여한 바 있다.

[네이버 지식백과] 아동안전지킴이집 (시사상식사전, 박문각)

학대 피해아동 쉼터 설치 및 운영

아동학대와 관련한 현장을 조사하고, 학대피해아동을 격리하여 보호한다.

• 지원대상은?
- 학대피해아동을 지원합니다. •어떤 혜택을 받을 수 있는가?
- 학대피해 아동을 쉼터 시설에 거주하게 하고, 필요에 따라서는 심리치료를 지원한다

[보건복지부]한눈에 보는 복지정보 (아동 및 청소년)

스쿨존(school zone)

어린이를 교통사고로부터 보호하기 위해 초등학교 주변 일정한 거리 내를 어린이보호구역으로 지정하여 교통시설 및 교통체계를 어린이 중심으로 변경하는 것을 말한다. 어린이보호구역이란 초등학교 및 유치원의 주 통학로를 보호구역으로 지정하여 교통안전시설물 및 도로부속물 설치로 학생들의 안전한 통학공간을 확보하는 제도이다. 이는 날로 늘어가는 어린이 교통사고를 예방하고, 어린이들이 건강하게 학교생활을 할 수 있도록 하기 위함이다. 이 지역에서는 신호기, 안전표지, 과속방지용 턱 등 도로부속물이 설치되며, 차량들은 운행 속도를 30km 이내로 제한하여 서행해야 한다.

[네이버 지식백과] 스쿨존 [school zone] (시사상식사전, 박문각

2. 영유아보육법에서의 안전관련 법령

우리나라의 경우 유아교육기관의 안전과 관련된 법은 미국과는 달리 허가규정에 포함되어있지 않고 「학교보건법」, 「영유아보육법」, 「도로교통법」, 「건축법」, 「소방법」 등의 여러 법률규정에 분산되어 있어, 영유아의 안전관리를 담당하고 있는 유아교육기관 등 관련 대상자들은 혼란과 어려움을 겪고 있다.

영유아 안전교육과 관련이 있는 법 규정을 살펴보면 다음과 같다.

표 4-2. 어린이집 시설·설비 관련 법령과 조항

• 영유아보육법	• 개발제한구역의 지정 및 관리에 관한특별조치법
• 아동복지법	• 화재예방, 소방시설 설치·유지 및 안전관리에 관한 법률
• 아동·청소년의 성보호에 관한 법률	
• 건축법	• 액화석유가스의 안전관리 및 사업법
• 주택법	• 자동차 및 자동차부품의 성능과 기준에 관한 규칙
• 도시가스사업법	• 장애인 차별금지 및 권리구제 등에 관한 법률
• 전기사업법	• 장애인·노인·임산부 등의 편의증진 보장에 관한 법률
• 도로교통법	
• 방송법	• 어린이놀이시설 안전관리법
• 지방세특례제한법	• 어린이제품안전특별법
• 식품위생법	• 남녀고용평등과 일·가정 양립 지원에 관한 법률
• 개별소비세법	• 환경보건법
• 개인정보보호법	• 석면 안전관리법

위에서 소개한 다양한 법령과 조항 중에서 본 장에서는 「영유아보육법」을 중심으로 어린이집 시설, 운영 안전관리부터, 물리적 환경, 인적환경, 기관 내 'CCTV 등' 설치 운영, 안전사고 대책까지를 살펴보고자 한다.

「영유아보육법」 제1조에는 '영유아의 심신을 보호하고 건전하게 교육하여 건강한 사회 구성원으로 육성함과 아울러 보호자의 경제적·사회적 활동이 원활하게 이루어지도록 함으로써 영유아 및 가정의 복지 증진에 이바지하기 위함' 이라고 목적을 명시하고 있다. 제3조에는 보육은 '영유아의 이익을 최우선으로 고려하여 제공되어야 하고, 안전하고 쾌적한 환경에서 건강하게 성장할 수 있도록 하여야 한다.' 고 명시하고 있다. 이렇게 어린이집에서의 보육은 영유아의

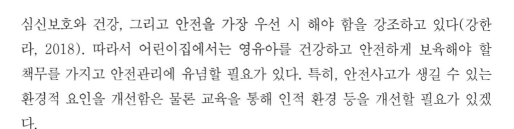아동안전관리

심신보호와 건강, 그리고 안전을 가장 우선 시 해야 함을 강조하고 있다(강한라, 2018). 따라서 어린이집에서는 영유아를 건강하고 안전하게 보육해야 할 책무를 가지고 안전관리에 유념할 필요가 있다. 특히, 안전사고가 생길 수 있는 환경적 요인을 개선함은 물론 교육을 통해 인적 환경 등을 개선할 필요가 있겠다.

1) 물리적 환경에 대한 안전관리

(1) 어린이집 설치 기준 안전관리 법적 근거

「영유아보육법」 제15조에 따른 어린이집의 설치기준(법 제15조의2부터 법 제15조의4까지에 따른 놀이터, 비상재해대비시설 및 폐쇄회로 텔레비전의 설치기준을 포함한다)에 관련한 기준이 제시되어있다. 또한 『영유아보육법 시행규칙』 제9조 관련 별표 1에는 어린이집 설치기준이 명시되어 있다.

표 4-3. **영유아보육법에서의 어린이집 설치 안전관련 법령**

조 항	주 요 내 용
제15조 어린이집 설치 기준	• 어린이집을 설치·운영하려는 자는 보건복지부령으로 정하는 설치기준을 갖추어야 한다. 다만, 놀이터, 비상재해대비시설 및 폐쇄회로 텔레비전의 설치와 관련된 사항은 각각 제15조의2부터 제15조의4까지에 따른다.
제15조의2 놀이터 설치	① 어린이집을 설치·운영하는 자는 놀이터를 설치하여야 하며 설치에 관한 기준은 보건복지부령으로 정한다.
제15조의3 비상재해대비 시설	① 어린이집을 설치·운영하는 자는 반드시 1층과 2층 이상 등 종류별 비상재해대비시설을 설치하여야 하며 설치에 관한 기준은 보건복지부령으로 정한다.
제15조의4 폐쇄회로 텔레비전의 설치 등	① 어린이집을 설치·운영하는 자는 아동학대 방지 등 영유아의 안전과 어린이집의 보안을 위하여 「개인정보 보호법」 및 관련 법령에 따른 폐쇄회로 텔레비전(이하 "폐쇄회로 텔레비전"이라 한다)을 설치·관리하여야 한다.

표 4-4. 영유아보육법 시행규칙 제 9조 별표 1: 어린이집의 설치 기준

1. 어린이집의 입지조건

　가. 어린이집은 보육수요 · 보건 · 위생 · 급수 · 안전 · 교통 · 환경 및 교통편의 등을 충분히 고려하여 쾌적한 환경의 부지를 선정하여야 한다.

　나. 어린이집은 위험시설로부터 50m이상 떨어진 곳에 위치하여야 한다. 이 경우 위험시설이란 「주택건설기준 등에 관한 규정」 제9조의2 제1항 각 호의 시설을 말한다.

2. 어린이집의 구조 및 설비기준

　가) 일반기준

　① 어린이집의 구조 및 설비는 시설을 이용하는 영유아의 특성에 맞도록 하여야 한다.

　나) 조리실

　① 조리실은 채광이 잘 되도록 하고, 기계 환기시설을 하여 청정한 실내 환경을 유지하도록 하며, 창문에는 방충망을 설치하여야 한다.

　② 식기를 소독하고 위생적으로 취사 및 조리 할 수 있는 설비를 갖추어 야 한다.

　다) 목욕실

　① 목욕실은 난방을 하여야 한다.

　② 바닥은 미끄럼 방지장치를 하여야 한다.

　③ 샤워설비, 세면설비 및 냉온수의 온도를 조정 및 고정할 수 있어야 한다.

　④ 목욕실은 보육실과 인접한 공간에 위치하여야 한다.

　라) 화장실

　① 바닥은 미끄럼 방지장치를 하여야 한다.

　② 세정장치와 수도꼭지 등은 냉온수의 온도를 조정 및 고정할 수 있어야 한다.

　③ 화장실은 수세식 유아용 변기를 갖춘 경우에는 유아용 변기를 설치하지 아니할 수 있다.

　마) 비상재해대비시설

　① 소화용 기구를 갖추고 비상구를 설치하는 등 비상재해에 대비한 시설을 갖추어야 한다. 이 경우 비상구는 상단에 비상구 유도 등을 달고 잠금장치를 문 안쪽에 설치하여야 한다.

　② 어린이집은 비상시 양 방향으로 피난할 수 있어야 하며, 각 층별 출구 및 피난시설 등은 다음의 구분에 따른다.

　(i) 어린이집이 건물 1층인 경우: 주 출입구 외에 도로 등 안전한 외부 지상과 연결이 가능한 1개 이상의 출구를 어린이집 주 출입구의 반대방향에 설치하거나 장변길이의 2분의 1이상을 이격하여 설치할 것.

　(ii) 어린이집이 2층과 3층인 경우: 비상계단 또는 대피용 미끄럼대를 영유아용으로 설치하고 그 밖에 안전사고 및 비상재해에 대비한 피난시설, 장비 등을 구비할 것.

(2) 어린이집 자체 안전관리와 관련 법규

유아교육기관의 교직원은 안전관리의 중요성을 인식하고 이를 실천하기 위하여 노력하여야 한다. 어린이집의 장은 자체안전점검 계획을 수립하여 매월 4일에 안전점검을 실시하여야 한다. 자체점검은 『어린이집 통합안전점검표』에 따라 매일, 매월 시설안전점검을 실시하여 화재·상해 등 위험발생요인을 사전에 제거하여야 한다. 또한 놀이 시설물에 대한 적절한 점검 일정 및 부모 모니터링단을 구성·운영하고 보호자와의 비상연락망을 확보하여야 한다.

표 4-5. 영유아보육법 시행규칙 별표 8에서의 어린이집 운영기준의 안전관련 법령

조 항	주 요 내 용
위험발생요인 사전제거	어린이집의 원장은 통합안전점검표 양식에 따라 일정기간별로 시설의 안전점검을 시행하여 화재·상해 등의 위험발생요인을 사전에 제거하여야 한다.
시설물 안전관리	어린이집의 원장은 각 놀이시설물에 대해 적절한 점검 일정을 세워 점검하여야 한다.
부모 모니터링단	어린이집 보육환경을 모니터링하고 개선을 위한 컨설팅을 하기 위하여 부모, 보육·보건 전문가로 점검단(이하 이 조에서 "부모 모니터링단"이라 한다)을 구성·운영할 수 있다.
비상연락망 확보	어리이집 원장은 보호자와의 비상연락망을 확보하고, 사고에 대한 응급처치 동의서를 받아 갖춰 두어야 한다.

(3) 유관기관 등과 협력을 통한 시설안전관리

「영유아보육법 시행규칙」 별표 8에 제시된 내용을 살펴보면, 어린이집은 인근 소방서, 경찰서 및 가스, 유류 등의 안전 상태를 점검하는 유관기관에 의해 정기점검을 실시하고 비상연락체계를 구축해야 하며, 자체적으로 정기적인 시설안전점검을 실시하고 기록·관리하여야 한다.

(4) 건강·영양 및 안전

영유아보육법에서의 어린이집 운영에 대한 안전관련 법령은 제31조, 건강관리 및 응급조치, 어린이집 안전공제 사업 등, 예방접종 여부의 확인과 제33조 급식관리. 어린이집 차량 안전관리, 등·하원 시 영유아 안전관리, 어린이집 위생관리 등으로 명시되어 있고 그 내용은 다음과 같다.

표 4-6. 영유아보육법에서의 어린이집 운영 안전관련 법령

조 항	주 요 내 용
제31조 건강관리 및 응급조치	① 어린이집의 원장은 영유아와 보육교직원에 대하여 정기적으로 건강진단을 실시하되, 「국민건강보험법」 제52조 및 「의료급여법」 제14조에 따른 건강검진으로 갈음할 수 있다. ② 어린이집의 원장은 영유아에게 질병·사고 또는 재해 등으로 인하여 위급 상태가 발생한 경우 즉시 응급의료기관에 이송하여야 한다.
제31조의2 어린이집 안전공제사업 등	① 어린이집 상호 간의 협동조직을 통하여 어린이집의 안전사고를 예방하고 어린이집 안전사고로 인하여 생명·신체 또는 재산상의 피해를 입은 영유아 및 보육교직원 등에 대한 보상을 하기 위하여 보건복지부장관의 허가를 받아 어린이집 안전공제사업(이하 "공제사업"이라 한다)을 할 수 있다
제31조의3 예방접종 여부의 확인	① 어린이집의 원장은 영유아에 대하여 매년 정기적으로 「감염병의 예방 및 관리에 관한 법률」 제33조의4에 따른 예방접종통합관리시스템을 활용하여 영유아의 예방접종에 관한 사실을 확인하여야 한다. 다만, 영유아에 대하여 최초로 보육을 실시하는 경우에는 보육을 실시한 날부터 30일 이내에 확인하여야 한다.
제33조 급식 관리	• 어린이집의 원장은 영유아에게 보건복지부령으로 정하는 바에 따라 균형 있고 위생적이며 안전한 급식을 하여야 한다.
제33조의2 어린이집 차량 안전관리	• 어린이 집의 원장은 영 유아의 통학을 위하여 차량을 운영하는 경우 어린이통학버스로 관할 경찰서장에게 신고하여야 한다.
제33조의 2 등·하원시 영유아 안전관리	① 어린이집의 원장은 보육교직원을 대상으로 등·하원 시 영유아 안전에 관한 교육을 실시하여야 한다. ② 어린이집의 원장은 등·하원 시 영유아가 담당 보육교사나 부모 등 보호자에게 안전하게 인계될 수 있도록 조치하여야 하고, 모든 영유아가 안전하게 인계되었는지 여부를 확인하여야 한다.
제33조의4 어린이집 위생관리	• 어린이집의 원장은 감염병 예방 등을 위하여 보건복지부령으로 정하는 어린이집의 위생관리기준을 준수하여야 한다.

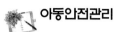

2) 인적 환경에 대한 안전관리

(1) 영유아 안전교육

영유아보육법, 영유아보육법 시행규칙에서는 어리이집 원장은 영유아 스스로가 자신의 안전을 보호 할 수 있는 능력과 기술을 가지도록 교육해야 한다고 명시하고 있다. 또한 비상대응계획을 작성하고(소방대피, 지진대피, 폭설대비 훈련을 포함한) 다양한 유형의 재난 대비 훈련을 월 1회 실시, 보육대상 영유아의 연령을 고려하여 아동복지법령의 안전교육 기준에 따라 매년 안전교육계획을 수립하여 교육을 실시하고, 등하원시 영유아의 인계에 관련한 내용을 지정하고 있다.

> **영유아보육법 시행규칙 제 23조 및 별표 8 안전관련 법령**
>
> ⊠(안전교육실시)
> 매년 안전교육계획을 수립하여 보육 영유아에 대하여 안전교육을 실시한 후, 그 사실을 특별자치도지사·시장·군수·구청장에게 보고하여야 하며 보육교직원에게도 안전교육을 하여야 한다.
>
> ⊠(안전사고 예방)
> 어린이집의 원장은 소방계획을 작성하고 매월 소방훈련을 해야 한다. 보호자와의 비상연락망을 확보하고, 사고에 대비하여 보육 영유아에 대한 응급처치 동의서를 받아 갖춰 두어야 한다. 영유아에 대한 사고가 발생한 경우에는 즉시 영유아의 보호자에게 알리고, 사고가 중대한 경우 특별자치도지사·시장·군수·구청장(자치구의 구청장을 말함, 이하 같음)에게 보고하여야 하며, 사고보고서를 작성하여 갖춰 두어야 한다.
>
> ⊠(영유아보육법 제33조의3, 등·하원 시 영유아 안전관리)
> 어린이집의 원장은 영유아의 등·하원 방법 등에 대해 부모 등 보호자와 사전에 협의해야 한다. 어린이집의 원장은 등·하원 시 영유아가 안전하게 담당 보육교직원이나 부모 등 보호자에게 인계되는지 여부를 확인해야 하고, 영유아가 안전하게 인계되지 않았을 때에는 지정된 보호자에게 이를 알려야 한다.

(2) 교직원 안전교육

영유아보육법에서는 어린이집의 보육교직원은 영유아의 안전사고 예방을 위해 영유아에 대한 보호와 감독을 철저히 하여야 함을 명시하였으며, 안전교육지침 등을 숙지, 안전관련 교육의 적극 참여 및 이수 하여야 함을 명시하고 있다.

표 4-7. 영유아보육법에서의 보육교직원 안전관련 법령

조 항	주 요 내 용
제18조의2 보육교직원의 책무	① 보육교직원은 영유아를 보육함에 있어 영유아에게 신체적 고통이나 고성·폭언 등의 정신적 고통을 가하여서는 아니 된다. ② 보육교직원은 업무를 수행함에 있어 영유아의 생명·안전보호 및 위험방지를 위하여 주의의무를 다하여야 한다.
제23조 어린이집 원장의 보수교육	④ 제1항에 따른 보수교육에는 다음 각 호의 사항에 관한 내용을 포함하여야 한다. 1. 성폭력 및 아동학대 예방, 2. 실종·유괴의 예방과 방지, 3. 감염병 및 약물의 오남용 예방 등 보건위생 관리, 4. 재난대비 안전, 5. 교통안전, 6. 어린이집 원장의 인성함양(영유아의 인권보호 교육을 포함한다), 7. 그 밖에 보건복지부령으로 정하는 사항
제23조의2 보육교사의 보수교육	① 보건복지부장관은 보육교사의 자질 향상을 위한 보수교육을 실시하여야 한다. 이 경우 보수교육은 집합교육을 원칙으로 한다. ③ 제1항에 따른 보수교육에는 다음 각 호의 사항에 관한 내용을 포함하여야 한다. 1. 성폭력 및 아동학대 예방, 2. 실종·유괴의 예방과 방지, 3. 감염병 및 약물의 오남용 예방 등 보건위생 관리, 4. 재난대비 안전, 5. 교통안전, 6. 보육교사의 인성함양(영유아의 인권보호 교육을 포함한다), 7. 그 밖에 보건복지부령으로 정하는 사항
제23조의3 교육명령	① 보건복지부장관은 「아동복지법」 제3조, 제7호의 2에 따른 아동학대 관련 범죄를 저지른 사람이 제16조 제5호부터 제8호까지의 결격사유 및 제20조 제1호의 결격사유(제16조 제5호부터 제8호까지의 결격사유에 해당하는 경우에 한정한다)에 해당하지 아니하게 되이 어린이집을 설치·운영하거나 어린이집에 근무하려는 경우에는 그 사람에 대하여 사전에 아동학대 방지를 위한 교육을 받도록 명하여야 한다. 이 경우 교육 실시에 드는 비용은 교육을 받는 사람이 부담한다.

아래에서는 안전에 관련해서 어린이집 원장 및 보육교직원들이 의무적으로 이수해야 하는 의무교육, 보육교직원 보수교육, 근로자 법정 의무교육, 어린이집 안전관리교육에 대해서 살펴보고자 한다.

보육교직원의 안전관련 의무교육은 다음 **표 4-8**에 제시된 바와 같이 아동학대예방 및 신고의무자에 대한 교육, 보육교직원 안전관리 교육(안전사고 예방교육), 응급처치교육(심폐소생술 등), 장애인식 개선교육, 성폭력 예방교육, 긴급지원 신고의무자 교육 등을 들 수 있다.

표 4-8. 보육교직원 안전관련 의무교육

교육명	구분	내 용
아동학대 예방 및 신고 의무자에 대한 교육	근거	아동학대 범죄의 처벌 등에 관한 특례법 제 10조, 아동복지법 시행령 제 26조
	대상	모든 보육교직원
	교육시간 및 주기	• 시간: 1시간 이상(아동학대예방교육 및 신고의무와 관련된 내용이 1시간 이상 포함되어야 함) • 주기: 매년
보육 교직원 안전관리 교육(안전 사고 예방 교육)	근거	영유아보육법 제23조의 2, 영유아보육법시행규칙 [별표8]
	대상	• 원장 및 보육교사 • 어린이집 안전공제회가 주관하는 '보육교직원 안전교육'에 매년 어린이집 당 1인 이상 참여
	교육시간 및 주기	• 시간: 안전사고 예방교육: 3시간, 　　　　아동학대 예방교육: 3시간 • 주기: 연 1회 이상
응급 처치교육 (심폐소생 술 등)	근거	응급의료에 관한 법률 제 14조 15항, 시행규칙 제 6조
	대상	모든 보육교직원
	교육시간 및 주기	• 시간: 4시간 • 주기: 매년
장애인식 개선교육	근거	장애인복지법 시행령 제 16조
	대상	모든 보육교직원
	교육시간 및 주기	• 주기: 연 1회 이상 • 방법: 온·오프라인, 자체 교육 선택 가능 ※ 상시 근로자 50인 미만 사업체는 간이교육자료 배포, 게시 등 통해 교육 인정 가능
집단시설 종사자 결핵 감염 예방 교육	근거	결핵예방법 제 11조, 시행규칙 제 4조, 제 4조의 2
	대상	모든 보육교직원
	교육시간 및 주기	• 시간: 2시간 이상 • 주기: 연 1회 • 방법: 집합 및 동영상 교육

교육명	구분	내 용
성폭력 예방교육	근거	성폭력방지 및 피해자보호 등에 관한 법률 제5조, 시행령 제2조
	대상	모든 보육교직원
	교육시간 및 주기	• 시간: 1시간 이상 • 주기: 연 1회 ※ 신규 임용된 사람은 임용된 날부터 2개월 이내 교육실시 • 방법: 온·오프라인, 자체 교육(강사초빙/내부직원) 선택 가능
어린이집 성행동 문제 대응을 위한 성교육 담당자 및 원장 등 역량강화 교육	근거	어린이집 영유아의 성 행동 문제 관리·대응 매뉴얼
	대상	성교육 담당자 및 원장
	교육시간 및 주기	• 주기: 매년 1회 • 방법: 온·오프라인
어린이 안전교육	근거	어린이 안전관에 관한 법률 제 16조, 시행령 제 9조
	대상	• 보육업무를 수행하는 사람 • 신규교육 – 안전교육 대상자가 해당 업무를 수행하게 된 날부터 3개월 – 안전관리 담당자는 해당 담당자로 지정된 날로부터 3개월
긴급지원 신고의무자 교육	근거	긴급복지지원법 제 7조, 시행규칙 제 2조의 3
	대상	모든 보육교직원
	교육시간 및 주기	• 시간: 1시간 이상 • 주기: 매년 • 방법: 온·오프라인, 자체 교육 선택 가능 ※ 보수교육–「건강·안전」 영역 교육에서 포함하여 교육함

자료출처 : 서울육아종합지원센터

보육교직원의 보수교육은 다음 **표 4-9**에 제시된 바와 같이 보육교직원 직무교육, 장기 미 종사자 직무교육, 보육교직원 특별 직무교육, 보육교직원 승급교육, 어린이집 원장 사전직무교육 등을 들 수 있다.

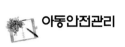

표 4-9. 교직원 안전관련 보수교육

교육명	구분	내 용
보육교직원 직무교육	근거	영유아보육법 제 23조, 제 23조의 2, 시행규칙 제 11조의 2, 제 20조, 제 39조의 4
	대상	원장, 보육교사, 특수교사, 치료사
	교육시간 및 주기	• 시간: 40시간 • 주기: 3년 • 방법: 오프라인
장기미종사자 직무교육	근거	영유아보육법 제 23조, 제 23조의 2, 시행규칙 제 11조의 2, 제 20조, 제 39조의 4

	대상	원장 또는 보육교사의 자격을 취득한 사람으로 만 2년 이상
		보육업무를 수행하지 아니하다가 다시 수행하려는 자
		※ 제외대상
		– 만 2년 이내에 보육업무 경력 또는 보수 교육 이수 이력이
		  있는 경우
		– 기존 40시간 이상의 시간과 관계없이 보육업무 경력이 있
		  고, 경력증명서 등을 통해 확인 가능한 경우 제외

	교육시간 및 주기	• 시간: 40시간 • 주기: 반드시 다시 보육업무 수행하기 이전(채용이전)까지 ※ 2020.3.1. 이후 채용 예정자부터 적용 • 방법: 오프라인
보육교직원 특별직무교육	근거	영유아보육법 제 23조, 제 23조의 2, 시행규칙 제 11조의 2, 제 20조, 제 39조의 4
	대상	영아·장애아·방과 후 보육을 담당하고 있는 일반직무 교육 대상자, 보육교사 및 어린이집 원장

	교육시간
	및 주기
		• 시간: 40시간
		• 주기: 사전에 이수해야 하나, 불가피하게 미 이수한 경우 채
		  용 후 6개월 이내에 받아야 함
		• 방법: 온라인
		• 이수한 경우, 일반직무교육 이수한 것으로 봄
		※ 단, 직전 보수교육을 온라인 교육으로 인수한 자는 당해
		  연도 보수교육 시 반드시 집합교육을 이수해야 함.
		  (교차 이수제, `19온라인 교육 이수자부터 적용)

어린이집 원장 사전직무교육	근거	영유아보육법 제 23조, 제 23조의 2, 시행규칙 제 11조의 2, 제 20조, 제 39조의 4
	대상	일반, 가정, 영아전담, 장애아 전담 어린이집 원장 중 어느 하나의 자격을 이수하고자 하는 자 ※ 14.3.1. 이후 원장 자격증 신청자는 사전 직무교육 이수 가 원칙
	교육시간 및 주기	• 시간: 80시간 • 주기: 취득 전 • 방법: 오프라인

교육명	구분	내 용
보육교직원 승급교육	근거	영유아보육법 제 23조, 제 23조의 2, 시행규칙 제 11조의 2, 제 20조, 제 39조의 4
	대상	• 2급 승급교육 − 보육교사 3급의 자격을 취득한 후 보육업무 경력이 만 1년이 경과한 자 • 1급 승급교육 − 보육교사 2급의 자격을 취득한 후 보육업무 경력이 만 2년이 경과한 자 − 보육교사 2급의 자격을 취득한 보육 관련 대학원에서 석사학위 이상 취득 후 보육업무 경력이 만 6개월이 경과한 자
	교육시간 및 주기	• 시간: 80시간 • 주기: 승급시 • 방법: 오프라인 • 이수한 경우, 일반직무교육 이수한 것으로 봄

근로자 법정 의무교육은 다음 **표 4-10**에 제시된 바와 같이 성희롱 예방교육, 개인정보보호 교육 등을 들 수 있다.

표 4-10. 근로자 법정 의무교육

교육명	구분	내 용
성희롱 예방교육	근거	남녀고용평등과 일·가정 양립 지원에 관한 법률 제13조 및 동법 시행령 제 3조
	대상	사업주 및 모든 직원
	교육시간 및 주기	• 주기: 연 1회 • 방법: 사업의 규모나 특성 등 고려하여 온·오프라인 가능 ※ 아래의 경우 단순 배포 및 게시판 공지 시 예외적으로 교육 인정 − 10인 미만의 사업장 − 사업주 및 근로자 모두가 남성/여성 중 한 성으로 구성된 경우
개인정보 보호 교육	근거	개인정보 보호법 제 28조
	대상	개인정보의 이용·활용 등 실질적으로 개인정보를 취급하는 자
	교육시간 및 주기	• 정기적: 내부관리계획 또는 연간 교육계획에 따름 • 방법: 온·오프라인, 자체교육 선택 가능 ※ 단, 자체교육 시 교육계획, 결과보고서 등 문서화 하여 보관

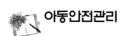

어린이집 안전 관리교육은 다음 **표 4-11**에 제시된 바와 같이 등·하원 안전교육, 어린이집놀이시설 안전교육, 교통안전교육, 동승보호자 안전교육, 소방관리자에 대한 실무교육 등을 들 수 있다.

표 4-11. 어린이집 안전 관리교육

교육명	구분	내 용
등·하원 안전교육	근거	영유아보육법 제 33조의 3
	대상	모든 보육교직원
	교육시간 및 주기	• 주기: 매년
어린이집 놀이시설 안전교육	근거	어린이 놀이시설 안전관리법 제 20조, 시행규칙 20조
	대상	• 어린이 놀이시설의 안전관리에 관련된 업무 담당자(안전관리자) • 신규교육 – 어린이놀이시설 인도받은 경우: 인도받은 날부터 3개월 – 안전관리자가 변경된 날, 안전교육 유효기간이 만료되는 경우: 만료일 전 3개월 • 보수교육: 2년마다
	교육시간 및 주기	• 시간: 4시간 이상 • 주기: 2년 • 방법: 오프라인
교통안전 교육	근거	도로교통법 제 53조의 3, 시행령 31조 2항, 시행규칙 제 20조
	대상	• 신규안전교육: 처음 어린이집 통학버스 운영 또는 운전하는 사람 • 정기 안전교육: 어린이 통학버스 계속하여 운영하는 사람과 운전하는 사람
	교육시간 및 주기	• 시간: 3시간 이상 • 주기: 신규: 운영 또는 운전하기 전/ 정기: 2년 • 방법: 오프라인 ※ 온라인 교육은 이수하더라도 인정되지 않음
동승보호자 안전교육	근거	영유아보육법 시행규칙 별표 8
	대상	• 신규안전교육: 처음 어린이집 통학버스에 동승하려는 사람 • 정기 안전교육: 어린이 통학버스 계속하여 동승하는 사람
	교육시간 및 주기	• 시간: 3시간 이상 • 주기: 신규: 통학차량 동승 전/ 정기: 2년 • 방법: 온·오프라인

어린이집 급식위생 관리교육은 다음 표 4-12에 제시된 바와 같이 식품위생
교육(영업자), 식품위생교육(조리사, 영양사), 대중 이동시설 등의 실내 질 관
리자 교육 등을 들 수 있다.

표 4-12. 어린이집 급식위생 관리교육

교육명	구분	내 용
식품위생교육 (영업자)	근거	식품위생법 제 41조, 식품위생법 시행규칙 제 52조 1항,2항
	대상	50인 이상 집단 급식소의 영업자
	교육시간 및 주기	• 시간: 신규교육: 6시간/ 재교육: 3시간 • 주기: 1년 • 방법: 온·오프라인 선택 가능 ※ 영업하려는 자가 미리 받아야 하는 경우 집합교육으로 이수
식품위생교육 (조리사. 영양사)	근거	식품위생법 제 56조, 시행규칙 제 83조, 제 84조
	대상	50인 이상 집단 급식소의 조리사, 영양사
	교육시간 및 주기	• 시간: 6시간 • 주기: 2년 ※ 위생교육이 없는 홀수년도에 특별위생교육(3시간) 필수 이수
대중이용시설 등의 실내공기 질 관리자 교육	근거	다중이용시설 등의 실내공기 질 관리법 제 7조, 시행령 제 2조, 시행규칙 제 5조
	대상	연면적 430㎡이상인 모든 원장 또는 관리 책임자
	교육시간 및 주기	• 시간: 6시간 • 주기: - 신규교육: 1년 이내에 1회 - 보수교육: 신규교육을 받은 날을 기준으로 3년마다 1회 • 방법: 온·오프라인 선택가능 ※ 온라인 교육의 경우, 환경부장관이 인정하는 시간으로 이수

(3) 부모 안전교육

영유아보육법 시행규칙에서는 어린이집의 원장은 영유아의 건강·위생, 아동
학대, 안전, CCTV 열람 등과 관련된 내용을 포함하여 부모와 충분히 협의·고지
해야 하며 안전, 아동학대예방 등 관련교육에 부모가 참여할 수 있도록 해야 함
을 명시하고 있다.

5) 기관 내 'CCTV 등' 설치 운영

어린이집 안전관리 및 교육과 관련한 위생관리 「영유아보육법 시행규칙」 제9조 별표 1에 따른 '어린이집 내 CCTV 설치 등' 운영 지침은 다음과 같다.

■ (설치목적) 어린이집 내 IPTV를 포함한 'CCTV 등' 설치·운영은 안전사고 예방, 아동학대 등 아동의 인권보호의 목적으로 설치하되, 아동과 교직원의 '사생활의 비밀과 자유' 등 인권침해를 최소화하는 범위 내에서 설치가 가능하다.

■ (준용규정) 지침에 정하지 않은 사항은 「개인정보보호법」, 「공공(민간)기관 영상정보처리기기 설치·운영관리 가이드라인」(행정자치부, '15.1), 「인터넷멀티미디어사업법」(일명 IPTV법), 「통신비밀보호법」 등의 관련 규정을 준용해야 한다.

■ (적용범위) 「영유아보육법」 제15조의4(폐쇄회로 텔레비전의 설치 등)적용함이 원칙이다.

※ 설치·운영 사실을 가정통신문 등을 통해 반드시 고지하여야 한다.

※ 'CCTV 등'에 의하여 화상정보를 수집하는 경우에는 그 설치목적 범위를 넘어 카메라를 임의로 조작하거나 다른 곳을 비추어서는 아니 되며, 녹음기능을 사용하여서는 안 된다.

표 4-13. **영유아보육법 제 15조 폐쇄회로 텔레비전의 설치 등**

조 항	주 요 내 용
제15조의4 폐쇄회로 텔레비전의 설치 등	① 어린이집을 설치·운영하는 자는 아동학대 방지 등 영유아의 안전과 어린이집의 보안을 위하여 「개인정보 보호법」 및 관련 법령에 따른 폐쇄회로 텔레비전(이하 "폐쇄회로 텔레비전"이라 한다)을 설치·관리하여야 한다.
제15조의5 영상정보의 열람금지 등	① 폐쇄회로 텔레비전을 설치·관리하는 자는 다음 각 호의 어느 하나에 해당하는 경우를 제외하고는 제15조의4제1항의 영상정보를 열람하게 하여서는 안 된다.

영유아보육법 시행규칙 별표 1의 폐쇄회로 텔레비전에 대한 내용이 제시되고 있다. 그 내용은 다음과 같다.

※ 「영유아보육법 시행규칙」 별표 1(제 9조 관련)
아) 폐쇄회로 텔레비전
① 폐쇄회로 텔레비전은 「개인정보 보호법 시행령」 제3조1호에 따른 장치로서 보육실 등을 촬영하고 모니터를 통하여 그 영상을 구현할 수 있으며, 그 영상정보를 녹화·저장할 수 있는 기능을 갖추어야 한다.
② 폐쇄회로 텔레비전은 각 보육실, 공동놀이실, 놀이터(인근놀이터를 제외한다) 및 식당(별도로 구획된 공간으로 마련되어 있는 경우에 한정한다), 강당(별도로 구획된 공간으로 마련되어 있는 경우에 한정한다)에 1대 이상씩 설치하되 사각지대의 발생을 최소화 할 수 있도록 설치되어야 한다.
③ 폐쇄회로 텔레비전은 보육실 등 일정한 장소에 일정한 방향을 지속적으로 촬영할 수 있도록 설치되어야 한다.
④ 폐쇄회로 텔레비전은 임의로 조작이 가능하거나 녹음기능이 있도록 설치되어서는 아니 된다.
⑤ 폐쇄회로 텔레비전은 화면 속 인물의 행동 등이 용이하게 식별될 수 있도록 고해상도 [HD(High Definition)] 급 이상(보건족지부장관이 정하여 고시하는 해상도 이상을 말한다)의 성능을 보유하여야한다.
⑥ 저장장치는 영상정보를 폐쇄회로 텔레비전의 화질 기준 이상의 화질로 60일 이상 저장할 수 있는 용량을 갖춘 것으로 하여야 한다.
⑦ 어린이집을 설치·운영하는 자는 출입구 등 잘 보이는 곳에 다음의 사항이 포함된 안내판을 설치하여야한다.
 (i) 폐쇄회로 텔레비전 설치 목적
 (ii) 폐쇄회로 텔레비전 설치 장소(촬영범위 및 촬영시간)
 (iii) 관리 책임자의 성명 및 연락처
⑧ 폐쇄회로 텔레비전의 설치와 관련하여 이 규칙에 규정하고 있지 아니한 사항은 「개인정보 보호법」 및 「정보통신공사업법」 의 관련 내용을 준용한다.

---

5) 안전사고 예방대책

(1) 비상연락체계 구축
- 어린이집의 원장은 안전사고에 대응하기 위하여 인근 소방서, 경찰서 및 가스, 유류 등의 안전 상태를 점검하는 유관기관 등과 비상연락체계를 구축하여야 한다.

(2) 안전사고 대응

■ 비상상황 및 재해 등 안전사고 발생 시 안전관리책임관의 지시에 따라 인명과 재산피해 최소화를 위한 대응활동 전개 및 어린이집의 비상대응계획을 가동하고 운영하여야 한다.

(3) 사고보고 체계의 확립

■ 어린이집 원장은 사고에 대비하여 부모와의 비상연락망을 확보하여야 하며 응급처치동의서를 비치해 놓아야 한다.

■ 어린이집 원장은 사고발생 24시간 이내에 사고보고서를 작성하여 시장·군수·구청장에게 보고하여야 하며, 중대사고(중상 이상의 안전사고, 감염병 및 식중독 등 집단 질병, 화재·침수·붕괴 등 재난사고 등)는 사고발생 즉시 보고해야 한다.

■ 어린이집 영유아의 안전사고 및 감염병 발생 보고는 보육통합정보시스템에 입력보고를 원칙으로 한다.

■ 시·군·구에서는 어린이집에서 발생한 중대사고, 아동학대, 사망사고 및 언론취재 사항 등 중요사항의 경우 시·도와 보건복지부에 즉시 보고하여야 하며 사고통계를 관리한다.

(4) 어린이집 자체 안전점검

■ 어린이집의 장은 자체 통합안전점검 계획을 수립하여 매월 4일에 안전점검 실시하여야 한다.

■ 자체점검은 「어린이집 통합 안전점검 체크리스트」에 따라 매일, 매월 실시하여 화재·상해 등 위험발생요인을 사전에 제거해야 한다.

(5) 안전관리책임관 제도 운영
① 목적
어린이집 안전관리에 관한 총괄적 관리감독 및 사고 발생 시 효과적인 대응을 위해 안전관리책임관을 지정하며, 시설장이 안전관리책임관 역할 수행해야 한다.

② 안전관리책임관의 역할

⊞ **평시: 안전관리책임관의 주요업무**

- 어린이집이 직면할 수 있는 재난, 재해에 대해 비상대응계획 수립(연 1회)
  - ※ 비상계획수립 관련 상세 내용은 비상대비훈련 지침 참조
- 어린이집 비상대응 훈련 계획 수립 및 실시 총괄(월 1회)
- 어린이집의 비상연락망 수립 및 관내 안전관리 기관과의 연락체계 수립
  - ※ 비상연락망은 유관기관(소방서, 병원, 의료, 경찰, 지방자치단체), 영유아 보호자, 보육교직원 연락처를 포함한다.
  - ※ 어린이집 내 안전관리 시설 유지관리 담당
- 화재감지기, 소화기, 화재경보기와 수신기 등 화재 감지기구 점검·비상대피도 마련, 가스 밸브, 전기 차단기 점검 및 정기적인 유지보수

⊞ **비상상황 및 재해 발생 시:** 인명과 재산 피해 최소화를 위한 대응활동 전개 및 어린이집의 비상대응계획 가동 및 운영

⊞ **비상상황 및 재해 발생 후:** 재해발생 전 상황으로 어린이집 운영이 되돌아 갈 수 있도록 복구 절차 총괄

3. 유아교육법에서의 안전 관련 법령

「유아교육법」에는 '유아교육에 관한 사항을 정함'이라고 목적을 명시하고 있다. 유아교육기관의 안전에 관련한 내용은 제 17조 건강검진 및 급식에 대한 내용과, 응급조치에 관한 내용을 담고 있으며, 제 21조에는 유아의 인권보장, 제 32조에는 유치원의 폐쇄 등에 관련한 내용을 명시하고 있다.

표 4-14. 유아교육법에서의 안전관련 법령

조 항	주 요 내 용
제17조 건강검진 및 급식	• 원장은 교육하고 있는 유아에 대하여 건강검진을 실시하고, 유아의 건강검진 결과를 생활기록부에 기록 관리하여야 한다.
제17조의3 응급조치	• 원장은 보호하는 유아에게 질병·사고나 재해 등으로 인하여 위급한 상태가 발생한 경우 즉시 해당 유아를 「응급의료에 관한 법률」 제2조에 따른 응급의료기관에 이송하여야 한다.
제21조의2 유아의 인권보장	① 유치원의 설립자·경영자와 원장은 헌법과 국제인권조약에 명시된 유아의 인권을 보장하여야 한다. ② 교직원은 제21조에 따라 유아를 교육하거나 사무를 담당할 때에는 도구, 신체 등을 이용하여 유아의 신체에 고통을 가하거나 고성, 폭언 등으로 유아에게 정신적 고통을 가해서는 아니 된다.
제32조 유치원의 폐쇄 등	① 2의3. 교직원 등 원장 또는 설립·경영자의 관리·감독 하에 있는 자가 「아동복지법」 제3조제7호에 따른 아동학대 행위를 한 경우. ③ 관할청은 유치원이 「도로교통법」 제53조제3항을 위반하여 어린이통학버스(같은 법 제52조에 따른 어린이통학버스 신고를 하지 아니한 경우를 포함한다)에 보호자를 함께 태우지 아니한 채 어린이통학버스 운행 중 발생한 교통사고로 해당 어린이통학버스에 탑승(승하차를 포함한다)한 유아가 사망하거나 신체에 교육부령으로 정하는 중·상해를 입은 경우 해당 유치원의 폐쇄를 명하거나 1년 이내의 운영정지를 명할 수 있다.

4. 아동복지법에서의 안전 관련 법령

「아동복지법」에는 '아동이 건강하게 출생하여 행복하고 안전하게 자랄 수 있도록 아동의 복지를 보장하는 것'을 목적으로 명시하고 있다. 유아교육기관과 관련된 안전에 관련한 내용은 제17조 금지행위와 제3장, 제22조부터 제29조까지는 아동학대의 예방 및 방지 등, 제31조는 아동의 안전에 대한 교육, 제32조 아동보호구역에서의 영상정보처리기기 설치 등을 명시하고 있다. 본 장에서는 유아교육기관과 관련이 있는 주요한 내용만을 제시하고자 한다.

1) 아동학대 관련 법령

아동복지법에 명시된 아동학대의 예방 및 방지에 관련한 법령은 제22조부터 제29에 제시되어 있으며, 그 내용은 표 5-15와 같다.

표 4-15. 제 2절 아동학대의 예방 및 방지

조 항	주 요 내 용
제17조 금지행위	아동학대의 유형별 금지행위에 대한 조항 • 아동에게 성적 수치심을 주는 성희롱 등의 성적 학대행위 • 아동의 신체에 손상을 주거나 신체의 건강 및 발달을 해치는 신체적 학대행위 • 아동의 정신건강 및 발달에 해를 끼치는 정서적 학대행위
제22조 아동학대의 예방 과 방지 의무	• 국가와 지방자치단체의 아동학대의 예방과 방지에 대한 조치 • 아동학대를 예방하고 신고를 받을 수 있도록 긴급전화를 설치 • 피해아동의 발견 및 보호 등의 업무 수행 • 아동학대전담공무원 배치 및 자격 • 아동학대예방사업의 활성화 등을 위한 업무 수행 • 아동정보시스템의 아동학대 관련 정보 또는 자료를 활용
제23조 아동학대 예방의 날	• 매년 11월 19일을 아동학대예방의 날로 지정하고, 아동학대예방의 날부터 1주일을 아동학대예방주간으로 지정
제26조 아동학대 신고의 무자에 대한 교육	• 아동학대 신고 의무자의 자격 취득 과정이나 보수교육 과정에 아동학대 예방 및 신고의무와 관련된 교육 내용 포함 함 • 아동학대 신고의무자에게 본인이 아동학대 신고의무자라는 사실을 고지 및 관련한 교육을 실시할 수 있음
제26조의2 아동학대 예방 교육의 실시	• 아동학대의 예방과 방지를 위하여 필요한 교육을 연 1회 이상 실시하고, 그 결과를 보건복지부장관에게 제출
제27조의2 아동학대 등의 통보	• 아동학대가 있었다고 의심할 만한 사유가 있는 때에는 시·도지사, 시장·군수·구청장 또는 보장원의 장에게 그 사실을 통보 하도록 함
제28조의2 국가아동학대 정보시스템	• 아동학대 관련 정보를 공유하고 아동학대를 예방하기 위하여 국가아동학대정보시스템을 구축·운영·입력·관리 하여야 함
제29조의3 아동관련기관의 취업제한 등	• 아동학대 관련 범죄로 형 또는 치료감호를 집행을 종료하거나 집행이 유예·면제된 날부터 일정기간 동안 "아동관련기관"을 운영하거나 아동 관련기관에 취업 또는 사실상 노무를 제공할 수 없도록 하여야 함

2) 아동 안전 및 건강지원 관련 법령

아동복지법에 명시된 아동안전 및 건강지원 관련한 법령은 제31조, 제32조, 제55조에 제시되어 있으며, 그 내용은 표 5-16과 같다.

표 4-16. 제 3절 아동안전 및 건강지원

조 항	주 요 내 용
제31조 아동의 안전에 대한 교육	① 아동복지시설의 장, 어린이집의 원장, 유치원의 원장 및 「초·중등교육법」에 따른 학교의 장은 매년(성폭력 예방, 아동학대 예방, 실종·유괴의 예방과 방지, 감염병 및 약물의 오남용 예방 등 보건위생관리, 재난대비 안전, 교통안전 등의 교육계획을 수립하여 교육을 실시하여야 한다.
제32조 아동보호구역에서 의영상정보처리기 기 설치 등	① 국가와 지방자치단체는 유괴 등 범죄의 위험으로부터 아동을 보호하기 위하여 필요하다고 인정하는 경우 아동보호구역으로 지정하여 범죄의 예방을 위한 순찰 및 아동지도 업무 등 필요한 조치를 할 수 있다.
제55조 아동복지시설 종사자의교육훈련	① 시·도지사 또는 시장·군수·구청장은 아동복지시설 종사자의 양성 및 자질향상을 위한 교육·훈련을 실시하여야 한다.

➢ 아동복지법 시행령 아동보호구역의 지정(제29조), 영상정보기기 설치 및 관리(제30조)

① **아동보호구역의 지정**
(지정신청) 유아교육기관의 장 → 특별자치도지사·시장·군수·구청장
(지정범위) 해당시설의 외곽경계선(출입문)으로부터 500미터 이내의 일정구역
(지정 시 조치사항) 시장·군수·구청장은 경찰서장과 협의하여 영유아범죄 발생현황, 등 하원·이용 영유아 수, 범죄발생 우려 여부 조사해야 한다.
② **영상정보처리기기 설치 및 관리**
(설치 및 관리) 시장·군수·구청장은 영유아보호구역에 CCTV설치 및 교체·수리 등 사후관리 조치해야 한다.
(모니터링) 경찰서장은 아동범죄 예방 및 수사를 위해 CCTV의 화상정보를 적극 활용하도록 한다.

표 4-17. 아동복지법 제31조, 안전교육 기준

구분	교통안전	실종·유괴의 예방·방지	감염병 및 약물 오남용 예방 등 보건위생관리	재난대비 안전	성폭력 및 아동학대예방
실시 주기 (총시간)	2개월 1회이상 (연간 10시간 이상)	3개월 1회 이상 (연간 10시간 이상)	3개월 1회 이상 (연간 10시간 이상)	6개월 1회 이상 (연간 6시간 이상)	6개월 1회 이상 (연간 8시간 이상)
교육 내용	1.차도, 보도및 신호등의 의미알기 2.안전한 도로 횡단법 3.안전한 통학 버스 이용법 4.날씨와 보행 안전 5.어른과 손잡고 걷기	1.길을 잃을 수 있는 상황 이해하기 2.미아 및 유괴 발생 시 대처 방법 3.유괴범에 대한 개념 4.유인·유괴 행동에 대한 이해 및 유괴 예방법	1.감염병예방을 위한 개인 위생 실천습관 2.예방접종의 이해 3.몸에 해로운 약물 위험성 알기 4.생활주변의 해로운 약물·화학제품 그림으로 구별하기 5.모르면 먼저 어른에게 물어보기 6.가정용 화학 제품만지거나 먹지않기 7.어린이 약도 함부로 많이 먹지 않기	1.화재의 원인과 예방법 2.뜨거운 물건 이해하기 3.옷에 불이 붙었을 때 대처법 4.화재 시 대처법 5.자연재난의 개념과 안전한 행동알기	1.내 몸의 소중함 2.내 몸의 정확한 명칭 3.좋은 느낌과 싫은 느낌 4.성폭력 예방법과 대처법
교육 방법	1.전문가 또는 담당자강의 2.시청각 교육 3.실습교육 또는 현장학습 4.일상생활을 통한 반복 지도 및 부모교육	1.전문가 또는 담당자 강의 2.장소·상황별 역할극 실시 3.시청각 교육 4.사례 분석	1.전문가 또는 담당자 강의 2.시청각 교육 3.사례 분석	1.전문가 또는 담당자 강의 2.시청각 교육 3.실습교육 또는 현장학습 4.사례 분석	1.전문가 또는 담당자 강의 2.장소·상황별 역할극 실시 3.시청각 교육 4.사례 분석

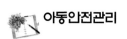

 실제 1. 어린이집 통합 안전점검표

<일별 점검표>

① 급식 분야

(점검상태: 양호○, 보통△, 불량×)

구분	점 검 항 목	점검결과 월	화	수	목	금	토	조치사항
위생 관리 및 식재료 관리	– 작업 전 건강상태를 확인한다.(감기, 설사, 손 상처자 등 조리금지)							
	– 위생복, 위생화, 앞치마, 위생모를 착용하고, 배식시에는 배식 전용기구, 마스크, 위생장갑 을 사용하고 있다.							
	– 유통기간 확인 및 선입선출을 준수하고 있다.							
	– 식재료 보관실은 항상 청결을 유지하고 있다.							
	– 보존식 보존 및 관리기준을 준수하고 있다(배 식 직전 소독된 전용용기에 100g이상 채취하 여 144시간 냉동 보관)**							
	– 어류·육류·채소류를 취급하는 칼·도마는 각각 구분하여 사용하고 있다.							
	– 식기류 및 조리기구의 세척, 소독을 철저히 하 고 있다.							
	– 세제, 소독제, 살충제에 라벨을 부착하고 분리 보관하고 방충, 방서 등을 위한 정기적인 방 역 소독필증을 보관 하고 있다.							
	– 식재료의 입고날짜를 기록한 라벨을 부착하여 관리하고 있다.							
	– 식재료 검수일지를 작성하고 보관하고 있다.**							
작업 관리	– 조리 후 2시간 이내 배식하고 있다.							
	– 영양사가 작성한 식단을 사용하고 있다.							
	– 농수산물 및 그 가공품(쇠고기 등 16종)을 조 리하여 제공하는 경우 식단표에 그 원산지를 기재하여 공개하고 있다.**							
	– 영양사나 교사는 검식 후 검식일지 작성 및 배식 점검을 하고 있다.							
식재료 관리	– 조리장 바닥과 배수로에 물고임 및 냄새역류 가 없도록 관리하고 있다.							
	– 후드, 환풍기를 청결하게 관리하고 있다.							

※ '**'가 표시된 점검사항은 집단급식소 미신고 대상시설에서 반드시 준수할 사항은 아님

② 안전 분야

(점검상태: 양호○, 보통△, 불량×)

구분	점 검 항 목	점검결과						조치 사항
		/ 월	/ 화	/ 수	/ 목	/ 금	/ 토	
실외 환경	– 어린이집 보호벽 및 주변의 관리 상태는 양호한 가?							
	– 실외놀이 공간 주변의 돌, 유리조각, 요철, 녹이 슨 부분, 벗겨진 페인트, 돌출된 모서리가 방치 되어 있지는 않은가?							
	– 놀이터 바닥에 오물, 방치된 물웅덩이가 없는가?							
실내 환경	– 문과 창문 등의 추락 위험은 없는가?							
	– 바닥에는 다칠 수 있거나 미끄러운 곳이 없는가?							
	– 복도, 계단, 비상계단, 미끄럼대 등에 방치된 물 건이 없어 피난계단, 미끄럼대 등을 사용하기에 양호한가?							
	– 보육용품이나 비품 유리창 등에 날카로운 모서리 등이 없는가?							
놀잇감 및 놀이 기구	– 망가져 날카롭고 위험한 것 또는 부품이 빠지거 나 작은 볼트 등이 빠진 것은 없는가?							
	– 유해 색소가 칠해진 놀잇감은 없는가?							
	– 영유아가 삼킬만한 작은 놀잇감이나 부품은 없는 가?							
	– 놀잇감 및 놀이기구의 수납 상태가 양호한가?							
화장실· 세면대	– 화장실내 세제나 락스 등 위험한 물건이 영유아 들의 손이 닿는 곳에 방치되어 있지 않은가?							
전기· 화기· 위험물	– 콘센트는 안전덮개로 보호되어 있는가?							
	– 화기에 의한 안전사고 위험은 없는가?							
	– 위험물에 의한 안전사고 위험은 없는가?							
	– 가스밸브와 가스중간밸브 잠금은 양호한가?							

93

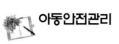

③ 차량 분야

(점검상태: 양호○, 보통△, 불량×)

구분	점 검 항 목	점검결과						조치 사항
		/	/	/	/	/	/	
		월	화	수	목	금	토	
운행 전 점검	– 차량 외부의 이상 유,무를 확인한다.							
	– 차량 내 소화기·비상약품이 비치여부 및 비치상 태가 양호한지 확인한다.							
	– 차량시동 후 엔진 및 각종계기판 이상 유,무를 확인한다.							
	– 엔진 및 차체의 잡음은 없는가?							
운행 중 점검	– 차량 출발 전 탑승자의 안전벨트 및 문단속을 확 인하고 전·후방 사각지대에 영유아 또는 장애물 이 있는지 확인한다.							
	– 차량에 영유아를 보호할 수 있는 사람(보육교사 등)이 탑승하는가?							
	– 창문 밖으로 머리, 손을 내미는 영유아가 있는 가?							
	– 안전운행을 위하여 교통안전규칙을 철저히 지킨 다.							
	– 정차는 후방의 차량에 최대한 방해되지 않는 곳 에 한다.							
	– 운행 중에는 휴대폰, 이어폰 등을 사용하지 않는 다.							
운행 후 점검	– 타이어 압력 및 트랙은 양호한가?							
	– 주차 브레이크는 정상인가?							
	– 차량 내 영유아가 전원 하차 하였는지 확인한다.							

\<월별 점검표\>

(점검상태: 양호○, 보통△, 불량×)

구분	점 검 항 목	점검결과 월	조치 사항
안전 관리	– 안전관리의 책임 및 위기관리 체계가 적합한가?		
	– 일별 안전점검 체크리스트에 의해 관리되고 있는가?		
	– 응급전화번호 및 비상연락망 등이 잘 관리되고 있는가?		
실외 환경	– 어린이집 주변에 감전 위험은 없는가?		
	– 위험한 적치물, 축대 붕괴, 맨홀 등에 대한 위험은 없는가?		
실내 환경	– 모든 설비는 움직이거나 떨어지지 않도록 바닥과 벽면에 단단히 고정되어 있는가?		
	– 창문, 방충망의 상태는 안전한가?		
현관·통 로·계단 ·비상구	– 출입문, 현관문 등의 안전장치는 정상 작동하는가?		
	– 계단, 통로부분에 미끄럼 방지처리가 되어있는가?		
	– 계단의 안전 상태는 양호한가?		
화장실 세면대	– 화장실 내 전기 콘센트 등 전기용품은 안전한가?		
	– 세면대의 고정 상태는 안전한가?		
실내외 놀이 기구 및 공간	– 모든 놀이기구가 바닥에 안전하게 고정되어 있는가?		
	– 놀이 시설물의 상태(틈새나 간격)가 영유아의 몸에 끼이지 않는 넓이 인가?		
	– 기초대, 지지대 등 매설부분이 노출되지 않았는가?		
	– 모든 놀이기구 아래와 주위(안전지대)의 충격흡수재 성능은 양호한가?		
	– 보수가 필요한 놀잇감 및 놀이 기구가 방치되어 있는가?		
	– 놀이기구의 높이가 영유아에게 적합한가?		
	– 어린이제품안전특별법, 품질경영 및 공산품 안전관리법 등에 의한 안전검사(KC 인증 등)를 필한 제품인가?		

구분	점 검 항 목	점검결과	조치 사항
		월	
전기· 가스· 위험물 안전 관리	– 전선, 콘센트, 플러그 등 손상된 부분은 없는가?		
	– 한 개의 콘센트에 용량을 초과해 사용하고 있지 않은가?		
	– 분배전반 및 각종 전기기구의 노후 및 파손된 것은 없는가?		
	– 가스경보기의 설치상태가 양호한가?		
소방 시설 관리	– 대피를 위한 대피도가 잘 관리되어 있는가?		
	– 소화기, 스프링쿨러 등 소화 장비의 작동 및 관리 상태는 양호한가?		
	– 자동화재 탐지설비의 설치상태가 양호한가?		
	– 옥내소화전의 관리 및 작동이 양호한가?		
비상 대피 시설 관리	– 비상계단 및 미끄럼대 등이 화재 등 유사시 사용이 가능한가?		
	– 피난유도등 유도표지 등이 잘 갖추어져 있고 정상 작동하는가?		
	– 건물 내 대피경로에 장애가 되는 요소는 없는가?		

※ 체크리스트 항목별 점검 시 참고사항

❏ 안전 분야 일별점검체크리스트 참고사항

1) 실외 환경

 – 어린이집 보호벽 및 어린이집 주변의 관리 상태는 양호한가?
  (조치사항)담, 울타리, 창살, 가스 혹은 난방기 등의 계량기, 보일러 설비, 퓨
      즈박스, 비상미끄럼틀, 외부 차양 등 설비의 안전 상태를 확인하여
      위험요소를 즉시 안전하게 제거·수리 및 관리한다.
 – 놀이터 바닥에 오물, 방치된 물 웅덩이가 없는가?
  (조치사항)오물 및 물 웅덩이는 전염성 질환을 야기 시키는 해충의 서식지가
      될 수 있으므로 발견 즉시 제거하고, 물 웅덩이는 물 제거 후 웅덩이
      를 관리하여 영유아가 넘어질 수 있음을 방지한다.

2) 실내 환경

- 문과 창문 등의 추락 위험은 없는가?

    (조치사항)문과 창문의 안전상태 확인 및 창문 등의 가까이에 오를 수 있는 물품이 있어 추락 위험이 있는지 확인하고 즉시 제거한다.

- 바닥에는 다칠 수 있거나 미끄러운 곳이 없는가?

    (조치사항) 화장실, 계단, 실내 보육실 등에 미끄러운 곳, 물이 고인 곳을 확인한다. 미끄럼방지 시트 또는 타일을 부착하거나 물기가 많으면 물기를 제거한다. 또한, 바닥의 단차가 있는 경우 영유아들이 넘어지는 사고가 많이 발생하므로 바닥에는 단의 차이가 없도록 한다.

- 복도, 계단, 비상계단, 미끄럼대 등에 방치된 물건이 없어 피난계단, 미끄럼대 등을 사용하기에 양호한가?

    (조치사항) 유사시 대피에 장애가 되는 물건이 방치되었는지를 확인하고 방치된 물건은 안전한 곳으로 즉시 이동한다.

3) 놀잇감 및 놀이기구

- 영유아가 삼킬만한 작은 놀잇감이나 부품은 없는가?

    (조치사항) 놀잇감의 크기가 영유아의 입, 코, 귀 등에 들어가지 않도록 3.5cm 이상의 놀잇감을 준비한다.

- 놀잇감 및 놀이기구의 수납 상태가 양호한가?

    (조치사항)   놀잇감이 영유아가 수납하기에 적당한지, 무거운 놀잇감이 높은 곳에 있지 않은지 확인한다. 유아의 신체특성을 고려하여 수납위치를 바꾸고, 무겁거나 추락 위험이 있는 놀잇감은 즉시 안전한 위치로 이동한다. 방치된 놀잇감은 영유아들이 올라가 추락하는 위험도 발생할 수 있으므로 안전하게 보관한다.

4) 전기·화기·위험물

- 화기에 의한 안전사고 위험은 없는가?

    (조치사항) 라디에이터, 난로, 히터 등의 보호덮개, 라이터, 성냥, 양초, 폭죽 등이 방치된 것이 있는지, 가스 중간밸브 잠김, 화기시설 주변의 가연물 등을 확인하여 위험물품은 즉시 제거한다. 보호덮개가 필요한 경우 전문 업체에 의뢰한다.

- 위험물에 의한 안전사고 위험은 없는가?

  (조치사항) 화학용품 및 약품, 살충제, 세제, 기타 위험한 약품 등이 방치되었다면, 즉시 안전한 곳으로 이동한다. 특히 약품의 경우 보육실 영유아용 책상위에 놓여져 영유아들이 만지거나 먹을 수 있기에 주의를 더 요한다. 필요시 전문기관에 의뢰하여 처리 한다.

  ※ 관련법: 영유아보육법 시행규칙 별표1, 위험물 안전관리법 제14조

- 가스밸브와 가스중간밸브 잠금은 양호한가?

  (조치사항) 가스와 가스중간밸브 잠금 상태, 가스누설 탐지기의 상태·위치 등를 확인하여 가스누출을 예방한다. 가스를 사용하는 모든 설비에는 중간밸브를 설치해야 한다. 가스밸브 주위의 누출여부를 점검하고, 가스누설탐지기의 위치(LNG: 천장에서 30cm, LPG: 바닥에서 30cm 이내)를 점검하고 손상여부, 전원이 연결 상태 등을 점검한다. 이상이 있을시 전문업체에 점검 및 수리를 의뢰한다.

  ※ 도시가스사업법 제7조에 따라 정기검사대상자로 선정되면 연1회 한국가스안전공사에 의한 점검을 받는다. 단, 지자체에 따라 차이가 있을 수 있다.(이 외는 도시가스회사에서 검사)

□ **월별 점검 체크리스트 참고사항**

1) **안전관리**

- 안전관리의 책임 및 위기관리 체계가 적합한가?

  (조치사항)원장의 안전관리 책임성, 화재 등 비상사태 발생시 대응체계의 적절성을 확인한다. 원장이 안전관리에 관한 책임, 전문성(방화관리자 자격 등)확보 하도록 하고, 교사가 안전관련 교육에 적극적으로 참여하도록 한다. 비상사태에 대비한 대응체계가 수립되도록 한다.

- 응급전화번호 및 비상연락망 등이 잘 관리되고 있는가?

  (조치사항)비상시 소방서·병원·경찰소 등의 응급전화번호 및 비상연락망 등이 전화기 옆에서 잘 관리되고 있는지 확인한다. 지속적으로 소방서, 병원의 응급전화번호 및 비상 연락망의 전화번호 변경여부를 확인하여 관리한다.

2) 실외 환경

- 어린이집 주변에 감전위험은 없는가?

  (조치사항)어린이집 50m 이내에 고압선, 전선, 가로등 등 감전위험을 확인한다. 확인물 발견 시 관련기관 및 지방자치단체에 통보하고 안전조치를 요청한다.

- 위험한 적치물, 축대 붕괴, 맨홀 등에 대한 위험은 없는가?

  (조치사항)어린이집 주변 50m 이내에 위험한 물건·물품(방치된 자동차 생활쓰레기 적치, 붕괴위험이 있는 축대, 맨홀, 파인 곳, 공사장 등)이 확인되면 지방자치단체(주민자치센터 포함)에 통보하고 안전조치를 요청한다.

3) 실내 환경

- 모든 설비는 움직이거나 떨어지지 않도록 바닥과 벽면에 단단히 고정되어 있는가?

  (조치사항)건축설비의 전기, 난방, 조명, 급배수 등의 설비물의 고정 상태와 벽 천장 등에 고정 된 물품과 장식물 등이 안전하게 고정되어 있는지 확인하여 수리필요시 전문 업체 의뢰한다.

- 창문, 방충망의 상태는 안전한가?

  (조치사항)창문의 깨짐, 창문 테두리의 실리콘 상태, 방충망의 노화상태를 정기적으로 확인하여 즉시 조치한다.

4) 현관·통로·계단·비상구

- 출입문, 현관문의 안전장치는 정상 작동하는가?

  (조치사항)보안을 위한 잠김 문이나 인터폰·초인종이 정상작동여부 확인 후 응급조치와 필요시 전문 업체에 의뢰한다. 또한, 출입문과 현관문의 손끼임 방지를 위한 안전 고무 바, 도어 클로저 등을 설치한다.

- 계단의 안전 상태는 양호한가?

  (조치사항) 안전손잡이, 적치물, 난간의 가격 고정 상태를 확인한다. 응급조치 후 필요시 전문 업체에 의뢰한다.

     ※ 계단의 단 높이는 16cm이하이며 단의 높이가 일정해야 하며,

단 너비는 26cm이상이어야 하며 일정하게 구성되어야 한다, 난간의 높이는 110cm이상, 난간살의 간격은 10cm이하로 설치한다.

(출처: 안전매뉴얼연구. 중앙보육정보센터 2008)

5) 화장실·세면대

– 화장실 내 전기 콘센트 등 전기용품은 안전한가?

(조치사항) 방수용 콘센트 및 물에 의한 전기 위험 여부를 확인한다. 콘센트는 방수용으로 교체하고, 물에 젖거나 고인 물(욕조 등)에 추락이 가능한 물품은 안전한 곳으로 이동 또는 제거한다.

– 세면대의 고정 상태는 안전한가?

(조치사항) 고정상태 확인 시 나사 풀림상태 등을 정기적으로 확인하여 필요시 수리하거나 교체한다.

6) 실내외 놀이기구와 공간

– 모든 놀이기구가 안전하게 고정되어 있는가?

(조치사항) 놀이기구의 고정상태, 매설된 지지대의 노출, 윤활유 보충 등을 확인하고 즉각적인 안전조치 후 필요시 관련업체에 의뢰한다.

– 놀이시설물의 상태(틈새나 간격)가 영유아의 몸에 끼이지 않는 넓이인가?

(조치사항) 집합놀이기구 등의 틈새나 간격의 너비 확인 및 노후로 인한 영유아 신체의 빠짐 및 끼임 등을 확인 한다(손가락: 8mm이하·25mm이상, 발: 30mm이하, 머리: 9cm이하·23cm이상). 안전관리 필요시에는 1차 안전조치로 접근금지 표시 및 전문업체 수리 의뢰한다.

– 모든 놀이기구의 아래와 주위(안전지대)에 충격흡수제의 성능은 양호한가?

(조치사항) 영유아가 추락할 가능성이 있는 놀이 시설물 아래와 주변의 공간(안전지대)은 충격을 흡수할 수 있도록 설치되어야 한다(25-30cm 이상의 모래, 우레탄 바닥, 매트 등). 충격흡수제 사용시 마모되어 구멍이 나거나 끝 부분이 말림으로 인해 영유아들이 걸려 넘어 질 수 있다. 따라서 즉각적인 안전조치 후 전문 업체에 의뢰한다.

– 놀이기구의 높이가 영유아에게 적합 한가?

(조치사항) 놀이기구의 구입 시 연령에 따른 영유아의 신체 등에 적합한지 확

인한다. 참고로 놀이 기구의 높이는 2.5m 이하로 설치한다.

※ 출처: 어린이시설 안전점검 매뉴얼. 소방방재청 2005

7) 전기·가스·위험물 안전관리

– 전선, 콘센트, 플러그 등이 손상된 부분은 없는가?

(조치사항)실내 전선의 노후, 피복손상, 파손된 콘센트 및 플러그 등을 확인한다. 벗겨진 전선은 절연 테이프로 감싸고, 파손된 콘센트 플러그 등은 즉시 교체한다. 필요시 전문업체에 수리·점검을 의뢰한다.

– 분배전반 및 각종 전기기구의 노후 및 파손된 것은 없는가?

(조치사항)노후하거나 파손된 분배전반 및 각종 전기기구는 전기전문업체에 의뢰하여 수리·교체하도록 한다. 또한, 전기사업법이 정하는 바에 따라 인가 시 전기 안전점검과 정기점검이 실시될 수 있도록 한다.

※ 관련법: 전기사업법 제65조~제66조의2 및 동법시행규칙 제35조 ~제35조의4 등

– 가스경보기의 설치상태가 양호한가?

(조치사항)LNG 또는 LPG에 따른 가스경보기의 위치·설치 상태·정상작동 여부 및 관련법에 의해 점검을 받았는지 확인한다. 필요시 가스경보기를 전문 업체에 의뢰하여 이동설치·수리·교체하도록 한다.

※ 관련법: 소방시설의 설치 및 유지관리에 관한 법률 시행령 제15조

8) 소방시설 관리

– 소화기, 스프링 쿨러 등 소화 장비의 관리 상태는 적합한가?

(조치사항)소화기의 비치 위치, 압력 등의 적합한 관리상태 확인한다. 소화기는 연면적 33제곱미터 이상에 1대 이상을 비치한다. 또한, 공간의 제약성 등을 확인 후 필요시 추가로 비치한다. 소화기는 눈에 잘 띄는 곳에 위치하고 있는지를 확인하되 영유아 보행시 충돌 방지를 감안하여 적절한 위치에 놓는다, 소화기는 압력 상태를 월 1회 이상 점검한다. 이상이 있는 것은 새것으로 교체하거나 소방 전문 업체에 점검을 의뢰한다. 스프링클러설비의 정상적인 작농여부를 확인하고 필요시 소방전문 업체에 수리·점검을 받도록 한다.

– 자동화재 탐지설비의 설치상태가 양호한가?

(조치사항)자동화재 탐지설비가 있는 경우에 한하는 것으로 자동화재 탐지설비의 정상적인 작동여부를 확인하고 필요시 소방 전문 업체에 수리·점검을 받도록 한다.

– 옥내소화전의 관리 및 작동 상태가 양호한가?

(조치사항)옥외소화전설비가 있는 경우에 한하는 것으로 소화전 함의 내용물을 확인(관창 1, 호스 2), 방수시 수평거리 17m 도달 시 정상이다. 옥내소화전설비의 정상적인 작동여부를 확인하고 필요시 소방 전문 업체에 수리·점검을 받도록 한다.

※ 소방시설의 설치·유지 및 안전관리에 관한 법률 제9조 등에 의거 소방시설을 유지·관리

9) 비상대피시설관리

– 비상계단 및 미끄럼대 등이 화재 등 유사시 사용이 가능한가?

(조치사항)설치기준에 적합한 상태, 평상시 영유가 개폐할 수 없는 상태, 유사시 용이한 개방 가능 등의 정상적인 작동 여부를 확인하고 필요시 전문 업체에 수리·점검을 받도록 한다.

※ 관련법: 영유아보육법 시행규칙 제9조(별표1)

– 피난유도등 유도표지 등이 잘 갖추어져 있고 정상 작동하는가?

(조치사항)유도등 유도표지의 위치, 유도등의 상태·점등 등을 확인 한다. 피난구 유도등의 경우 30m 거리에서 문자 및 색채 식별이 가능해야 한다. 설치기준에 적합성 및 위치·작동 여부를 확인하고 필요시 전문 업체에 수리·점검을 받도록 한다.

– 건물 내 대피경로에 장애가 되는 요소는 없는가?

(조치사항)계단. 통로, 출입문 등 피난경로에 적치물 방치, 피난에 필요한 유효너비 확보, 비상출구의 잠금장치 설치 여부를 확인한다. 계단, 통로, 출입문 등 피난에 장애가 되는 물건 등은 즉시 이동조치 한다. 계단·통로·출입구의 유효너비, 출입문의 개폐방향, 비상구의 잠금장치 등을 확인하고 시정조치 하도록 한다.

※ 관련법: 소방시설의 설치 및 유지관리에 관한 법률 시행령 제15조

유아교육기관 실내시설·설비안전관리

1. 유아교육기관 시설·설비의 기본방향
2. 유아교육기관 실내시설·설비 안전관리
3. 실내놀이 시 안전사고 예방을 위한 교사의 역할
4. 안전관리와 평가
5. 실제
   - 안전사고 일지 작성
   - 사고보고서 작성
   - 유아교육기관 실내 안전사고 사례 분석

5장. 유아교육기관 실내시설 · 설비 안전관리

1. 유아교육기관 시설·설비의 기본방향

영유아기는 신체적, 심리적으로 외부의 환경적 조건에 쉽게 영향을 받는 시기이다. 따라서 유아교육기관은 환경 자체에 유해한 요소가 없어야 하며 특히 유아교육기관의 시설, 설비는 우선적으로 안전을 고려하여 설치되어야 한다. 유아교육기관에서 자주 발생하는 안전사고의 유형의 살펴보면 놀이시설에 의한 사고가 가장 많다. 이는 영유아를 위한 시설, 설비를 갖출 때 영유아의 연령, 신체크기, 능력 등의 발달수준을 고려하여 설치하여 한다는 인식이 부족하고 기존의 설비에 대한 관리가 철저하지 못하기 때문이다. 교사는 안전한 놀이를 보장하기 위해서 유아교육기관의 물리적 환경 안전성을 점검하고 위험요소가 포함된 사물이나 물질을 사전에 차단해야 한다. 이와 관련한 교사의 역할을 수행하기 위해서는 교사들이 안전에 대한 올바른 인식을 갖고 빈번하게 발생하는 안전사고의 원인을 파악하여 사고요인을 제거하고, 사고 발생 시 피해규모를 줄이기 위한 단계적인 대처방안을 지속적으로 점검해야 한다. 이와 더불어 영유아들도 스스로 사고나 위험한 상황을 파악하고 그러한 상황에 처하게 되었을 때 침착하고 적절하게 대처할 수 있는 능력을 갖출 수 있도록 적절한 안전교육이 필요하다.

2. 유아교육기관 실내시설·설비 안전관리

영유아들이 가정을 떠나 최초로 접하게 되는 사회적 환경인 영유아 교육기관은 영유아들이 정해진 규칙 안에서 긴장하지 않고 하루 종일 가장 긴 시간을 자유롭게 즐길 수 있는 안전한 환경구성 및 시설물에 대한 안전한 시설 및 관리가 필요하다. 영유아기는 환경에 많은 영향을 받기 때문에 이 시기의 안전사고는 치명적인 결과를 초래할 수도 있다(전남련 외, 2010).

안전한 환경에는 물리적 환경인 시설 및 설비뿐만 아니라 영유아가 생활하는 기관에서 원장과 교사가 영유아의 일과 전반에 걸쳐 안전하게 지내도록 보호하는 것까지 포함된다. 따라서 원장과 교사는 영유아가 또래와 안전하게 놀이할 수 있도록 지도하고, 놀잇감을 안전하게 사용하며, 항상 성인의 보호 하에 있도록 하고, 영유아를 안전하게 부모에게 인계하여야 한다(보건복지부, 2013).

영유아의 건강과 안전을 위해서 교사들은 실내외 공간을 청결하게 유지해야 하고, 사고나 위험으로부터 영유아를 보호할 수 있는 교육환경을 구성해야 한다. 또한 유아교육기관에서의 하루 일과 중 위험한 상황이 생기거나 사고가 나지 않도록 지속적으로 주의를 기울여 관리해야 한다.

2020 평가 매뉴얼 중 '건강·안전' 영역은 실내외 공간의 청결 및 안전, 급·간식, 건강증진을 위한 교육 및 관리, 등·하원의 안전, 안전교육과 사고 예방, 총 5개의 평가지표로 구성되어 있다. '실내외 공간의 청결 및 안전'에서는 어린이집의 실내외 공간을 청결하고 쾌적하게 관리, 유지하고 있는지, 실내외 공간과 설비에 위험요인을 예방하고자 안전하게 관리하고 있는지, 위험한 놀잇감이나 물건을 안전하게 관리하고 있는지 평가한다(한국보육진흥원, 2020). 이번 장에서는 위 평가 항목을 토대로 유아교육기관의 실내 시설·설비 안전관리에 대해 살펴보고자 한다.

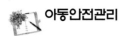

1) 교육 및 보육을 위한 활동실

교육 및 보육을 위한 활동실은 유아교육기관에서 영유아가 하루 일과 중 가장 많은 시간을 보내는 중요한 공간이 된다. 영유아의 일상생활과 놀이 및 교육활동이 이루어지는 곳으로 안전한 환경을 구성하고 유지해야 한다.

- 활동실 내 모든 놀잇감 및 활동자료, 보관함이나 바구니 등을 파손된 부분 없이 안전하게 관리한다.
- 위험한 물건은 영유아의 손이 닿지 않는 곳에 별도로 보관하거나 잠금장치를 사용한다.
- 영유아가 접근 창문에는 추락방지를 위해 창문 보호대를 설치한다.
- 창문에 커튼이나 블라인드를 설치한 경우, 커튼이나 블라인드 줄을 짧게 정리하여 영유아의 팔이나 목이 휘감기거나 발이 걸려 넘어질 위험이 없도록 한다.
- 활동실 내 전기콘센트에는 안전덮개를 덮고, 전선, 줄 등이 길게 늘어져 영유아의 손에 닿거나 걸려 넘어지지 않도록 관리한다.
- 활동실 내 돌출형 라디에이터, 화기시설 등은 적절한 보호 장치를 하여야 한다.
- 책상, 의자 등의 가구나 교구장은 파손되지 않았으며, 모서리가 둥글고 표면이 매끄럽게 처리된 것을 사용하거나 모서리 보호대를 설치한다.
- 교구장은 영유아가 쉽게 움직일 수 없도록 안정적으로 놓여 있으며, 모서리가 둥글고 표면이 매끄럽게 처리된 것을 사용하거나 모서리 보호대를 설치한다.
- 선풍기에는 안전덮개가 덮여져 있고, 영유아의 손이 닿지 않는 곳에 안전하게 설치한다.
- 활동실 내 설치된 정수기의 온수는 영유아가 만져도 안전하도록 안전조치를 하여야 한다.
- 활동실 바닥은 장판이 들뜨거나 울퉁불퉁하여 영유아가 걸려 넘어지는 일이 없도록 고르게 설치한다.

- 활동실 내부의 마감 재료는 불연재, 준 불연재 또는 난연재가 바람직하며, 커튼 등의 실내 장식물은 방염성능을 갖추어야 한다.
- 활동실이나 유희실 벽에 설치 된 게시판은 쉽게 떨어지지 않도록 안전하게 고정한다.
- 활동실의 환경은 교사가 모든 영유아를 한눈에 파악할 수 있도록 구성한다.
- 천장이나 벽에 모빌 등을 부착한 경우, 영유아가 잡아 당겼을 때 쉽게 떨어지지 않도록 단단하게 고정하여야 한다.
- 영유아가 활동하는 공간에 있는 모든 놀잇감은 거친 표면이나 날카로운 모서리가 없고, 파손되지 않아야 한다.
- 모든 놀잇감은 유해색소가 첨가되거나 유해색소로 표면이 도포되어 있지 않아야 하며, 안전검사를 받은 제품을 구입하는 것이 바람직하다.
- 활동실 및 실내공간의 습도를 쾌적하게 유지하고 공기청정기 구비 및 작동과 필터 등을 관리해야 한다.
- 영아의 경우 기저귀는 반드시 지정된 공간에서 갈아주고, 사용한 물휴지나 기저귀를 뚜껑이 있는 쓰레기통에 버려 악취가 나지 않도록 관리한다.

| 놀잇감 바구니 | 잠금장치 |

라지에이터 덮개 커버

전기콘센트 안전커버

모서리가 둥근 책상

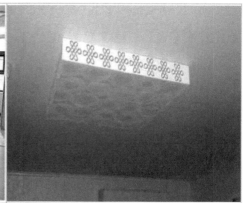

형광등 망설치

공기청정기

기저귀 갈이대 / 기저귀휴지통

2) 현관

■ 현관문은 영유아가 성인의 보호 없이 나갈 수 없고 외부인이 침입하지 못하도록 개폐관리를 하여야 한다.
■ 영유아가 사용하는 모든 출입문에는 손 끼임 방지 장치를 부착한다.
■ 창문에는 보호대나 난간을 설치한다(방충망은 창문 보호대에 포함되지 않음).
■ 바닥에 미끄럼 방지 발판이나 매트를 깔고, 현관 바닥의 높이가 계단의 형식과 같이 다른 경우 충격 완충제를 설치한다.
■ 현관문은 안전한 강화유리를 설치하여 투시가 가능하도록 투명하게 설치한다.
■ 문 주변에 화분이나 우산꽂이 설치 시, 영유아의 동선에 방해되지 않도록 비치한다.
■ 현관 앞 게시물 부착 시 압정이나 핀과 같이 뾰족한 물건이 아닌 자석, 테이프 등을 사용한다.
■ 장애영유아 통합 및 장애아 전문 기관의 경우 휠체어 출입에 지장이 없고, 이동에 불편함이 없도록 넓은 공간을 확보하며, 문턱이 없어야 한다.
■ 장애영유아 손에 닿는 위치에 점자블록이나 유도장치를 갖추고, 문의 손잡이를 설치해야 한다.

| 투시가 가능한 현관문 | 문턱 제거 |

| 현관 비디오폰 설치 | 손끼임 방지 |

3) 복도 및 계단

- 복도는 두 명 이상의 성인이 지나갈 때 부딪치지 않고 통행할 수 있을 정도의 너비를 확보해야 한다(어린이집안전공제회, 2019).
- 복도에 설치된 수납장은 안전을 위해 아래쪽에 무거운 물건을 보관하고, 선반에는 물건이 떨어지지 않도록 지지대를 설치한다.
- 복도나 계단 벽에 설치된 게시판이나 영유아의 작품, 그림, 사진은 쉽게 떨어지지 않도록 안전하게 고정하여야 한다.
- 복도 등에 설치된 정수기의 온수는 영유아가 만져도 안전하도록 안전조치를 하여야 한다.
- 유아교육기관의 계단의 경사도는 완만하게 구성하고, 복도나 계단 바닥을 영유아가 넘어지지 않도록 미끄럼 방지를 한다.
- 계단 끝 선을 명확하게 구분할 수 있도록 선을 긋거나 다른 색으로 채색한다.
- 2층 이상의 장애영유아 통합 및 장애아 전문 기관의 경우 승강기를 설치하거나 경사로를 설치해야 한다.(경사로 설치 시 두 대의 휠체어가 교차할 수 있는 공간을 확보)
- 창문 하단의 높이가 바닥으로부터 120cm 이하의 창문(2층 이상)에는 영유아의 추락 방지를 위해 창문 보호대를 설치한다.

벽 게시판 고정 장치

계단 가운데 선에 그림 부착

계단 끝 면 표시 및 채색

정수기

창문보호대

휠체어가 지나다닐 수 있는 복도 공간

4) 화장실

■ 화장실 바닥은 청결하고 건조한 상태로 유지한다.
■ 화장실이나 세면장의 바닥은 미끄럼 방지를 하여 여유아가 미끄러지지 않도록 한다.
■ 온수는 사용 시 수온이 지나치게 높아 화상을 입지 않도록 안전 조치 등을 통해 조절하도록 한다.
■ 영유아의 신체 크기를 고려하여 수건, 비누, 휴지, 칫솔 등과 같은 용품이 손에 닿는 위치에 비치한다.
■ 세제류 및 약품 등은 영유아의 손이 닿지 않는 곳에 보관한다.
■ 화장실에서 전열 기구를 사용하지 않고 개방형 전기콘센트는 안전덮개를 설치한다.
■ 성인용 화장실을 별도로 설치하고 성인 눈높이에 맞추어 잠금장치를 설치한다.

| 살균기 및 배수대 | 화장실 전기콘센트 안전덮개 |

| 영아반 화장실 커튼으로 교체 | 화장실 미끄럼 방지 매트 설치 |

5) 조리실

- 조리실은 영유아의 활동공간과 분리되어 있어야 한다.
- 유아교육기관의 구조 상 부엌 등의 조리실과 영유아의 활동공간이 분리되어 있지 않은 경우, 영유아의 접근을 막을 수 있는 안전장치를 설치하여야 한다.
- 조리실의 설비(예: 가스레인지, 전기밥솥, 조리도구 등)는 영유아의 접근이 가능한 곳에 설치하지 않는다.
- 가스누출경보차단장치를 설치하고 정상적으로 작동하는지 정기적으로 확인한다.
- 모든 교직원들은 영유아를 데리고 조리실로 들어가거나, 영유아들이 물을 먹기 위해서 조리실을 드나드는 등 평소 영유아가 조리실에 출입하지 않도록 지도, 관리하여야 한다.
- 덤웨이터를 사용하여 식품의 운반과 배식이 이루어질 경우, 영유아가 접근할 수 없도록 관리해야 한다.

조리실문 여닫이	급식실

조리실 환풍기

가스누출경보장치

덤웨이터

어린이집 주방

6) 강당

- 강당은 영유아가 동작이나 신체활동 시 충분히 움직일 수 있는 넓은 공간을 확보해야 한다(이영애, 신은수, 2015).
- 강당은 벽이 폭신폭신하고 바닥이 미끄럽지 않은 재질의 매트를 사용해야 한다.
- 위험한 기둥에 충격완화 장치를 하고 모서리에 보호대를 설치한다.
- 하루일과 운영 시 학급별로 강당을 사용하는 시간대를 조절하여 활동해야 한다.
- 강당이나 실내놀이터의 고정식 놀이기구(고정식 미끄럼틀이나 볼풀장 등)는 안전한 설치 외에도 파손된 곳이 없는지 정기적으로 확인한다.

■ 기구를 활용한 동작이나 신체활동 시 유아 간에 충분한 거리를 두고 움직일
   수 있도록 한다.

7) 안전시설 및 설비

■ 각층마다 소화기를 마련하고 충전관리 한다.
■ 유아교육기관 내 가스누설경보기를 설치하고 작동 가능하도록 관리한다.
■ 피난구 유도등을 설치하고 작동 가능하도록 관리한다.
■ 비상구(1층), 비상계단 또는 영유아용 미끄럼대(2층 이상)를 설치하여 비상
   시 비상탈출구의 기능이 가능하도록 관리한다.
■ 교직원은 대비시설과 설비를 바르게 작동하는 방법을 숙지하는 것이 바람직
   하며, 실습 등을 통해 소화기 등 소화설비를 작동시키는 방법을 알고 있어야
   한다.

| 유도등 on | 피난구 유도등 |

표 5-1. 어린이집 분야별 안전점검(소방, 가스, 전기)

구분	정기안전점검 대상 시설		주기	주체	비용
소방	간이스프링클러 및 스프링클러 설치 시설 (소방안전관리자 선임 대상)		1년 1회	자체 소방안전관리자 또는 소방안전관리업체	신청자
전기	일반용 전기시설 (용량 75kW 미만)			관할 가스안전공사	신청자
가스	도시 가스	1종 보호시설(어린이집) ※ 월사용 예정량(1000㎥) 이상 시 실시 기준량 미달 시 의무 아니나, 지자체별 상이		관할 가스안전공사	신청자
	LPG	1종 보호시설(어린이집)			지자체별 상이

출처: 어린이집안전공제회(2020). 어린이집 안전사고 예방 및 대응.

3. 실내놀이 시 안전사고 예방을 위한 교사의 역할

영유아기는 발달적으로 안전사고의 위험성이 잠재되어 있는 시기로, 유아교육기관은 집단생활이 실시되기 때문에 영유아의 건강과 안전한 생활을 위한 교사의 역할이 매우 중요하다. 영유아 안전사고 예방을 위한 교사의 역할은 다음과 같다(권혜진, 2021).

첫째, 교사는 영유아의 발달 및 행동 특성에 대한 이해가 필요하다. 교사가 각 연령에 따른 인지 및 운동능력의 차이에 대해 인식하는 것은 영유아의 행동을 보다 용이하게 예측하고 사고를 효과적으로 예방할 수 있게 하며, 영유아를 위한 안전교육의 내용과 방법을 구성하는데 도움을 준다(이순영, 2010). 둘째, 교사의 안전사고에 대한 인식이 중요하다. 유아교육기관을 이용하는 영유아의 특성, 어린이집의 시설 및 설비 기준, 각 기관의 물리적 환경에 따라 안전 기준이 달라지므로, 교사들이 능동적이며 주체적으로 안전에 대해 인식하고 안전 기준을 형성하는 과정이 필요하다. 셋째, 교사는 안전사고를 예방하는 환경을 조성해야 한다. 교사는 영유아의 발달 특성과 위험 상황 및 환경을 포함하는 사고 요인의 관계성을 이해하여 사전에 안전사고가 발생하지 않도록 주의하고 환경을 구성하는 역할을 담당한다. 넷째, 교사는 영유아에게 안전한 행동 실천의 모델이 되어야 한다. 영유아의 행동을 주의 깊게 관찰하여 영유아를 위험으로부터 보호함을 물론 안전한 환경 구성, 안전교육 내용 계획 및 실행 등을 통해 의사결정을 하고 효과적인 교수방법을 제시하며 상호작용 할 수 있다.

유아교육기관에서는 영유아가 생활하며 위험한 상황으로부터 자신을 보호하고 건강한 삶을 유지해나갈 수 있도록 실내 설비의 사용, 놀이터, 계단 오르내리기, 교통규칙 등 안전에 대한 교육을 지속적으로 제공하며 습관화한다. 이 과정에서 사고가 발생하지 않도록 교사는 사전에 세심하게 주의하여 환경을 조성하고 영유아와 상호작용해야 한다.

1) 실내설비의 안전한 구성과 사용지도

- 전기 소켓은 안전덮개를 씌우고 전기코드를 점검해서 낡은 것은 교체한다.
- 유아들이 등원하기 전에 책상이나 의자에 면에 가시라든지 압핀 등이 없는지 살펴보고 사고를 유발하는 물건을 제거한다.
- 유아가 삼킬 위험이 있는 팩, 목걸이 알, 깨진 조각 등 작은 물건을 제거한다.
- 가구의 돌출부분을 헝겊이나 부드러운 패드로 감싸서 유아가 넘어지거나 부딪쳐 다치지 않게 예방한다.
- 계단과 출입문은 유아의 걸음 폭에 맞게 설치되어 있는지 점검하고 그렇지 못할 경우에는 개조한다. 계단을 오르고 내릴 때 밀거나 뛰지 않고 차례를 지키며 걷고 필요하면 난간을 잡도록 안내한다.
- 작업 구역에서 칼, 못, 망치, 톱 등을 사용할 때는 교사의 관찰과 함께 바람직한 교구사용법에 대한 지도가 있어야 한다.
- 블록은 크고 무겁기 때문에 높고 크게 쌓아올리는 것을 방해하지 않고 안전하게 창의력을 발휘할 수 있도록 교사의 세심한 관찰이 있어야 한다. 또 블록 영역을 제한해서 그 장소에서만 놀게 하고 항상 놀이 후에는 모양에 따라 제자리에 정리할 수 있게 지도한다.

■ 부드러운 장난감이나 동물 인형은 장난감에 부착된 코, 종이, 리본 등이 떨어져 유아의 입으로 들어갈 위험성이 없는지 점검한다.
■ 변기와 수도꼭지의 올바른 사용법을 지도한다.

2) 교사가 무의식중에 하게 되는 위험한 습관

■ 손을 허리에 두고 한 줄기차 하면서 계단을 오르내리는 행위
■ 계단에 서서 이야기를 나누는 행위
■ 계단을 내려가거나 올라가는 아동을 부르는 행위
■ 계단 벽면에 환경물을 게시하는 행위- 오르내리면서 아이들이 한 눈을 팔게 되어 위험하다.
■ 교실을 비우는 행위- 담임교사가 자리를 비울 경우 옆 반에 부탁한다.
■ 영유아와 함께 있는 공간에서의 책걸상 이동
■ 확장전선을 사용하는 행위 등

3) 유아교육기관에서 안전사고를 예방하려면

유아교육기관에서 안전사고를 예방하기 위해 영유아가 유아교육기관에 등원할 때 부적절한 의복을 입고 오지 않도록 내부 조항을 만들어 가정에 가정통신문을 보내도록 한다. 유아교육기관에 등원 시 부적절한 영유아 옷차림은 다음과 같다.

■ 유아교육기관 등원 시 부적절한 영유아 옷차림
 - 후드 달린 옷: 유아의 옷에 달린 고무줄을 당기며 놀다가 질식사할 우려가
   있다.
 - 폭이 넓은 치마나 발등을 덮는 긴 바지
 - 끈으로 묶는 신발: 실외 활동에서 끈이 풀린 것을 모르고 활동하다가 걸려
   넘어져서 크게 다칠 수 있다.
 - 리본이나 끈 같은 장식이 많은 옷

– 슬리퍼 착용

→ 가정통신문을 이용하여 유아교육기관에 부적절한 영유아의 의복은 입혀서 보내지 않도록 내부조항을 만들어 보내도록 한다.

4. 안전관리와 평가

기관의 안전에 대한 관리는 관련정책과 제도에 의해 규정되고 있지만 어린이집과 유치원에서는 2017년 11월부터 유보통합평가가 시행되었다. 기존과는 달리 평가체계가 통합 관리되어 시설 간 비교 가능한 정보가 학부모들에게 제공된다. 점검 평가 항목은 시설 유형과 무관하게 갖추어야 할 공통 핵심사항으로 절대평가 방식의 등급제가 적용된다. 안전과 관련 있는 건강·안전 영역은 유치원과 어린이집 모두 평가 3영역으로 제시하고 있다.

1) 제5주기 유치원 평가

유치원 평가는 자율적인 유치원 교육 활동을 진단하고 개선하여 유치원 교육의 질 향상을 도모하며, 2019 개정 교육과정을 충실하게 반영할 수 있는 유치원 운영체계를 구축하고, 이와 동시에 유아의 건강 및 안전 관리 강화를 통한 유치원의 책무성 및 공공성을 강화하고자 시행되고 있다. 또한 유치원 교육공동체의 참여·소통·협력을 통해 자율과 책임의 유치원 자치문화를 조성하고는 데에 평가의 목적이 있다.

2017년부터 2019년까지 시행된 제4주기 유치원 평가는 유아교육 및 보육통합 추진의 일환으로 통합평가지표를 개발하여 시행되었다. 제4주기 평가는 자체평가와 서면평가 후 현장평가가 이루어지는 방식으로, 객관화·정형화된 형식의 현장방문을 통해 외부 평가자가 중심으로 하는 평가가 이루어졌다. 획일화된 평가지표와 평가문항을 제시하여 평가하였고, 이 과정은 평가 결과의 실질적 활용이 부족하다는 평을 남겼다. 이를 보완하는 측면에서 2020년부터 2022년까지 시행되는 제5주기 평가는 단위 유치원의 구성원과 협력하고 소통을 통해 유치원 자체평가 역량을 개발할 수 있도록 자체평가에서 서면평가로 평가절차가 간소화하였다. 또한 평가지표를 중심으로 평가문항을 자율적으로 구성하여 자율성을 존중하는 방식을 채택하였으며, 조직적으로 체계적인 후속 컨설팅을 강화하여 결과를 환류하고 있다(서울특별시교육청 유아교육진흥원, 2020).

유치원 5주기 평가 매뉴얼에 제시된 건강·안전 영역은 시설 및 환경, 건강 및 안전 증진, 급·간식 건강 및 안전, 등·하원 안전, 총 4개의 평가지표로 14개의 평가항목을 구성하고 있다. 유치원의 건강·안전 영역 평가지표 및 평가 항목은 다음과 같다.

표 5-2. 제5주기 유치원 평가 3영역 건강·안전 영역 내용

평가 영역	평가지표	평가항목
III. 건강· 안전 (14)	3-1. 시설 및 환경(5)	1. 실내 공간을 청결하고 안전하게 관리한다.
		2. 실외 공간을 청결하고 안전하게 관리한다.
		3. 수도시설 공간을 청결하고 안전하게 관리한다.
		4. 전기 및 가스를 안전하게 관리한다.
		5. 안전시설 및 용품을 충실히 관리하고 사용법을 숙지한다.
	3-2. 건강 및 안전 증진(4)	1. 질병 및 상해 관리가 적절히 이루어진다.
		2. 의약품등을 철저하게 관리하고 있다.
		3. 건강 및 안전 증진을 위한 예방 관리를 실시한다.
		4. 건강 및 안전 증진을 위한 교육이 충실히 실시한다.
	3-3. 급·간식 건강 및 안전(3)	1. 균형 잡힌 급·간식 계획을 수립·제공하며, 식자재 관리를 적절하게 한다.
		2. 조리 및 배식과정이 안전하고 위생적이다.
		3. 급·간식 운영 및 사후 관리가 위생적으로 이루어진다.
	3-4. 등·하원 안전(2)	1. 등·하원 계획 및 지도가 안전하게 이루어진다.
		2. 어린이통학버스 관리 및 운행이 안전하게 이루어진다.

출처: 대전유아교육진흥원(2021). 제5주기 2021년 유치원 평가 매뉴얼.

2) 어린이집 평가제

2005년 어린이집 평가인증 제도가 도입된 이후 영유아 시기의 보육 중요성과 아동권리에 대한 부모 및 사회의 관심과 인식이 높아졌으며, 저출산 및 양육부담에 대한 사회적 책임이 강화되고 보육 서비스에 투입되는 재정 규모도 증가하고 있다. 평가인증제도는 어린이집의 물리적 환경과 더불어 보육과정을 운영하고 영유아와 상호작용하는 등의 과정적 질 관리를 도모하였고, 어린이집 보육 서비스의 전반적인 질적 수준을 향상시키는데 이바지하였다. 그러나 평가인증제도는 어린이집의 자발적 신청에 따라 실시되는 것으로 미 인증 어린이집에 대한 사각지대 문제가 발생하였고, 아동권리 보호 및 존중, 아동학대, 안전관리 등이 강화됨에 따라 사회적 요구에 부흥하여 전체 어린이집 질 관리에 대한 필요성이 제기되었다.

2018년 12월 「영유아보육법」 개정에 따라 '보육·양육에 대한 사회적 책임 상화' 실현과 영유아의 건강한 성장 및 발달을 위해 모든 어린이집에 의무 평가제 도입의 법적 근거가 마련되어, 2019년 6월 어린이집 평가제가 시행되었다.

어린이집 평가제는 정기적인 평가를 통해 영유아의 안전과 건강, 조화로운 성장과 발달을 도모하고, 부모가 믿고 맡길 수 있는 안심 보육환경을 조성하여 지속적으로 보육의 질적 수준을 향상시키는 데에 목적이 있다(한국보육진흥원, 2020).

어린이집 평가 매뉴얼에 제시된 건강·안전 영역은 실내외 공간의 청결 및 안전, 급·간식, 건강증진을 위한 교육 및 관리, 등·하원의 안전, 안전교육과 사고예방, 총 5개의 평가지표로 15개의 평가항목을 구성하고 있다. 어린이집의 건강·안전 영역 평가지표 및 평가 항목은 다음과 같다.

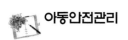 아동안전관리

표 5-3. 어린이집 평가제 3영역 건강·안전 영역 내용

평가 영역	평가지표	평가항목
III. 건강· 안전 (14)	3-1. 실내외 공간의 청결 및 안전(3)	1. 실내외 공간을 청결하고 쾌적하게 관리한다.
		2. 실내외 공간과 설비를 위험요인 없이 안전하게 관리한다.
		3. 실내외 공간의 놀잇감 및 활동자료와 위험한 물건을 안전하게 관리한다.
	지표 등급	우수: 'Y'가 3개, 보통: 'Y'가 2개, 개선필요: 'Y'가 1개 이하
	3-2. 급·간식 (3)	1. 영양의 균형을 고려한 급·간식을 제공하고 있다.
		2. 식자재의 구입·보관 및 조리공간을 위생적으로 관리하고 있다.
		3. 조리 및 배식과정을 청결하고 위생적으로 관리하고 있다.
	지표 등급	우수: 'Y'가 3개, 보통: 'Y'가 2개, 개선필요: 'Y'가 1개 이하
	3-3. 건강증진을 위한교육 및관리(3)	1. 손 씻기, 양치질 등 청결한 위생습관을 실천한다.
		2. 교사는 영유아의 건강 상태를 살펴보고 적절하게 지원한다.
		3. 영유아와 보육교직원의 건강증진을 위한 예방관리와 교육을 실시한다.
	지표 등급	우수: 'Y'가 3개, 보통: 'Y'가 2개, 개선필요: 'Y'가 1개 이하
	3-4. 등·하원의 안전 (3)	1. 교사는 영유아의 출석을 확인하며 인계규정에 따라 귀가지도를 한다.
		2. 영유아는 등원부터 하원까지 성인의 보호 하에 있다.
		3. 등·하원용 차량을 운행할 경우 안전요건을 갖추어 관리한다.
	지표 등급	우수: 'Y'가 3개, 보통: 'Y'가 2개, 개선필요: 'Y'가 1개 이하
	3-5. 안전 교육과 사고 예방(3)	1. 영유아를 대상으로 안전교육을 지속적으로 실시하고 있다.
		2. 보육교직원은 안전교육을 받고 영유아 학대 예방 지침을 준수한다.
		3. 안전설비를 비상시 효율적으로 사용할 수 있도록 관리하고 있다.
	지표 등급	우수: 'Y'가 3개, 보통: 'Y'가 2개, 개선필요: 'Y'가 1개 이하
3영역 등급		(우수) '우수' 등급 지표가 4개 이상(필수 포함) (보통) '우수' 및 '개선필요' 영역에 해당하지 않는 경우 (개선필요) '개선필요' 등급 지표가 1개 이상

출처: 한국보육진흥원(2020). 2021 어린이집 평가 매뉴얼.

실제 1. 안전사고 일지 작성

◉ 안전사고 일지 작성

안전사고 일지를 작성하여 안전사고 다발지역에 대한 대처 방안과 안전사고가 발생할 때마다 처리상황을 기록하여 둠으로써 안전사고 예방을 위한 참고자료로 활용해 봅시다.

<안전사고 일지>

날짜	연령	이름	사고 내용				처치
			시간	장소	원인	상해의 형태	
2022.4.5	만 4세	○○○	14:00	4층 유희실	친구와 부딪힘	헛바닥 창상	지혈 후 드레싱
4.20.	만 4세	○○○	15:00	교실	책상모서리에 부딪힘	눈 옆 창상	지혈 후 봉합
5.16.	만 2세	○○○	12:30	교실	교구장모서리에 부딪힘	입술 창상	지혈 후 봉합
6.12.	만 5세	○○○	12:50	식당	생선가시가 걸림	목에 가시 걸림	가시 제거
9.19.	만 4세	○○○	13:30	4층 유희실	쇠문에 부딪힘	이마 창상	드레싱
9.26.	만 1세	○○○	11:00	4층 유희실	매트 위에 넘어짐	혀 밑 창상	드레싱
10.8.	만 5세	○○○	14:15	4층 유희실	바닥에 미끄러짐	팔꿈치 탈구	깁스
아래 칸부터 여러분이 작성해 보세요.							

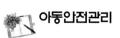

 실제 2.   사고보고서 작성

■ 사고보고서 작성
가상의 상황을 생각하여 작성해 봅니다.

<사고보고서(sample)>

사고발생 날짜	2021년 6월 12일	원아성명	○○○		성별	여
반 명	국제반	담당교사	○○○			
발생경위	오후 12시 50분경 점심 식사 도중 갈치 생선 구이를 먹다가 목에 가시 걸림이 발생함					
처치 및 대처방안	따뜻한 물을 먹여 진정시킨 후 아무런 진전이 없어 가까운 이비인후과에 가서 목에 가시 걸린 것을 확인 후 가시 제거함					
비 고	이비인후과에서 가시 제거					
기록자	○○○		기록일자		2021. 6.13	

사고발생 날짜		원아성명		성별	
반 명		담당교사			
발생경위					
처치 및 대처방안					
비 고					
기록자			기록일자		

실제 3. 유아교육기관 실내 안전사고 사례 분석

▣ (팀 활동)

유아교육기관에서의 주로 발생하는 안전사고 유형 및 사례에 대해서 조사해 보고 원인과 대처 방안에 대해서 토의해 봅니다.

▶ 사례: 손가락이 끼었어요.

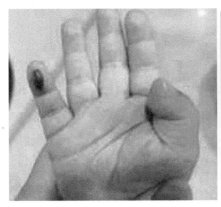 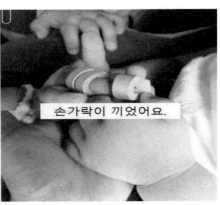

가) 교사물건
- 보육교직원의 개인 물품은 잠금장치가 있는 별도의 공간이나 영유아의 손이 닿지 않는 곳에 보관
- 영유아에게 위험 요소가 있는 물건(글루건, 전기주전자, 뜨거운 커피나 차 등)은 보육실에서 사용 금지

나) 기타 비품(약품 등)
- 약품은 영유아 손이 닿지 않는 안전한 장소에 보관

다) 교사실 등
- 교사실, 원장실 등에는 영유아 출입 제한을 위한 게이트 또는 잠금장치 설치(성인키 높이)

출처: 어린이집안전공제회(2020). 어린이집 안전사고 예방 및 대응.

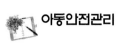

■ 팀별로 사례를 제시하고 유사한 사례가 발생하지 않기 위해 점검해야 하는
부분을 세부적으로 작성해 봅시다.

위험한 상황 묘사 글이나 그림 넣기

_____

_____

_____

_____

_____

_____

_____

_____

제6장

유아교육기관 실외 시설 · 설비안전관리

1. 실외 놀이시설 안전사고 현황
2. 실외 놀이시설물 안전관리의 중요성
3. 유아교육기관 실외시설 · 설비 안전관리
4. 실외놀이 시 안전사고 예방을 위한 교사의 역할
5. 실제
- 실외놀이 안전교육: 노랫말 개사하기
- 실외놀이 안전교육: 계획-실행-평가

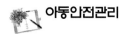

6장. 유아교육기관 실외시설·설비 안전관리

1. 실외 놀이시설 안전사고 현황

한국체육시설 안전기술 자료(2022)에 따르면 지난 2017년부터 2021년까지 5년간 발생한 놀이시설 사고는 총 1,498건이며, 1,742명(사망 13, 부상 1,729)의 인명피해가 발생했다. 이중, 5월에는 전체 놀이시설 사고의 14.9% (총 1,498건 중 284건)가 발생하고 있어 각별한 주의가 필요하다.

〔그림6-1〕 **최근 5년간 놀이시설 사고현황(2017년~2020년)**
출처: 한국체육시설 안전기술

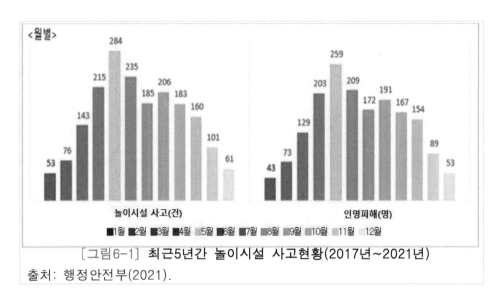

[그림6-1] 최근5년간 놀이시설 사고현황(2017년~2021년)
출처: 행정안전부(2021).

2019년 사고발생 총 420건 중에서 사고 발생장소 별로 학교가 204건, 주택단지, 133건, 유치원과 어린이집 37건 순 이었으며, 33%가 조합 놀이대에서, 17%가 건너는 기구, 그네 11%, 미끄럼틀 7% 등 순으로 많이 발생하였다. 이중 이용자 부주의' 사고 98% 대부분을 차지하였음으로 놀이시설 이용수칙 준수 및 지도·관리가 필요하다.

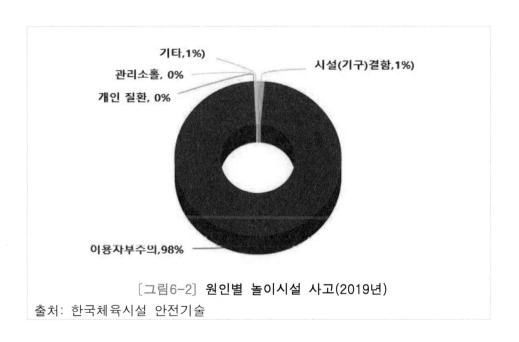

[그림6-2] 원인별 놀이시설 사고(2019년)
출처: 한국체육시설 안전기술

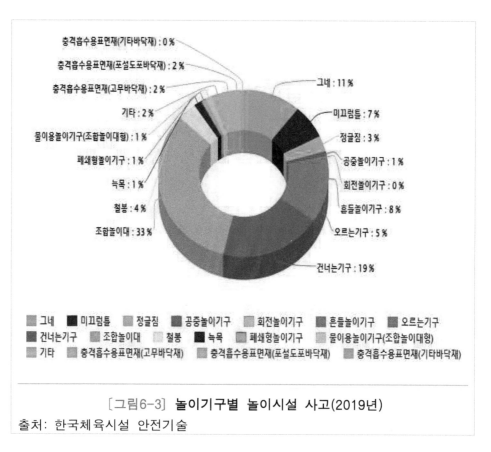

[그림6-3] **놀이기구별 놀이시설 사고(2019년)**

출처: 한국체육시설 안전기술

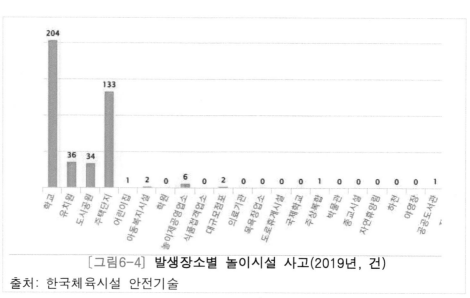

[그림6-4] **발생장소별 놀이시설 사고(2019년, 건)**

출처: 한국체육시설 안전기술

앞의 자료들을 살펴보았을 때 놀이시설에서의 사고를 예방하려면 먼저 미끄럼틀에서는 엎드리거나 서서 타지 않아야 하며 그네의 사슬이나 줄을 꼬며 놀지 않고 엎드려 타지 않도록 한다. 그리고 트램펄린 등에서는 체구가 작은 아이가 다치기 쉬우므로 비슷한 또래끼리 이용하도록 해야 한다. 마지막으로 움직이는 기구는 완전히 정지한 후 타고 내려야 한다. 특히 놀이시설의 관리자는 놀이기구의 훼손이나 안전상태 등을 정기적으로 점검해 사고를 예방해야 한다(베이비타임즈(http://www.babytimes.co.kr).

이외에도 행정안전부에서 발표한 [2019년 중대사고 분석결과] 에서는 성별·연령별·사고원인·손상유형뿐만 아니라 설치장소·사고기구·사고 형태 등 다양한 항목으로 세분화해 분석했다. 중대사고 분석 결과에 따르면 남자 어린이가 231명, 여자 어린이 173명으로 남자어린이가 약 1.3배 많았으며, 연령대별로는 4~7세 어린이가 314명으로(77.7%) 가장 많았다. 발생 시기는 야외 활동에 적합한 4~6월과 10~11월이 전체사고의 절반 이상(271건, 67.1%)을 차지했다. 설치장소별로는 학교가 197건(48.8%)으로 가장 높았고, 주택단지가 129건(31.9%)으로 그 뒤를 이었다. 시간대별 사고발생은 12~13시가 80건(19.8%)으로 가장 많았으며, 14~15시, 13~14시 순으로 나타났다. 놀이기구별 사고건수는 조합 놀이대가 132건(32.7%)으로 가장 많았으며 건너는 기구, 오르는 기구 순으로 조사됐다. 또한 놀이기구와 관계없이 바닥재로 인한 사고도 15건이 있었다. 사고원인으로는 이용자 부주의로 인한 사고가 396건(98%)로 가장 많았으며, 시설결함은 6건(1.5%), 기타 2건(0.5%) 순으로 나타났다.

행정안전부는 분석 결과를 통해 1)어린이 놀이시설 안전관리 실태 관리·감독 강화와 더불어 놀이시설 교육기관 및 안전관리자 등을 통한 안전관리 강화 그리고 보호자·이용자 교육 등의 사고 예방 활동 등 중대사고 예방대책이 필요하다고 강조했다. 유아교육기관에서도 놀이시설에서의 사고사례 분석을 통해 사고 예방 및 재발 방지를 위한 안전대책을 마련하고 영유아에게 안전한 놀이 환경을 제공하여야 할 것이다.

집 앞 놀이터 사고 잦아...내부뷰 '부주의' / YTN
https://www.youtube.com/watch?v=uWSaGiZTGmU
놀이터 안전사고 예방교육
https://www.youtube.com/watch?v=2GEoCCbQ1V4

안전사고사례

[사례 1] 2021.11.25. 경기도 수원시, 유치원 조합놀이대에서 놀면서 원형 미끄럼틀 윗부분에 올라가 있다가 떨어지면서 팔꿈치를 다침
[사례 2] 2021.12.29. 울산 남구, 그네에서 유아(남여)3명이 탑승중 옆에 있던 친구가 줄을 흔들어 낙상으로 인한 부상
[사례 3] 2021.11.18., 오후 3시 유치원 미끄럼틀 난간에 엉덩이를 올려 놓는 순간 균형을 잃고 난간에서 낙상

2. 실외놀이 시설물 안전관리의 중요성

실외놀이영역은 영유아에게 자유로운 탐색과 다양한 경험의 기회를 제공하고 무한한 상상을 허용하는 홍미로운 환경이 된다. 그러나 우리나라 영유아 안전사고 중 놀이시설 안전사고율은 아직까지 높은 편이며(한국소비자원, 2015), 놀이시설과 관련된 안전사고의 실태나 개선점을 체계적으로 보완하여 반영하고자 법적 근거를 마련하여 관리·감독하고 있다. 실외놀이시설의 가장 중요한 기능은 영유아의 다양한 놀이를 촉진하는 것으로 질적인 실외놀이 환경이 제공되어질 때 영유아들은 놀이에 몰입하고 지식을 구성해나갈 수 있다. 이러한 목적을 달성하기 위해서 무엇보다 도 실외놀이영역은 영유아가 자유롭게 움직이며 이동하고, 그 과정에서 상해나 갈등이 일어나지 않도록 안전한 설계 및 관리가 필요하다.

1) 실외놀이의 교육적 기능과 안전한 환경

유아교육기관에서의 하루 일과는 대부분 실내에서 이루어지지만, 실외활동의 중요성이 인식됨에 따라 실외놀이 오전 오후를 구별하여 실외활동 편성 시간을 확보하고 있고, 활동의 다양성에 초점을 두어 계획하며 실행하고 있다. 실외놀이는 실내놀이보다 자유롭고 움직임이 큰 신체활동을 가능하게 하며, 자연을 탐색할 수 있는 기회를 제공한다. 또한 다양한 소재로 유아들이 이끌어가는 건전한 모험은 문제해결, 협동 등 다양한 사회적 참여를 도모하고, 이 과정에서 또래와 능동적으로 상호작용하도록 돕는다(Henniger, 1994). 결국 실외놀이 공간 및 신체활동도 유아의 발달과 학습에 중요한 영향을 주고받는다는 것을 알 수 있다(신동주, 2004).

이러한 측면에서 살펴봤을 때 실외놀이영역은 다양하고 활발한 놀이 활동이 이루어 질 수 있도록 구성되어야 히며, 영유아에게 제공되는 실외시설은 영유아들이 놀이를 통하여 여러 가지 경험을 쌓을 수 있는 기능을 갖추어야 한다. 실외놀이의 교육적 기능과 안전과 환경에 대해 알아보면 다음과 같다.

(1) 실외놀이의 교육적 기능과 안전

첫째, 놀이터의 위치와 면적, 지면 등의 측면에서 적절한 조건을 갖추어야 할 뿐만 아니라 안전성, 적합성, 다양성, 다용성, 심미성 측면을 고려한 공간을 구성하여 안전을 유지해 주어야 한다. 둘째, 미술활동 등 조용한 활동공간으로 활용하고 나머지 2/3는 그네타기, 달리기, 자전거타기 등 활동적인 놀이공간으로 활용하는 것이 좋다(Decker & Decker, 1976). 셋째, 실외놀이 공간에는 통로가 만들어져 놀이 시설물을 이용할 때 다른 시설물이 영유아에게 방해가 되지 않도록 하고, 모든 시설물이 영유아의 시야에 잘 들어오게 되어있어야 하며, 쓸모없는 공간이 생기지 않아 영유아나 교사가 이동시 안전하도록 되어야 있어야 한다. 넷째, 실외놀이 공간에는 아무것도 제공되지 않아서 그 용도가 잠재적인 빈 공간이 필요하며, 유아의 인원수나 실외놀이장의 전체 면적을 고려하여 전체 실외 놀이장 면적의 1/3-1/2를 빈 공간으로 구성하는 것이 바람직하다.

(2) 안전과 건강을 위한 실외놀이 환경

안전한 실외놀이를 위해서는 최적의 실외놀이 환경을 구성하여 영유아들이 자유로운 실외놀이를 하도록 다음과 같이 해주어야 한다. 실외놀이 환경을 구성할 때 고려해야 할 사항은 다음과 같다.

- 영유아들이 편하게 움직이기 위한 충분한 공간이 있는가?
- 모든 고정놀이시설과 유동 시설은 제 기능을 발휘할 수 있도록 제자리에 잘 정돈·배치되어 있는가?
- 기구는 영유아의발달이나 연령에 적합한가?
- 예리한 모서리가 있는 것, 파손된 놀잇감, 못이 나와 있는 것은 없는가?
- 유아교육기관의 주변의 유해 환경이 있는가?
- 실외놀이와 외부를 구분 짓기 위한 담장은 높이가 최소한 120㎝가 되는가?
- 문을 잠글 수가 있어 안전한가?
- 자외선 노출 위험에 대한 배려와 함께 영유아들을 그늘에서 보호하기 위한 구조물, 차양막이나 나무그늘 등을 설치하고 있는가? 등을 고려하여 계절을 고려하고 날씨를 반영한 오전 10시에서 오후 2시 사이에는 실외놀이를 피해야 한다(조경자, 이현숙, 2004).

3. 유아교육기관 실외시설·설비 안전관리

1) 실외시설·설비 안전점검

실외시설은 영유아들의 움직임이 많이 유발되는 장소이니 만큼 특히 신중을 기하여 구성해야 한다. 영유아교육기관에서의 실외시설은 기관의 건물 우선 기본적으로 충분한 공간이 확보되어야 하고, 놀이시설을 배치할 때도 충분한 간격을 유지하여야 한다. 아동복지시설의 설치 기준에 따른 아동복지 시행령에서는 아동복지시설과 아동용품에 대한 안전기준 제품의 성분, 함량, 구조, 등을 제시하고 있으며, 아동이 이용하는 놀이 시설물은 아동복지법 제 14조 아동복지 안전 시행기준에 의하면 다음과 같은 사항을 고려하여 시설·설비를 해야 함을 말하고 있다.

- 놀이시설물의 어떠한 부분에도 영유아의 살을 베거나 찌를 수 있는 날카로운 부분, 모서리, 뾰족한 부분이 없도록 한다.
- 놀이시설의 돌출부분인 볼트와 너트는 위로 튀어나오지 않도록 하여야 하며 볼트와 너트가 위를 향하고 있을 때는 그 높이가 3.2밀리미터를 넘지 않도록 한다.
- 영유아가 추락할 가능성이 있는 놀이시설물 아래와 주변의 공간(안전지대)은 충격을 흡수 할 수 있도록 하여야 하며 영유아가 걸려 넘어지거나 부딪힐 수 있는 방해물이 없도록 하여야 한다.
- 움직이는 부분들이 서로 맞물리는 놀이시설물의 경우 영유아의 신체 일부분이 끼지 아니하도록 그 맞물림의 형태 및 그 힘을 점검하여야 한다.
- 놀이시설물에 구멍이나 틈이 있는 경우 주의 깊게 디자인하여 영유아의 몸이 빠지거나 끼는 사고가 없도록 한다.
- 놀이시설물 사이에 연결되거나 바닥에 놀이시설물에 45도 이내로 연결된 줄은 영유아들이 많이 다니는 곳에 설치하지 말아야 한다.
- 놀이시설물은 안전하게 설치하여야 하며 제조업자의 취급설명서에 따라 설

135

치하여야 한다.

■ 안전사고 예방을 위하여 관리인은 각 놀이시설물에 대한 적절한 점검일정을 세우고 이를 지켜야 하며 안전관리를 위하여 취한 모든 행위는 기록으로 보관하여야 한다.

위와 같이 유아교육기관에서의 실외 안전사고를 예방하기 위해서는 놀이 시설물의 안전사항에 많은 주의를 기울여야 한다.

2) 유아교육기관 실외시설 안전

(1) 놀이터

영유아 놀이터는 영유아의 이용에 편리하고 일조가 양호한 곳에 배수에 지장이 없게 설치하도록 하여 영유아들이 편리하게 사용할 수 있도록 안전성을 확보하여 강도와 내구성을 갖춘 재료를 이용하여 설치해야 한다.

유아교육기관의 놀이기구 및 영유아용품은 「영유아보육법」 및 「어린이놀이시설 안전 관리법」, 「환경보건법」 등에서 정한 기준을 준수해야 하며, 영아용과 유아용 또는 대상 연령별로 놀이터를 따로 구분하고 적합한 크기의 놀이기구를 설치하여야 한다.

■ 실내놀이터를 제외하고, 놀이터의 바닥은 모래밭, 천연 및 인공 잔디, 고무 매트, 폐타이어 블록으로 설치하여야 한다.
■ 놀이터의 면적은 놀이터 설치의 기본원칙에 따라 설치한 바닥 면적에 한하여 인정하며, 고정식 놀이기구가 설치된 부분에 대하여는 「어린이놀이 시설 안전관리법」의 설치검사로 인정받은 면적을 인정한다.
■ 미끄럼틀의 판은 이음새가 없고 매끄럽고 부드러워야 한다.
■ 그네는 영유아가 확실히 잡거나 설 수 있을 때까지는 옆면과 뒷면에 받침이 있는 것을 타도록 한다.
■ 자전거 뒤에는 다른 영유아가 잡거나 타지 않게 한다. 자전거 길로 탈수 있도록 표시판이나 표시를 하는 선을 그린다. 또한 자전거 바퀴는 항상 적당한 공기가 있는지 점검 한다.

- 놀이시설 볼트, 너트 등 돌출물 관리 및 이음장치, 구조물의 부식 점검을 정기적으로 한다.
- 놀이터 이용 안전 수칙 게시를 권장 한다.
- 실외놀이시설이 옥상에 설치되어 있는 경우에는 추락방지를 위한 견고한 안전망을 설치한다.
- 움직임이 많은 놀이기구나 시설이 설치되어 있는 공간에는 밧줄이나 전선이 늘어져 있지 않다.
- 장애영유아 통합 시 다양한 장애의 특성에 따라 위험한 상황이 발생할 수 있으므로 사전에 장애영유아가 지니고 있는 특별한 문제점이나 제약을 부모로부터 확인해야 한다.
- 놀이터에는 표지판이 설치되어 있고 안전수칙과 관리주체의 연락처 등이 명시되어 있어야 한다.

세종시○○어린이집 실외 놀이터

국민재난안전포털에서 제시한 안전한 놀이시설 이용을 위한 놀이기구별 안전수칙은 다음과 같다.

① 공통사항

- 영유아는 보호자의 동반 하에 놀이를 마칠 때까지 보호 및 관찰을 받아야만 한다.
- 놀이에 부적합한 끈이 달린 옷 또는 슬리퍼 등을 착용하거나 책가방, 장난감 등을 소지한 채 놀이기구를 이용하지 않는다.
- 난간과 밧줄이 있는 놀이기구는 항상 두 손으로 잡고 이용한다.
- 한여름 또는 눈이 올 때는 놀이기구가 뜨겁거나 미끄럽지 않은 지 확인 후에 이용한다.
- 놀이시설에 위험한 물건이 있거나 위험한 상태로 되었을 때 또는 다친 사람이 발생하였을 때 놀이를 중단하고 즉시 도움을 요청한다.
- 놀이기구를 소중히 이용하며, 낙서하거나 부착물을 훼손하지 않는다.
- 놀이기구는 차례대로 이용하고, 사용인원을 초과하여 사용하지 않는다.
- 놀이가 이루어지고 있는 동안 활동 공간 내에서는 야구, 축구, 배드민턴, 공놀이, 자전거 타기 등을 삼가 하여야 하며, 휠체어, 유모차, 자전거 등을 세워 두어서도 안 된다.

② 그네

- 그네가 완전히 정지된 상태에서 타고 내린다.
- 서서 타거나 무릎으로 혹은 엎드려 타지 않는다.
- 움직이는 그네 곁에 서 있거나 다른 놀이를 하지 않는다.
- 그네 줄을 꼬면서 타지 않는다.
- 그네 좌석 한가운데 앉아 양쪽 손잡이를 잡고 탄다.
- 1명이 타도록 되어 있는 그네를 2명이 동시에 타지 않도록 한다.
- 그네 옆에 설치된 안전대에 걸터앉지 않는다.

③ 미끄럼틀

- 미끄럼틀을 거꾸로 기어 올라가지 않고, 계단을 이용하여 한 계단씩 차례로 올라간다.
- 미끄럼틀 위에서 다른 사람을 밀거나 당기지 않는다.
- 앞사람이 없는 지 확인하고 한 사람씩 내려온다.
- 엎드려 타거나 서서 타지 않는다.
- 줄넘기 등을 신체 일부에 묶거나 두른 채 내려오지 않는다.
- 내려온 뒤에는 뒤따라오는 사람에게 방해되지 않도록 재빨리 비켜준다.
- 미끄럼틀 타고 내려올 때 다른 도구를 타고 내려오지 않는다.
- 미끄럼틀 난간 바깥쪽을 잡고 올라가거나 미끄럼틀 위에서 바닥으로 뛰어내리지 않는다.

④ 공중 놀이기구

- 매달림 형이나 좌석 형과 같이 형식에 맞는 방법으로 탄다.
- 손잡이나 좌석에 한 사람씩만 이용한다.
- 이동구역에서 머물러 있거나 장난치지 않는다.

⑤ 회전 놀이기구

- 회전하는 도중에 뛰어 내리거나 타지 않는다.
- 회전 중에 친구와 미는 등 장난을 하지 않는다.
- 회전대를 갑자기 고속으로 밀지 않는다.
- 움직이는 회전대를 멈추기 위해 억지로 붙잡지 않는다.
- 회전대 밑으로 들어가지 않는다.

⑥ 흔들 놀이기구(시소, 흔들 말)

- 시소는 서로 마주보고 앉아서 두 손으로 손잡이를 꼭 잡고 탄다.
- 시소위에 서 있거나 움직이는 중에 뛰어내리지 않는다.
- 내릴 때는 상대방에게 미리 알리고, 시소 밑에 발을 두지 않도록 한다.

⑦ 조합 놀이대(각 놀이기능 부분 참조)

- 흔들거리는 놀이기구는 반드시 난간을 잡고 이용하며 뛰어가지 않는다.
- 난간 또는 울타리 사이로 오르거나 신체 일부를 끼어 넣지 않는다.
- 놀이기구 위에서 밀거나 잡아당기는 놀이를 하지 않는다.

⑧ 건너는 기구(무지개다리, 구름다리, 평균대) 및 오르기 기구

- 무지개다리, 구름다리를 사용하는 사람을 잡아당기거나 밀지 않는다.
- 앞사람이 움직이는 반대방향으로 움직이지 않는다.
- 놀이기구의 꼭대기에 서 있거나 누워있지 않는다.
- 놀이기구 위에서 상대방을 잡거나 밀지 않는다.
- 내려올 때는 뛰어내리지 않고 아래를 살피고 천천히 한발씩 내려온다.
- 위에 누군가가 있을 경우 그 밑으로 지나가지 않는다.

⑨ 폐쇄형 놀이기구

- 놀이기구 안에서 놀이 이외에 잠을 자거나 게임 등 다른 행위를 하지 않는다.
- 볼풀장 바닥에 누워 있지 않는다.
- 매달려 타는 기구(트랙라이더)는 한사람씩 차례로 이용한다.

⑩ 물이용 놀이기구

- 흙이 묻은 신발을 신고 들어가지 않는다.
- 벗겨지기 쉬운 신발이나 걸림 또는 끼임이 가능한 복장은 착용하지 않는다.
- 물을 마시거나 물속으로 입수하지 않는다.
- 음식물이나 동물 등과 함께 들어가지 않는다.
- 물속에 침을 뱉거나 대소변을 보지 않는다.
- 영유아 등은 반드시 보호자를 동반하고, 기저귀를 찬 채 들어가지 않는다.
- 피부병 등 질환이 있는 어린이는 놀이를 삼간다.
- 놀이기구 이용 중에는 안전요원의 안내에 따른다.
- 놀이용으로 설치되지 않는 버킷이나 물 분사 등에 이용되는 시설에는 올라가거나 걸터앉지 않는다.

■ 젖은 상태의 놀이기구의 표면은 매우 미끄러우므로 손잡이를 단단히 잡고 이용해야 하며, 뛰어서는 아니 된다.

⑪ 바닥재

■ 놀이 중에 모래나 바닥 재료를 던지지 않는다.

■ 날카로운 유리, 금속조각, 동물의 분뇨 등이 있으면 놀이를 중단한다.

■ 고무매트 등 인공 바닥 재료를 파헤치거나 떼어내지 않는다.

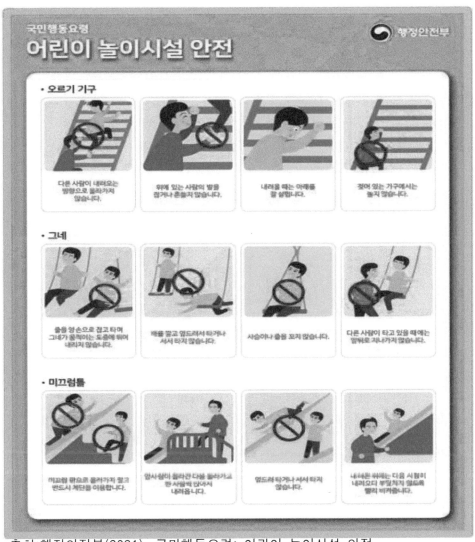

출처:행정안전부(2021). 국민행동요령: 어린이 놀이시설 안전

(2) 바닥

■ 실외놀이 바닥은 충격흡수 재질을 포함한 흙, 모래, 자갈, 잔디, 시멘트, 진흙, 아스팔트 등을 이용하여 다양하게 구성하되 배수가 잘 되도록 한다.

■ 놀이터의 바닥은 최소 30cm이상의 충격흡수재(모래 등)이 설치되어야 한다.

■ 모래바닥의 경우 모래가 쉽게 유실될 수 있으므로 유실된 모래를 주기적으로 채워주어야 하며, 최소 3년에 1번은 모래를 교체하고, 아래쪽에 있는 모래가 위쪽으로 올 수 있도록 뒤집어 주거나 세척한다.

■ 콘크리트 바닥으로 할 경우 기초를 잘 다진 후에 콘크리트를 부어야 하며 비 올 때 미끄럽지 않도록 빗살무늬를 넣는 것이 좋다.

■ 벽돌이나 타일로 바닥을 처리할 때에는 벽돌이나 타일 사이의 연결부분에 영유아의 발이 걸리지 않도록 설치한다.

■ 자갈바닥의 경우 자갈 바닥 위에서는 자전거를 타지 않도록 한다.

■ 나무 바닥의 경우 탄력은 좋지만 비가 오면 이끌어질 우려가 있고 나무가 썩거나 뒤틀어질 수 있다.

경기○○어린이집 바닥

(3) 실외출입문

■ 성인의 감독이 소홀한 틈을 타서 영유아가 바깥으로 나가지 않도록 실외 출입문은 성인만이 열고 닫을 수 있을 정도의 높이로 설치한다.

(4) 울타리

■ 실외놀이터는 바깥과 경계를 지을 수 있도록 울타리나 담이 설치되어 있어야 한다.

■ 울타리는 영유아들이 오를 수 없도록 계단이나 돌출부 없이 적어도 120cm 이상으로 해야 한다.

실외놀이 영역 울타리	실외놀이터로의 연결 출입문

(5) 하수도

■ 건물 근처에 설치하여 놀이 영역으로 물이 들어가지 않도록 한다.

■ 건물 쪽의 지대가 낮아 건물 쪽으로 물이 흐르면 배수 타일을 깔거나 흙을 돋우어 물의 방향을 바꾸어 주도록 해야 한다.

(6) 물놀이 영역

■ 배수가 잘 되고 물기가 빨리 마르는 곳이어야 하며 바닥 표면의 경계부분은 높이가 같아 영유아들이 걸려 넘어지지 않도록 한다.

■ 높이 영역에 따라서 경사가 생길 경우에도 경사를 완만히 처리하여 넘어지지 않도록 해야 한다.

(7) 통로

■ 통로는 영유아들이 충분히 비켜 지나갈 수 있을 정도의 폭으로 한다.

■ 세발자전거나 장난감 자동차가 다니는 통로의 교차로에는 정지선을 그어놓아 일단 멈춤을 하게하여 충돌사고를 방지한다.

■ 자전거 두 대 정도가 교차하여 지나갈 수 있을 정도의 공간을 확보한다.

| 물놀이 영역 | 유치원 통로 |

(8) 모래놀이 영역

■ 모래놀이터의 경우 모래의 입자가 너무 크지 않도록 한다. 영유아의 눈에 들어가면 심각한 상해를 입힐 수 있다.

■ 모래 영역에서 놀 때는 모래를 뿌려서 다른 유아의 눈에 들어가지 않도록 바람직한 놀이방법과 태도를 지시한다.

(9) 창고

■ 실외 놀이용품을 넣어두는 창고는 영유아가 안전하고 쉽게 사용할 수 있도록 하여야 한다.

■ 교사용 창고는 영유아들이 쉽게 출입할 수 없도록 후미진 곳에 설치하고 문을 항상 잠가두도록 한다.

모래놀이 영역

창고

3) 놀이시설 관리 주체의 의무사항

영유아들의 안전한 놀이를 위해 행정안전부 어린이 놀이시설 안전관리 시스템에서 제시한 놀이시설 관리 주체의 의무사항은 다음과 같다.

표 7-1. **어린이 놀이시설 관리 주체 의무사항(요약)**

구분	내용
안전점검	매월 1회 이상 자체 안전점검 실시
정기시설검사	설치검사 이후 2년에 1회 이상 안전검사기관으로부터 정기시설검사
합격의 표시	설치검사 및 정기시설검사에 합격되었음을 표시
검사불합격 시설이용금지	설치검사를 받지 않았거나, 불합격된 시설 이용금지 정기시설검사를 받지 않았거나, 불합격된 시설 이용금지
안전진단신청 (필요 시)	안전점검 결과 위해 우려가 있는 시설에 대해 이용금지하고 1개월 이내에 안전검사기관에 안전진단 신청
기록·보관	안전점검 및 안전진단 결과 기록 보관
안전교육 이수	안전관리가 변경 및 시설물 인도 후 3개월 이내에 안전관리자에게 안전교육을 받도록 하여야 하고 재교육은 2년에 1회 이상 받도록 해야 함
보험가입	시설을 인도받은 날로부터 30일 이내에 사망 시 8천만원까지 보상받을 수 있는 보험에 가입해야 함
중대사고보고	중대한 사고가 발생할 경우 관할 관리감독기관에 통보

출처: 어린이집안전공제회(2020). 어린이집 안전사고 예방 및 대응.

3. 실외놀이 시 안전사고 예방을 위한 교사의 역할

실외 놀이 시 안전사고를 예방하기 위해서는 무엇보다도 교사의 민감한 역할이 중요하며, 유아교사의 안전에 대한 역할에 대해 살펴보면 다음과 같다.

- 영유아가 계단을 오를 때 실내외로 들어오거나 나갈 때 차례차례로 행동하도록한다.
- 안전한 놀이기구 사용방법을 알려준다.
- 정리, 정돈하는 습관을 갖게 한다.
- 실외 놀이 시 영유아가 간편한 복장을 하도록 한다.
- 놀이기구는 파손 즉시 고치며 수시로 점검하여 못이 튀어나오거나 빠진 곳이 없는지 또한 녹슬거나 부러진 곳이 없는지를 발견할 수 있어야 한다.
- 움직이는 놀이기구 옆에 영유아가 접근 안 하도록 한다.
- 경쟁적인 놀이는 위험이 따르므로 규칙을 지키도록 한다.
- 영유아가 놀이기구 사용 시 질서를 지켜 서로 양보하고 협동하도록 한다.
- 교사, 보조교사, 자원봉사자 등 성인들은 놀이터의 곳곳에 적절히 배치하여항상 영유아들이 무슨 일을 하고 있는지 전체 환경을 관찰하고 문제 발생시나 교사의 도움이 필요한곳에는 즉시 다가갈 수 있어야 한다.

실제 1.   실외놀이 안전교육: 노랫말 개사하기

▣ 실외놀이 안전교육 사례 - 유아

주 제	우리 반	놀이주제	우리반 약속 만들기
대 상	만 3세	활동시간	20분
활 동 명	꼭꼭 약속해 개사하기	활동유형	음률활동/소집단
활동목표		– 노래의 가사에 자신의 마음과 생각을 담아 표현해본다. – 다른 사람들과 함께 생활하며 지켜야 하는 약속이 있음을 안다.	
누리과정 관련요소		– 예술경험 > 창의적으로 표현하기 > 노래를 즐겨 부른다. – 의사소통 > 듣기와 말하기 > 상황에 적절한 단어를 사용하여 말한다.	
활동자료		꼭꼭 약속해 악보, 음악	

활동내용	준비물
① 꼭꼭 약속해 노래를 함께 부른다. 　– 꼭꼭 약속해 노래를 함께 불러보자. 　– 어떤 약속들을 했니? ② 우리반의 약속을 이야기 나눈다. 　– 우리반에는 어떤 약속들이 있니? 　– 교실에서는 어떻게 다녀야 하니? 　– 양치할 때는 어떤 약속이 필요하니? ③ 꼭꼭 약속해 노래에 가사를 함께 만든다. 　– 어떤 약속을 넣어 노래를 만들어 볼까? 　– 교실에서 달리기하면 너–무 위험해요. 이렇게 넣어볼까? 　– 또 어떤 약속을 넣어볼까? ④ 개사한 약속들을 넣어 노래를 부른다. ⑤ 노래에 알맞는 율동을 지어본다. 　– 이 노래에 어울리는 율동을 해볼까? 　– 어떤 율동을 하면 좋을까? ⑥ 노래를 부르며 느낀 짐을 이야기 나눈다. 　– 노래를 부르니 어떤 느낌이 들었니?	

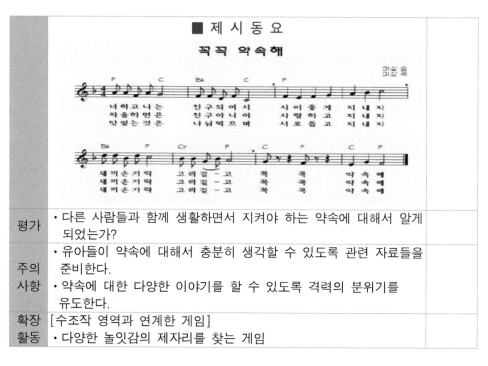

평가	• 다른 사람들과 함께 생활하면서 지켜야 하는 약속에 대해서 알게 되었는가?
주의 사항	• 유아들이 약속에 대해서 충분히 생각할 수 있도록 관련 자료들을 준비한다. • 약속에 대한 다양한 이야기를 할 수 있도록 격려의 분위기를 유도한다.
확장 활동	[수조작 영역과 연계한 게임] • 다양한 놀잇감의 제자리를 찾는 게임

🌸 노랫말 개사예시

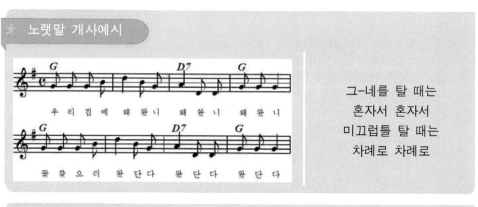

그-네를 탈 때는
혼자서 혼자서
미끄럼틀 탈 때는
차례로 차례로

🌸 노랫말 개사

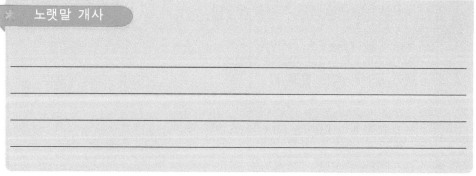

실제 2.   실외놀이 안전교육(계획–실행–평가)

■ 실외놀이 안전교육 사례 – 영아

주 제	즐거운 어린이집	놀이주제	미끄럼틀을 타요
대 상	만 1세	활동시간	20분
활 동 명	코끼리 미끄럼	활동유형	자유선택활동–실외놀이
활동목표		– 미끄럼을 타는 규칙에 맞게 안전하게 놀이 한다	
보육과정 관련요소	– 기본생활 > 안전하게 생활하기 > 안전한 상황에서 놀이하고 생활한다. – 기본생활 > 안전하게 생활하기 > 위험하다는 말에 주의한다.		
활동자료	• 코끼리 미끄럼, 신나는 동요 CD, 손인형, 미끄럼 타는 방법(그림)		

활동내용	준비물
활동 방법	① 손 인형을 이용하여 상황 극을 만들어 미끄럼틀을 타 본 경험을 떠올려본다. – 손 인형: (리듬을 넣어 부른다) ○○반 친구들아!! 안녕?? 　　　　　　난 ○○이라고 해~~ 난 지금 바깥놀이터에 가서 　　　　　　미끄럼틀을 탈거야. 너희들은 미끄럼틀을 타 본 적이 　　　　　　있니? 슝~~(손 인형이 미끄럼틀을 타는 흉내를 낸다.) ② 미끄럼틀을 탈 때 주의해야 할 사항을 그림을 보며 손 인형과 함께 이야기 해본다. – 손 인형: 친구들과 함께 조심조심 미끄럼틀을 타려면 지켜야 하는 　　　　　　약속이 있어. 약속을 알아볼까? 1) 계단을 한 명씩 올라간다. 2) 한 명의 영아가 미끄럼틀을 타고 밑으로 내려가고 난 뒤 다음 영아가 미끄럼틀을 탄다. ③ 영아들이 약속을 알 수 있도록 약속을 교사 함께 몸으로 흉내내어보고 실외에 있는 미끄럼틀을 타도록 한다.	
평가	• 미끄럼을 타는 규칙에 맞게 안전하게 놀이하였는가?	
주의 사항	• 경사가 가파르지 않는 영아에게 적합한 미끄럼틀을 준비한다. • 미끄럼틀 타는 방법을 그림을 보며 잘 이해시킨다.	
확장 활동	[쌓기] • 주르르륵	

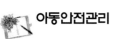

 실제 2. 실외놀이 안전교육(계획-실행-평가)

■ (팀 활동)

2019 개정 누리과정에서 제시된 '안전하게 생활하기'와 관련된 내용을 활동계획안으로 작성하고 시연해봅시다.

일시		2022년 월 일	대상연령 / 장소	
주제			일일주제	
활동명			활동형태	
목표				
누리과정 관련요소				
활동자료				
활동단계 /시간		놀이 및 활동 과정	유아 행동 및 반응	
본 활 동	도입 (분)			
	전개 (분)			
	마무 리 (분)			
활동평가				
확장활동				

150

교 통 안 전

7장. 교통안전

1. 영유아 교통안전 교육

1) 영유아 교통안전 교육의 개념 및 목적

안전교육은 인간 생명의 존엄을 인식하는 순간 모든 생활 속에서 다가오는 사고와 위험 가능성을 예방하기 위한 것으로 다양화·복잡화·정보화되어 가는 사회구조와 더불어 삶의 기초를 만들어가는 영유아기의 교통안전교육은 조기부터 확실한 개념과 인식이 요구된다. 인간은 누구나 안전을 위협하는 사고를 미연에 방지하기 위해 노력하며 삶을 영위하고자 한다. 영유아기 교통안전교육 부분을 표준보육과정의 영역별 기본생활, 신체운동, 의사소통, 사회관계, 예술경험, 자연탐구 영역에서 안전교육을 살펴보면 기본생활 영역에 포함되어있는 부분으로서 만 2세 정도가 되면 안전하고 건강하게 일상생활을 경험하도록 " 건강하게 생활하기""안전하게 생활하기" 두 가지 내용 범주로 구성되어있다(보건복지부,2013) 만 2세 경우 안전세부내용으로 안전하게 놀이하기, 교통안전 알기, 위험한 생활하기로 구성하고 교통안전 알기에서는 영아들이 "교통수단의 위험을 안다"와 "교통수단의 위험을 알고 조심 한다" 로 목표를 정하고 있다. 누리과정의 유아 교통안전 교육에서는 "안전하게 놀이하기", "교통안전 규칙 지키기", "비상시 적절히 대처하기"로 구성하고 교통안전 규칙 지키기에서 유아들은 "교통안전 규칙을 안다""교통 안전규칙을 알고 지킨다"에서 "교통수단을 안전하게 이용 한다" 로 구성하고 있다(연령별 누리과정 해설서, 2013).

2) 영유아 교통안전교육의 목표

　교통안전교육은 영유아기부터 기본생활습관의 필수 항목이다. 우리나라는 OECD 국가 중 사망률이 가장 높다는 것으로 밝혀지고 있다. 최근 3년간의 자료에서는 어린이보호구역을 건너다 사고를 당해 다친 어린이는 770여명이나 되는 것으로 나타나고 있어 21년 7월부터는 신호가 없는 건널목에서도 차량 운전자는 일시 정지하도록 의무조항이 신설된 도로교통법 개정안이 실시되고 있다. 또한 2019년 12월부터 개정된 「특정범죄가중법」 제5조의 13세 이하 어린이가 사고나 부상 또는 자동차 운전자가 어린이보호구역에서 어린이를 사망케 한 경우 무기 또는 징역3년 이상 징역에 처하고 다치게 하면 1년 이상 15년 이하의 징역 또는 500만 원 이상 3,000만 원 이하의 벌금에 처하도록 하는 등의 가중처벌토록 하고 있다.

3) 영유아 교통사고의 현황

　최근 어린이 교통사고는 최근 5년간(2016~2020) 연평균 10,337건이 발생하였으나 2020년은 다른 년도에 비해 교통사고 발생건수가 크게 줄었다. 어린이 교통사고 사망자수는 5년간 총 211명으로 나타났으며, 사망자수도 감소하고 있는 추세이다. 단, 한 가지 고려해야 할 점은 2020년 데이터의 특수성이다. 코로나19 팬데믹으로 차와 사람의 이동량이 크게 줄어들었고 어린이들이 상당 기간 등교를 하지 않았던 사실을 염두에 두고 데이터를 읽을 필요가 있다(도로교통공단 교통사고 분석시스템"taas. koread. kr(2021.08.27.접속).

표 7-1. 연도별 전국 어린이 교통사고 현황(2016년~2020년)

년도	사고건수		사망자 수		
	(건)	증감률(%)	(명)	증감률(%)	영유아인구 10만명당
2016	11,264	−	71	−	1.2
2017	10,960	-2.7	54	-23.9	0.9
2018	10,009	-8.7	34	-37.0	0.6
2019	11,057	+10.4	28	-17.6	0.5
2020	8,400	-24.0	24	-14.3	0.4
평균	10,337	-6.3	42	-23.2	0.7

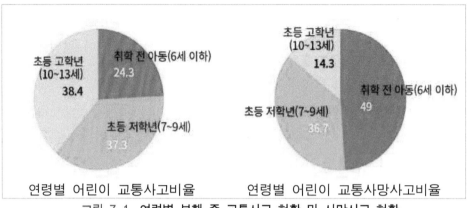

연령별 어린이 교통사고비율 연령별 어린이 교통사망사고비율

그림 7-1. 연령별 보행 중 교통사고 현황 및 사망사고 현황

그림 7-1을 살펴보면 취학 전 아동의 도행중 교통사고가 전체 아동의 24.3% 비율을 보였다. 반면 사망사고 비율은 취학 전 아동이 즉, 유아의 비율이 절반 가까이를 차지한다. 2011년부터 2020년까지 발생한 사고 중 어린이 보행 교통 사고는 6세까지 점진적으로 늘어나다가 초등학교 저학년인 7~9세에 급격하게 증가한다. 그림 7-2에서 선 그래프는 연령별 사망사고 비율을 표기한 것이다. 1세부터 5세까지는 사망사고의 비율이 1%가 넘는다. 다른 연령대에 비해 사고 건수가 많지는 않지만, 한번 사고가 일어날 경우 치명적인 결과가 나올 수 있다 는 것을 알 수 있다.

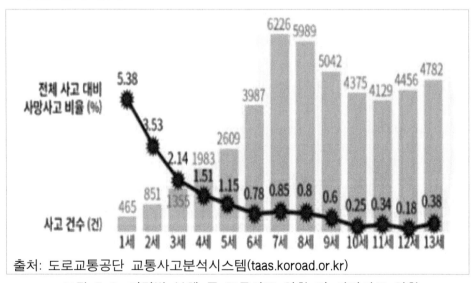

출처: 도로교통공단 교통사고분석시스템(taas.koroad.or.kr)

그림 7-2. 연령별 보행 중 교통사고 현황 및 사망사고 현황

전국 어린이보호구역 월별 어린이 교통사고 발생 건수는 5월에 가장 많고, 겨울(12월~2월)보다는 여름(6월~8월)에 더 많이 발생한다. 요일별로는 주중 (월~금) 보다는 주말(토~일)에 어린이 교통사고가 더 많이 발생하며, 시간대 별로는 등교시간대(8~10시)보다는 하교시간대(16~18시)에 어린이 교통사고 가 더 많이 발생한다.

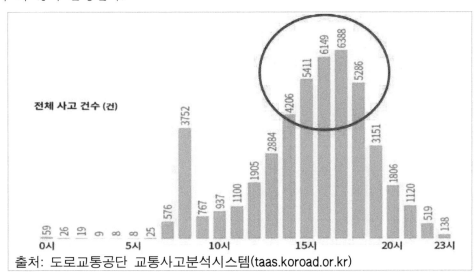

출처: 도로교통공단 교통사고분석시스템(taas.koroad.or.kr)

그림 7-3. 시간대 별 어린이 사고 건 수

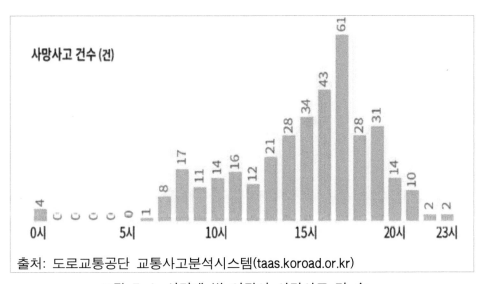

출처: 도로교통공단 교통사고분석시스템(taas.koroad.or.kr)

그림 7-4. 시간대 별 어린이 사망사고 건 수

어린이 사망사고도 늦은 오후 시간대에 많이 발생한다. 그림 7-4에 표시된 사망사고 건수는 주로 오후 4~6시에 빈도가 높게 나타났다. 오전 8~9시 한정된 시간대의 등굣길에는 비교적 촘촘히 안전망이 굴러가지만, 아이들마다 하교 시간과 활동 범위가 다른 하교 시간대에는 그만큼 보호망이 작동하지 않고 있다고 해석할 수 있다.

표 7-2. 연도별 전국 어린이 보호구역 교통사고 현황(2016년~2020년)

년도	어린이 보호구역 내 어린이 교통사고				어린이보호구역 지정 현황		
	사고건수		사망자수		보호구역 지정개수	100개소당 발생건수	100개소당 사망자수
	건	증감률	명	증감률			
2016	480	–	8	–	16,355	2.9	0.0
2017	479	−0.2	8	0.0	16,555	2.9	0.0
2018	435	−9.2	3	−62.5	16,765	2.6	0.0
2019	567	30.3	6	100.0	16,789	3.4	0.0
2020	483	−14.8	3	−50.0	16,896	2.9	0.0
평균	488	1.5	6	−3.1	16,672	2.9	0.0

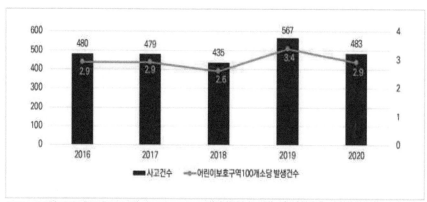

자료 : 도로교통공단교통사고분석시스템, "taas.koroad.or.kr"(2021.08.27.접속), 경찰청(2021), "어린이보호구역 정기보고"

표 7-2에서 제시된 전국 어린이 보호구역 교통사고 현황을 보면 2016년부터 2020년까지 어린이 보호구역 내 어린이 교통사고 건수는 평균 488건 이었고 사망자는 평균 6명이었다. 자세히 살펴보면 2016년에 비해 2018년까지는 점

차 감소하였지만, 2019년에는 전년대비 30.0%가 늘어났다. 2020년에 줄어든 것은 코로나19 상황에 의한 일시적인 데이터일 수 있다. 사망자수는 2016년 대비 2019년에는 62.5% 감소하였으나 2019년에는 2018년 대비 100% 증가하였다. 어린이 보호구역 지정은 해마다 늘고 있으며, 교통사고 발생건수는 100개소 당 2.9건으로 나타났다. 사망자 수는 100개소 당 0명이다.

★ 관련사례

- 김씨는 2021년 6월 낮 12시경 차를 몰고 서울의 어린이보호구역을 지나가 횡단보도에서 이씨의 (당시 7세) ○○군을 차로 치어 전치 4주의 골절 상해 등을 입힌 혐의로 징역 6개월에 집행유예 1년을 선고받음(서울중앙지법 2021 고합 792)
- 서울에서 원 버스가 어린이가 앉기도 전에 급출발하다 그만 어린이가 문밖으로 떨어져 뇌진탕으로 사망한 사고가 있었다. 또한, 어린이가 채 내리기도 전에 급출발하다 사망한 사고, 차에서 내려 앞으로 건너가는 어린이를 치어 사망시킨 사고를 비롯하여 운전자의 순간적인 부주의로 인한 사고가 계속해서 발생하고 있다.

---

2. 영유아 교통 행동의 특성

유아의 교통사고는 운전자의 부주의에 의한 사고도 많이 일어나지만 유아들의 발달특성으로 인한 사고도 많다. 흔한 사고 중 하나가 무단 횡단, 갑자기 차도로 뛰어들기 등 충동적으로 갑자기 튀어나가 사고로 이어지는 경우도 있고, 버스나 자동차 바로 앞이나 뒤로 지나가기, 주정차 된 자동차 사이에서 뛰어나오기, 장난감 또는 공이 자동차 밑으로 들어가 꺼내는 경우 등이 발생한다. 이에 유아의 발달 특성을 알고 발달에 적합한 교통안전 교육을 실시하여야 한다.

- **자동차의 작동 원리에 대한 인식 부족**
  : 자동차가 정지하는 제동거리가 필요하다는 사실을 인식하지 못한다.
- **교통상황에 대한 인식 부족**
  : 고의적으로 신호를 무시하여 위반하는 차량에 대한 인식이 부족하다.

- **위급한 상황에서의 기민성 부족**

  : 급하게 차량이 다가올 때 위험을 피하지 못한다.

- **거리 속도 추정 능력 부족**

  : 거리를 추정할 때나 속도를 인식하는 능력이 부족하다.

- **한 가지 일에만 집중하는 경향**

  : 공이 큰 길로 굴러가면 공만 보고 차도로 뛰는 경향이 있다.

- **시각 및 청각능력 미약**

  : 청각 자극을 듣고 소리가 나는 지점을 파악하는 인식능력의 부족하다.

- **감정에 따른 행동 변화**

  : 화가 나거나 기쁠 때 과잉행동을 하고 환경에 대한 주의력 부족하다.

- **모방과 모험심이 강함**

  : 어른들의 무단횡단과 신호를 무시하는 행동을 모방한다.

- **남아의 사고율이 여아보다 높음**

  : 남아의 위험 감수 수준(위험을 무릅쓴 행동을 하는 수준)이 높다.

3. 보행 중 안전과 대처방안

　보행 중에는 교통사고 예방을 위해 차도로 다니지 말고 인도로 건너야 하며 건널목에서는 항상 신호등이 없는 곳이라도 좌우를 살펴보고 멈추었다가 건너야 한다. 비가 오는 날에는 우산이 시야를 가려 교통사고에 더 노출 될 경우를 생각해 유아들은 부모와 동반하여 보행해야하면 우산은 가능한 밝은 색 우산을 쓰고 다녀야 눈에 잘 띄어 미연에 사고를 방지 할 수 있음을 알도록 해야 한다.

1) 등·하원 길의 보행안전

　등·하원 길 보행 시 교통사고를 예방하기 위해 영유아에게 주지시켜야 할 사항을 살펴보면 다음과 같다.

(1) 도보로 등원할 때

■ 가장 안전한 길을 택한다.

■ 항상 가장 안전할 때 횡단보도를 건넌다.

■ 가능한 한 교통이 혼잡한 대로를 건너지 않는다.

■ 공사장 등 위험해 보이는 길은 피한다.

■ 지름길이라고 해서 가장 안전한 길은 아니다.

■ 신호등과 건널목이 많은 곳이나 인도 안쪽으로 걷는다.

■ 마주 오는 차량을 살펴본다.

(2) 유치원 갈 때(보행자의 규칙)

■ 길을 건널 때 일단 멈추고 주위를 살피고 길을 건널 때까지 좌우를 살피며 항상 조심하도록 한다.

■ 등원 시간은 충분한 시간적 여유를 가지면서 길에서 뛰거나 서두르지 않는다.

■ 길을 걸을 때는 오른쪽 편으로 걷는다.

■ 차가 오는지를 계속 주시한다.(특히 모퉁이와 골목 등을 조심하도록 한다.)

■ 눈이나 빙판길에서 장난치지 않고 조심히 걷는다.

■ 길을 걸을 때는 가능한 한 짝을 지어 걸으며 낯선 사람과 이야기하지 않는다.

2) 골목길·주차장에서의 보행안전

골목길·주차장에서의 교통사고를 예방하기 위해 영유아에게 주지시켜야 할 사항을 살펴보면 다음과 같다.

■ 좁은 골목에서 차도로 나올 때는 전후좌우를 살펴보며 천천히 걸어 나온다.

■ 골목에서 차도로 나올 때 뛰지 않는다.

■ 차가 다니는 좁은 골목에서는 차가 지나갈 때까지 기다렸다 가고 주차장서 차들 사이를 빠져나갈 때에도 뛰어나가지 말고 전후좌우를 살펴 천

천히 걸어간다.
- 차가 다니는 좁은 골목길이나 주차장에서 공놀이를 하거나 자전거, 롤러스케이트를 타지 않도록 한다. 또한 무릎보호대와 헬맷을 꼭 착용하여 위험을 줄이고, 유아의 체격에 맞는 것을 선택 한다
- 유아들은 골목길에서 큰 상자나 옷장 안에서 놀지 않는다.

3) 시간·상황의 변화에 따른 보행안전

시간과 날씨, 상황 변화에 따라 영유아에게 주지시켜야 할 사항을 살펴보면 다음과 같다.
- 시간이 늦어 어두워지면 집에 돌아와야 함을 알려주고 늦게까지 유아 혼자 다니지 않도록 한다.
- 비가 올 때는 모퉁이 길을 조심하고 우산보다는 노란색 비옷을 입도록 해야 할 것이며, 눈이 올 때는 우산을 사용하되 주위를 살펴볼 수 있도록 가방은 손에 들지 않고 등에 메며, 우산은 높이 들고 차도 가까이로 걷지 않는다.
- 귀마개는 추운 날씨라도 주변의 소리를 들을 수 없으므로 착용하지 않는다.
- 인도에서는 밝은 곳으로 다니며 평상시에 밝은색(흰색, 노란색, 형광색 등)의 옷을 입는다.
- 자동차는 손을 들어도 항상 멈추지 않으며 멈춰 있는 자동차도 움직일 수 있다는 것을 이해하도록 하고 항상 차 앞쪽으로 걷도록 한다.
- 해가 저물면 자동차 특히 트럭이나 승합차 뒤에서는 놀지 않아야 하며 그런 차들의 뒤를 지나갈 때에는 빨리 지나가도록 한다.

4) 신호등이 있는 횡단보도에서의 보행안전

신호등이 있는 횡단보도에서의 보행 시 영유아에게 주지시켜야 할 사항을 살펴보면 다음과 같다.
- 녹색신호가 켜지자마자 뛰어 들어가지 않는다.

- 반드시 녹색신호에 횡단보도 오른쪽으로 건너간다.
- 음악을 듣거나 휴대전화·게임기를 가지고 놀며 건너지 않는다.
- 횡단보도에서는 친구들과 장난을 치지 않는다.
- 녹색신호가 깜빡일 때 무리하게 뛰어 건너지 않는다.
- 횡단보도를 건너는 자전거나 오토바이를 주의한다.
- 횡단보도를 건너다 되돌아 올 땐 차가 멈추어 있는지 확인한다.

사 례

▨ 어린이 교통사고 중 80% 이상이 갑자기 도로로 뛰어들어 발생한 사고다. 전체적으로 어린이 사고를 분석한 결과, 뛰는 것이 천천히 걷는 것보다 사고 위험이 7배나 높은 것으로 나타났다. 어린이 교통사고는 운전자의 보호의식 결여와 그에 따른 과속, 신호위반 등 법규위반이 어린이 안전부주의와 결합하면서 발생한다. 어린이를 철저히 보호하려는 운전자도 있지만 어린이에 대해 무관심하거나 등한시하는 운전자가 있기 때문에 잘못된 운전 자세와 실수의 가능성을 고려하여 보행하도록 지도해야 한다.

표 7-2. 일반적인 도로횡단 5원칙

① 우선 멈춘다 ② 좌우를 본다 ③ 손을 든다 ④ 확인한다 ⑤ 건넌다

- 우선 멈춘다 : 길을 건널 때는 우선 멈추고 교통상황을 확인한다.
- 좌우를 본다 : 도로 좌측과 우측을 보고 차가 완전히 멈춘 것을 확인한다.
- 손을 든다 : 내가 건널 것임을 운전자에게 알리고 준비할 시간을 준다.
- 확인 한다 : 운전자와 눈을 마주치며 차가 멈춰 있는 것을 다시 확인한다.
- 건넌다 : 손을 들고 운전자나 차를 보면서 안전하게 건넌다.

> 무단횡단 : 횡단보도, 육교, 지하도가 아닌 차도로 건너는 것이며 어린이 교통사고의 대부문이 무단횡난 사고이나.

출처: 교육부·경상남도교육청·학교안전공제중앙회(2016). 학교안전교육 7대 표준안 유치원용

　　영유아의 교통사고는 보행사고가 많음을 볼 때 연령이 낮은 영유아기 시기부터 교통안전에 대한 지식과 태도를 길러주어야 한다. 특히 교통표지판은 운전자는 물론, 보행자의 안전을 보호 하는 역할을 하기 때문에 영유아들이 그 내용에 대해 정확하게 인지하도록 교육하는 것이 중요하다. 주의·규제·지시 등을 표시하는 많은 교통 표지판이 있지만 영유아기 시기에 기본적으로 알아야 할 교통표지판을 중심으로 살펴보면 다음과 같다,

　　주의표지판: 삼각형의 황색 바탕 위에 적색 테를 두른 형태로 도로 상태가 안전하기 않거나, 도로 또는 그 부근에 위험물이 있는 경우, 이를 미리 알려 운전자나 보행자가 필요한 안전조치를 할 수 있도록 경고하는 역할을 한다.

　　규제표지판: 도로 위의 안전과 원활한 소통을 위해 금지·제한되는 사항 등을 미리 알리는 표지판이다. 원형, 역삼각형, 팔각형 등의 다양한 형태를 가지고 있으며 주로 백색이나 적색 바탕에 규제하고 있는 내용을 표기한다.

　　지시표지판: 자동차의 진행 방향을 알려주고, 도로의 통행방법이나 통행구분 등 안전을 위해 필요한 내용을 지시하는 표지판이다. 보통 원형, 사각형 등의 모양을 띠고 있으며 청색 바탕위에 지시하는 내용이 기호 또는 문자로 표시되어 있다.

	위험	공사 중	철길 건널목
주의 표지판	위 험 DANGER		
	도로 교통상 각종 위험이 있음을 알리는 표지	공사를 하고 있다는 것을 알리는 표지	철도 건널목이 있음을 나타내는 표지
	보행자 횡단 금지	보행 금지	자전거 통행 금지
규제 표지판	횡단금지		
	보행자(걷는 사람)의 횡단을 금지한 곳을 나타낸 표지	보행자(걷는 사람)가 다닐 수 없는 곳을 나타낸 표지	자전거를 타서는 안 되는 곳을 나타낸 표지
	보행자 전용 도로	어린이 보호	자전거 전용 도로
지시 표지판	보행자전용도로	어린이 보호	
	보행자(걷는 사람)를 위한 도로라는 것을 알리는 표지	어린이들의 안전을 위해 주의하라는 것을 알리는 표지	자전거만이 다닐 수 있는 도로라는 것을 알리는 표지

출처: 한국교통안전연구소 https://m.blog.naver.com/autolog/221118217489

4. 차량 안전

영유아 교통사고를 줄이기 위한 노력에도 불구하고 영유아 인명사고가 계속 일어나고 있다. 특히, 차량의 승·하차 중에 의한 사고가나 통학버스에 관련한 사고가 빈번하게 일어나고 있다. 어린이 스스로 자신의 안전을 지킬 수 있도록 교통안전 및 통학차량 사고 예방을 위해 꼭 지켜야 할 안전 예방 원칙에 대해 지도해야 한다. 더불어 어린이 통학버스 동승자 안전수칙 교육을 통한 통학버스의 안전사고 예방 및 대처에 관련한 교육을 강화하여야 한다.

1) 승하차 중 안전 원칙: 영유아

- 영유아는 승차 중일 때 반드시 안전띠를 착용한다.
- 조수석은 교통사고 발생 시 가장 위험하므로 어린이는 반드시 뒷좌석에 앉는다.
- 차량 문에 긴 치마나 끈 달린 옷이 끼여 끌려 갈 수 있으므로 주의한다.
- 차량을 기다릴 때는 보도에서 차도로 내려가서 기다리지 말고 보도에서 뒤로 두 세 걸음 물러난다.
- 버스가 있는 경우 시야가 가리므로 버스가 지나간 후 도로를 건너간다.
- 차량에서 내릴 때는 자전거·오토바이가 있는지 반드시 뒤쪽을 확인하고 내린다.
- 차량에 탑승하거나 내릴 때 앞 뒤 사람과 장난을 치지 않고 차례를 지킨다.

2) 차량 내 안전 원칙: 영유아

- 좌석에 앉으면 안전띠부터 반드시 매고 도중에 풀지 않는다.
- 운전자에게 방해가 되지 않도록 조용히 한다.
- 차내에서 물건을 던지지 않는다.
- 자동차 밖으로 물건이나 신체를 내밀지 않는다.

■ 차량의 급정지 등을 대비해 손잡이를 잡는다.

■ 문 가까이에 서있지 않는다.

✳ 안전띠 착용 방법

田 田・ 허리띠는 골반 뼈에 걸친다.

사고가 발생할 때 안전띠가 신체에 가하는 압력은 자기 몸무게의 20~50배에 달하기 때문에 골반 뼈만이 이러한 하중을 견딜 수가 있다. 안전띠를 배위에 적당히 걸치면 사고 발생 시 장이 파열될 수 있다.

・ 가슴띠의 위치를 정확히 걸친다.

앉은키가 작아 안전띠가 목 부위에 위치하면 사고가 발생했을 때 치명적일 수 있다. 따라서 영유아는 앞좌석에 앉지 않도록 하고 뒷좌석에서 허리에만 안전띠를 매도록 한다. 어린이가 안전띠를 착용하지 않을 경우 교통사고 시 차 밖으로 이탈하여 사망하는 사례가 많다.

---

3) 운전자 및 동승자 차량 안전 원칙

(1) 통학버스 운영자의 역할

■ 어린이통학버스를 운영하는 자는 어린이통학버스에 어린이나 영유아를 태울 때 동승보호자를 함께 태우고 운행해야 한다.

■ 정확한 승하차 시간을 부모에게 알려 운전자가 조급하게 운전하지 않도록 한다.(통학버스 운행에 있어서도 안전을 위해 여유 있게 운행 시간을 조정한다.)

■ 길을 건너지 않고 안전하게 승하차할 수 있는 장소를 선정한다.

■ 인솔교사나 운전자의 주기적인 교육을 통해 어린이통학버스 사고가 나지 않도록 경각심을 높인다.

■ 정기적으로 차량을 점검하여 고장이나 정비 불량으로 사고가 나지 않도록 관리한다.

(3) 통학버스 운전자의 역할
(승차할 때)

■ 통학버스 승차 시에는 한 줄로 서서 안전하게 타도록 유도한다.

■ 어린이가 무단횡단하지 않도록 주의를 준다.

■ 어린이 승차 후에는 안전을 확인 후 출발한다.

(운행할 때)

- 안전띠를 맸는지 확인하고 안전거리를 유지한다.
- 통학버스 안에서는 정숙한 분위기를 유지시킨다.
- 통학버스 안에 어린이를 혼자 두지 않도록 한다.

(하차할 때)

- 통학버스에서 하차 시에는 안전을 확인한 후 차 문을 연다.
- 하차 시에는 반드시 보조교사의 도움을 받으며 내리게 한다.
- 하차 후 출발 전에는 버스 주위를 확인 후 출발한다.

(3) 어린이통학버스 인솔교사의 역할

(승차할 때)

- 통학버스 주변에서 뛰지 않도록 한다.
- 승차 전에 아이들 옷맵시를 단정하게 해주고 탑승시킨다.
- 줄을 서서 차례대로 승차하고 좌석에 안전하게 앉도록 유도한다.

(출발할 때)

- 안전하게 승차한 후 차량 문을 닫는다.
- 안전띠 착용하는 것을 도와주고 확인 후 운전자에게 출발하도록 알린다.

(운행할 때)

- 반드시 안전띠를 착용하도록 한다.
- 마주 보기 탑승을 가급적 하지 않는다.
- 차창 밖으로 얼굴, 손, 물건 등을 내밀거나 장난을 치지 않도록 한다.
- 잠깐이라도 자리를 비울 때는 어린이 혼자 통학버스에 있지 않도록 한다.
- 운행이 끝난 후에는 차 안 맨 뒷좌석까지 꼭 확인한다.

(하차할 때)

- 차가 완전히 정차한 후 하차시킨다.
- 차 문이 열린 후 오토바이나 자전거가 오는지 뒤쪽을 살핀다.
- 인솔교사가 먼저 내려 안전하게 하차시키고 부모에게 인계한다.
- 어린이가 보도나 길 가장자리 구역 등 안전한 장소에 도착한 것을 반드시 확인하여 운전자에게 알리고 서서히 출발한다.

실제 1.　놀이를 통한 교통안전 교육 사례

■ 놀이의 배경

　3명의 유아들이 조작영역에서 블록으로 버스 자동차 등의 탈것들을 만들고 있다. 빠른 속도로 움직이며 부딪히는 놀이를 한다. 서로가 만든 탈 것들이 더 빠르다고 이야기하고 있다.

자동차가 빨리 달리면 일어나는 상황이 무엇일까? 위험한 상황은 언제일까?

■ 놀이를 통한 안전교육 실행에서의 교사의 고민과 교육적 지원

1. 관심의 시작

　자동차가 빨리 달리면 위험한 상황이 무엇일까? 위험한 상황은 언제일까?

2. 놀이와 활동

2-1. 놀이
▷ 놀이 제목: 안전한 자동차
▷ 놀이 과정(글, 사진):
　유아들이 만든 자동차로 부딪히는 놀이를 하여, 자동차의 편리함과 위험성을 알려주어야겠다! 는 생각이 들어 사고가 나는 상황과 교통안전교육을 계획하고 지원하였다. 자동차 경적소리를 들려주고 아이들과 경적소리를 들어본 경험에 대해 이야기를 나누어 보았다. 그리고 위험한 상황에 대해 이야기를 나누어 보고, 우리가 안전하려면 자동차가 어떻게 다녀야 할지 분선하는 놀이를 하면서 알아보기로 하였다. 놀이를 하기 위해 필요한 것이 무엇인지와 만들었으면 하는 것이 무엇인지 알아보고 함께 만들어보기로 하였다.

아이들과 미술영역에서 친구들이 탈 수 있는 자동차를 만들어 함께 안전하게 다니는 자동차를 만들어보았다. 위험한 상황을 알릴 수 있도록 경적 소리가 나야 한다며, 소리가 날 수 있도록 만들겠다고 하였다. 아이들과 함께 자동차를 타고 교실을 돌아다니며, 자동차 주변에 있지 않고 안전한 장소에서 놀이하도록 약속하였다. 아이들이 놀이를 통해 자동차 주변은 위험하다는 것을 알고, 자동차 또한 안전하게 다녀야 한다는 것을 알게 되었다.

안전한 자동차를 만들어요

안전한 자동차를 만들어요

안전한 자동차 놀이를 해요

안전한 자동차 놀이를 해요

교사의 놀이 관찰 및 지원 실제

　　아이들이 보았던 자동차를 표현하기 위해서 자동차 그림과 자동차를 만들 수 있는 상자를 지원하였고, 경적 소리가 나는 운전대를 표현하고 싶어 하여, 아이에게 운전대 장난감을 지원하였다. 아이들이 자동차 타는 놀이를 하면서 보이지 않는 곳은 한 번 더 살펴보고, 빠른 속도가 아닌 기준에 맞춰 운전해야 한다고 이야기한다. 신호등과 안전벨트가 있었으면 좋겠다는 의견이 있어 아이들과 다음 활동으로 만들어 보기로 하였다.

2-2. 놀이

▷ 놀이 제목: 안전벨트를 매요.

▷ 놀이 과정(글, 사진):

안전한 자동차 만들기 놀이 후 아이들과 우리가 타는 자동차에서 지켜야 하는 것에 대해 이야기를 나눈 후 아이들과 동화를 듣기로 하였다.

동화를 듣고 아이들이 "우리가 타는 버스에도 벨트가 있어!"라며 안전벨트를 보았던 경험도 이야기를 해주었다. "그럼 우리가 안전벨트를 하지 않은 아이들에게 안전벨트를 해줘볼까?"라고 이야기를 하고 안전벨트를 표현할 것은 무엇으로 하면 좋을까 이야기를 나눠보니 아이들이 털실을 이야기하여 털실을 지원해주고, 안전벨트를 채워주는 활동지를 제시해주었다.

안전벨트를 매요 동화듣기 및 털실놀이

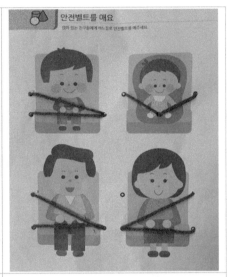

안전벨트 채우기 활동지

교사의 놀이 관찰 및 지원 실제

자동차 놀이를 할 때 안전벨트가 있었으면 좋겠다는 아이들의 의견에 따라 안전벨트와 관련된 놀이를 해보았다. 아이들이 만들었던 자동차에도 붙여 만들어 보기도 하고, 털실로 놀이를 하면서 벨트를 만들어 보기도 하였다. 활동지를 하면서 벨트가 왜 두 줄인지도 이야기를 나누어 보았다. 그리고 동생이 타는 카시트도 이야기를 하여서 카시트와 관련된 안전도 이야기를 나누어 보고, 안전벨트가 주는 안전에 대해 다시 한 번 이야기를 나누어 보았다 활동지를 하고 나니 역할 영역에서 블록으로 자동차를 만들며 안전한 자동차 놀이를 또 하고 있기도 하였다.

3. 마무리와 새로운 놀이로의 확장
▷ 놀이 제목: 신호와 표지판을 알아요.
▷ 놀이 과정(글, 사진):

　자동차 놀이를 하던 중 아이들이 신호가 필요하다는 이야기에 따라 신호등을 만들 수 있게 재료를 지원해주고 함께 만들며 아이들이 자동차가 되어 신호등에 따라 움직이며 놀이해보았다. 노란불도 필요하다고 하는 아이들도 있었다. 놀이를 하던 중 책상에 부딪히는 아이들이 있어서 다음 활동이 큰 놀이를 할 때에는 책상을 치워주어야겠다고 생각했다. 그리고 자동차들이 신호등만 보는 것이 아니라 표지판도 본다는 것을 이야기해주며, 아이들과 표지판 동화도 보며 교통안전 놀이를 확장시키고, 정리하며 마무리 하였다.

표지판 동화보기

신호를 지켜요 놀이

신호를 지켜요 놀이

신호를 지켜요 놀이

교사의 놀이 관찰 및 지원 실제
교통질서에 필요한 것들을 놀이를 통해 알게 되었으며, 아이들과 함께 자동차 놀이를 하던 중 표지판과 신호등의 필요성을 느낀 아이들이 표지판과 신호등에 대해 알고 싶다고 하여 표지판 동화와 그림을 지원하였고, 신호등을 만들 수 있는 재료를 지원해주었다. 아이들이 놀이를 통해 신호등의 색깔을 외치고, 표지판의 그림을 보여주며 표지판의 의미를 알며 질서를 지키는 모습을 볼 수 있었다.

출처: 누리과정(놀이실행 자료) 계획안 양식

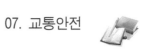

■ 교육계획안의 예 1)

생활 안전-교통안전> 2020. O. O(요일) ~ O. O(요일)		
안전교육 경험	놀이	'안전한 자동차'
		'안전벨트를 매요 '
		'신호와 표지판을 알아요.'
	활동	(동화)-표지판을 알아요.
		(미술)-안전한 자동차 만들기/신호등 만들기
활동사진	 <안전한 자동차 만들기>	
이번주 아들의 관심	자동차	신호
	안전벨트	
새로운관심 과 놀이확장	표지판	사고
	위험한 곳	규칙
가정연계 내용	이번 주 안전교육을 통해서 아이들이 교통안전에 대해 알게 되었으며, 가정에서도 차량을 타면서 지켜야 할 것들에 대헤 이야기 나누면 좋을 것 같습니다.	신호등, 교통안전

출처: 누리과정(놀이실행 자료) 계획안 양식 p.132

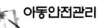

 실제 2.   놀이를 통한 교통안전 교육 사례

◼ (개인 활동)

아래 숫자를 이어서 그림을 완성해 봅니다.

출처: 교통안전공단

제8장

대인관계 및 미디어안전

1. 아동권리
2. 아동인권교육
3. 영유아 실종유괴 예방과 방지 안전교육
4. 미디어 안전교육
5. 실제
   - 영유아 권리 인식 자가 체크리스트
   - 역할극을 이용한 아동유괴 예방 교육

8장. 대인관계 및 미디어안전

1. 아동권리

1) 아동권리의 개념

「헌법」 제10조에서는 '모든 국민은 인간으로서의 존엄과 가치를 가지며 행복을 추구할 권리를 가진다' 고 명시하고 있으며, 「헌법」 제34조 제1항에서는 모든 국민은 인간다운 생활을 할 권리를 갖는다고 명시하고 있다. 즉 인권은 사람이 개인 또는 나라의 구성원으로서 마땅히 누리고 행사하는 기본적인 자유와 권리를 말한다.

아동권리는 18세 미만의 연령에 속하는 아동과 청소년이 인간으로서 누려야 할 기본적인 권리이다.

2) UN아동 권리 협약

아동은 신체적, 정신적으로 발달단계에 있어 어른과는 달리 적절한 법적 보호를 포함한 특별한 보호와 배려가 필요하다. 모든 아동이 안전하고, 행복한 환경에서 잠재력을 충분히 발휘하기 위한 것들을 모아 놓은 것이 유엔아동권리협약이다. 1989년 11월 20일 유엔에서 채택된 유엔아동권리협약은 지구촌 모든 어린이들의 권리를 지켜주기 위한 국제사회의 약속이다. 우리나라는 1991년 11월 20일에 아동권리협약을 비준 하였다.

유엔아동권리협약(The Convention on the Rights of the Child·CRC)에 따르

면 세 가지 기본원칙 하에 아동의 기본 권리를 4가지로 규정하고 있다.

(1) 기본원칙

첫째, 아동의 연령은 만18세 이하의 자로 정의하고 있다.

둘째, '무차별의 원칙'으로 아동의 권리는 인종, 국적, 종교를 초월하여 모든 어린이에게 해당된다.

셋째, '아동 최선의 이익우선 원칙'으로 모든 조치, 정책들은 아동에게 가장 유익한 방향으로 결정되어야 한다.

(2) 유아아동권리협약의 아동 4대 기본권

동 협약의 주요 내용에는 아동을 권리의 주체로 인식하고, 그들의 기본 권리로서 생존권, 보호권, 발달권, 그리고 참여의 권리를 포함하고 있다.

표 8-1. 유엔아동권리 협약의 아동 4대 기본권

기본권	주요내용	CRC 관련 조항
생존권	생명을 유지하기 위하여 영양가 있는 음식, 깨끗한 공기와 물을 섭취하며 안락한 주거지에서 적절한 생활수준을 누리고 최상의 건강을 지키기 위하여 의료혜택을 받을 권리	제24조(건강 및 의료) 제26조(사회보장) 제27조(생활보장)
보호권	각종 위험과 차별대우와 착취, 학대와 방임, 가족과의 인위적인 분리, 형법 등의 폐습으로부터 보호받을 권리	제3조(아동최선의 이익) 제18조(아동이익 극대화) 제23조(장애아동의 보호)
발달권	신체적, 정서적, 도덕적, 사회적 성장에 필요한 정규교육을 포함한 모든 종류의 교육을 받고 놀이, 여가, 정보, 문화 활동 등을 누릴 권리	제3조, 제17조, 제18조 제28조(교육),제29조(교육) 제31조(놀이와 오락, 문화 활동)

출처:UNICEF자료를 박세경이 재구성

특히 유엔아동권리협약 31조는 '아동은 충분히 쉬고 놀 권리가 있으며, 정부는 아동이 문화적, 예술적 생활에 완전하게 참여할 수 있는 아

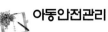

동의 권리를 존중하고 촉진하며, 문화, 예술, 오락 및 여가활동을 위한 적절하고 균등한 기회의 제공을 장려하여야 한다."고 하였다.

이에 유엔아동권리협약 제 31조에 명시된 것처럼 아동이 문화와 예술 활동에 참여할 수 있도록 주변 환경을 만드는 것은 국가의 책임이다. 하지만 지금 한국의 아동들은 충분한 휴식을 누리지 못하고 있다. 과도한 학업 경쟁으로 친구나 가족과 어울리는 시간이 줄어들면서 사회적 관계 형성에 어려움을 겪는 아동도 늘어나는 추세이다. 학업 스트레스를 겪는 아동뿐 아니라 학대와 폭력의 위험에 노출된 아동 등 배우고 즐기며 발달할 권리를 빼앗긴 아동들이 여전히 많다.

이러한 문제점을 해결하기 위해 정부는 지난 5월 "포용국가 아동정책"을 발표하고 아동 보호를 위한 국가 책임 강화, 아동권리 인식 제고, 아동 건강 증진, 놀이 혁신 등의 주요 추진과제를 선보였다.

2. 아동인권교육

1) 아동인권교육의 의미 및 필요성

영유아기는 주양육자와 가정에서 관계를 형성하는 데에서 나아가 새로운 대상들과 사회적 관계를 맺는 첫 시기가 된다. 영아기에는 다른 사람과 관계를 시도하며 가정이 아닌 대상과 사회적 관계를 시도하고, 유아기에는 타인의 존재를 인식하여 관계를 맺고 조절하며, 상호작용능력 및 문제해결능력을 발달시켜 나간다. 특히 유아기는 권리를 인식하고 현실화하는 중요한 시기가 되기 때문에 영유아를 양육하고 교육하는 부모와 교사의 아동인권 옹호 역량은 매우 중요하다고 볼 수 있다.

아동인권에 대한 국제적 준거가 되는 「아동권리협약」 제4조는 가장 취약한 집단, 가장 소수의 인권을 보호한다는 이념을 바탕으로 아동의 인권 보장을 위해 아동 최상의 이익을 고려할 것을 명시하였다. 아동인권교육은 아동의 발달

능력과 역량을 기르고, 모든 아동의 발달에 필요한 요소를 고려하여 아동이 처해 있는 환경, 개별 아동의 차이와 다양성을 인정하며, 자신과 타인의 권리를 인식하고 옹호하는 아동중심적 권리교육을 의미한다(서울특별시교육청, 2020).

영유아의 권리를 존중하는 교육은 영유아를 수동적이며 무능한 존재 혹은 성인의 도움이 필요한 존재로 보는 시각에서 벗어나는 데에서 시작된다. 영유아를 존중받아야 하는 권리의 주체자로 인식하고 상호작용하는 성인의 태도가 인권교육의 핵심이며, 아동인권교육은 영유아의 권리에 대한 인식 변화와 더불어 기존에 관습적으로 지니고 있던 교사-영유아와의 상호작용, 어린이집 물리적, 심리적 환경 등을 새로운 관점에서 바라보도록 도와줄 것이다(서울특별시육아종합지원센터, 2015). 이러한 측면에서 아동인권교육, 영유아의 권리를 진정으로 존중하는 태도는 의미가 있다.

▲ 표 8-1. 유엔아동권리 협약의 아동 4대 기본권

아동 인권 관련 법
「아동권리협약」 중 제1조 이 협약의 목적상 "아동"이라함은 아동에게 적용되는 법에 의하여 보다 조기에 성인 연령에 달하지 아니하는 한 18세미만의 모든 사람을 말한다. 「서울특별시 어린이·청소년 인권조례」 중 제6조(인권의 주체성과 인권보장의 원칙) ① 어린이·청소년은 인권의 주체이며, 자신의 인권뿐만 아니라 타인의 인권을 존중해야 한다. ② 어린이·청소년은 온전한 한 사람으로서 자신의 일에 대해 의견을 표현하고 참여할 권리가 있다. ③ 이 조례에서 규정하는 어린이·청소년의 인권은 인간으로서의 존엄성을 유지하고 행복을 추구하기 위하여 반드시 보장되어야 하는 최소한의 권리이며, 어린이·청소년의 인권은 이 조례에 열거되지 아니한 이유로 경시되어서는 아니 된다. 제26조(보호자 등에 의한 인권보장) ① 보호자는 양육하고 있는 어린이·청소년이 스스로 권리를 행사할 때 어린이·청소년에게 최선의 이익이 확보될 수 있도록 하여야 한다. ② 보호자는 어린이·청소년을 대신하여 권리를 행사할 때 어린이·청소년의 의견을 존중하며, 어린이·청소년에게 최선의 이익이 되도록 노력하여야 한다.

3) 유아 대상 인권교육

유엔 총회는 인권이사회(the Hunam Rights Council)이 채택한 유엔인권교육 훈련선언(United Nations Declaration of Human Rights Education and Training) 제3조는 '인권교육훈련 대상을 전 연령층'으로, 특히 '학령기 전, 초중고등 등을 포함하여 학문의 자유가 허용되고 적용할 수 있다면 공교육이던 사교육이던 형식적이던 비형식적이던 비정규이던 상관없이 모든 교육과정에서의 모든 형태의 인권교육, 훈련, 학습 등을 포함해야 한다.'라고 기술하며, 유치원에서부터 대학에 이르기까지 모든 수준에 대해 인권에 대한 교육(Education About Human Rights), 인권을 위한 교육(Education for Human Rights), 인권을 통한 교육((Education Through Human Rights), 세 가지 차원의 인권방법을 제시하였다(박용조, 2021).

유아의 인권을 증진시키기 위해서 유아는 자신의 권리를 이해해야 하며, 유아뿐만 아니라 유아의 권리를 지키고 보호하며 존중하는 부모, 교사, 유아교육기관의 전 종사자 등 의무이행자에 대한 인권교육이 필요하다. 또한 인권교육 대상자 모두 인권에 대한 지식, 기술, 태도 등을 균형 있게 습득하여 유아교육기관의 인권친화적 문화를 조성해야 한다(서울특별시교육청, 2020). 현재 유치원 및 어린이집, 영유아교사 양성기관에서는 영유아의 권리를 존중하고 보호하기 위한 다양한 교육 및 연수 과정을 도입하여 실시하고 있다. 그러나 영유아를 가르치고 돌보는 보육교직원을 대상으로 한 교육이나 연수가 대부분인 실정이다. 유아는 UN아동권리협약이 확인한 권리의 주체이지만 아직까지 유아는 권리의 주체이기보다 보호의 대상으로 인식되는 경향이 강하다(김선희, 윤재희, 2019). 2020년 서울특별시교육청은 2019 개정 누리과정의 방향에 맞추어 인권교육 자료를 개발하였고, 교사 외에도 부모, 유아 각 대상을 고려하여 자료를 구성하였다. 특히 유아의 흥미를 기초로 유아 주도적이며 능동적인 참여 상호작용을 촉진하는 인권교육을 구성하여, 유아 스스로 인권의 가치를 인식하고 존중하는 태도를 형성하도록 돕는 데에 교육의 목적이 있다.

4) 유치원 인권교육 프로그램

본 장에서는 2020년 서울특별시교육청에서 개발된 유치원 인권교육 프로그램 의 내용을 소개하고자 한다. 유치원 인권교육 프로그램 자료는 유아, 보호자, 종사자, 교사·원장/감, 모든 구성원을 위해 구성되었다.

■ **유아용**은 권리개념, 차별과 폭력으로부터 보호받을 권리, 의사결정과정에 참여하고 의견을 존중받을 권리, 권리주체적 역할로서 권리 침해 시 도움 요청, 총 4가지 권리 이슈를 중심으로 권리상자(12개 권리조항)을 활용하여 유아 주도의 토의 활동을 실시하도록 계획되었다.

■ **성인용**은 보호자, 종사자, 교사·원장/감을 대상으로 공통주제와 대상별 주제를 중심으로 소그룹 토의와 자기주도학습을 통해 실시하도록 계획되었다.

■ **공통주제**: 유아와 유아기, 유아의 발달특성, 유아인권과 유엔아동권리협약, 아동최상이익의 원칙, 권리주체자와 의무이행자, 아동친화적인 환경 조성

■ **대상별 주제**: 교사·원장/감(유아의 목소리), 보호자(아동인권에 기반한 양육), 일반 종사자(의무이행자로서의 역할 이해)

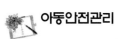

인권교육 프로그램 전체 구성표는 표 8-2와 같다.

표 8-2. 유치원 인권교육 프로그램 전체 구성표

구성	보호자	종사자	교사·원장/감	유아
목적	모든 구성원의 인권감수성 향상을 통한 유치원의 인권 존중 문화 조성			
목표	•유아인권감수성 향상 및 아동인권에 기반한 양육 실천 •유아와 보호자의 존재론적 정의 •유아인권과 유엔아동권리협약 이해 및 적용 •아동인권에 기반한 양육 이해 및 훈련	•유아인권감수성 향상 및 아동인권친화환경 조성 •유아에 대한 이해 •유아인권에 대한 이해 •의무이행자로서의 역할 이해 •아동친화환경(지역사회)	•유아인권감수성 향상 및 유아인권에 기반한 교육 및 교실 운영 실천 •유아 및 유아 인권에 대한 이해 •유아기 발달적 특성에 따른 유아 인권 적용 이해 및 훈련 •유치원 내 아동친화적인 교실 실현을 위한 실천 방안 모색	•유아의 권리 개념 인식 및 존중 실천 역량 증진 •유아인권 이슈 이해 •권리 존중 실천 역량 훈련 •적절한 권리주체적 역할 도모
구성	•5가지 주제 -주제별 약 30분 ※ 학습방법에 따라 주제별 소요시간 다를 수 있으며, 필요한 주제별로 선택 활용 가능	•5가지 주제 -주제별 약 30분 ※ 학습방법에 따라 주제별 소요시간 다를 수 있으며, 필요한 주제별로 선택 활용 가능	•4가지 주제 -주제별 약 30분 ~ 1시간 ※ 학습방법에 따라 주제별 소요시간 다를 수 있으며, 필요한 주제별로 선택 활용 가능	•4회기 회기별 20분
	•카드뉴스 •읽기자료 •활동자료 •유아인권기반 자기점검 체크리스트(보호자용)	•카드뉴스 •읽기자료 •활동자료 •유아인권기반 자기점검 체크리스트(종사자용)	•카드뉴스 •읽기자료 •활동자료 •유아인권기반 자기점검 체크리스트(교사·원장/감용)	•4가지 권리 이슈를 다루는 회기 •권리상자: 유아용 권리조항카드
방법	•모둠 교육/훈련 혹은 자기주도적 학습	•자기주도적 학습	•모둠 교육/훈련 혹은 자기주도적 학습	•토의 활동
내용	•유아의 존재론적 정의 •유아인권과 유엔아동권리협약 •권리주체자와 의무이행자 •아동친화환경조성과 아동최상의 이익의 원칙 보장 •아동인권에 기반한 양육	•유아와 유아기 •유아의 발달 특성 •유엔아동권리협약 •권리주체자와 의무이행자 •아동친화환경조성과 아동최상의 이익의 원칙 보장	•유아인권교육 •유아의 발달 특성 •유아의 목소리 •아동친화적인 환경 조성	•1회기: 어린이가 건강하게 자라려면 권리를 존중받아야 해요. •2회기: 어린이는 공평하게, 안전하게 대해야 해요. •3회기: 생각과 느낌을 말하고 스스로 선택하고 참여해요. •4회기: 어린이 권리가 존중되지 못할 때 도움을 요청할 수 있어요.

* 출처: 서울특별시교육청(2020). 유치원 인권교육 자료 개발.

3. 영유아 실종·유괴 예방과 방지 안전교육

1) 실종·유괴 예방 안전교육의 의미 및 중요성

실종아동은 악취와 유인, 유기, 사고 또는 가출하거나 길을 잃는 등 여러 가지 사유로 인하여 보호자로부터 이탈된 만 14세 미만의 아동을 말한다. 영유아의 자녀나 유아교육기관 교사의 부주의로 인해 일어나는 미아 또는 실종·유괴의 경우 대부분 실종 후 1~2일 내에 발견되어 부모에게 인계된다. 그러나 48시간 이상 미 발견된 아동은 장기실종아동으로 명명되어 유괴, 강도, 성폭행과 같은 2차 범죄로 이어질 수 있으므로 영유아와 부모, 가정과 유아교육기관의 정상적인 생활을 위협하는 실종· 및 유괴사고를 사전에 주의하여 예방하는 것은 매우 중요하다. 특히 유괴의 경우 의사능력이나 대처능력이 부족한 영유아들을 대상으로 하여 피해 영유아의 신체와 생명을 위협할 수 있기 때문에 예방교육의 필요성이 요구되고 있다. 이를 위해 유아교육기관 원장 및 교사들은 영유아를 대상으로 실종 및 유괴 예방과 관련한 교육을 정기적으로 실시하고, 아동보호구역 제도와 신고의무를 통해 영유아의 실종 및 유괴사고를 방지해야 한다.

2) 아동 실종 및 유괴사고 발생현황

아동유괴의 경우 어떠한 독립된 단일 개념이기보다는 그 유형이 매우 다양하기 때문에 아동유괴를 정의하는 데에 한계가 있다. 우리나라의 경우 형법상 '아동 유괴범죄'라는 규정은 따로 없으며 '미성년자 약취·유인죄'에 해당하기 때문에 다른 범죄와 경합되어 발생되는 경우가 많아 정확한 통계자료를 얻기는 어려운 실정이다. 납치는 유괴의 일종이며, 이 경우 범죄자가 폭력적 행위를 통해 피해자를 원하지 않는 다른 장소로 강제 이동시키는 것을 의미하고 있다.

종례의 생활환경에서 이탈시켜 자기 또는 제 3자의 실력적 지배하에 두어 그 자유를 침해하는 일로써 폭행·협박을 수단으로 하는 경우를 약취, 기망·유혹을

수단으로 하는 경우를 유인이라고 한다. 따라서 약취와 유인을 총칭하여 유괴라고 정의한다.

경찰청(2022)에서 제시한 지난 5년간의 실종아동 통계는 다음과 같다.

표 8-3. 실종아동 신고접수 및 처리현황

구분	2017년	2018년	2019년	2020년	2021년 4월
신고접수	19,956	21,980	21,551	19.146	6,068
신고해제	19,991	21,911	21,412	19,054	21,257
미해제	4	4	8	13	79

출처: 경찰청(내부행정자료, 2022)

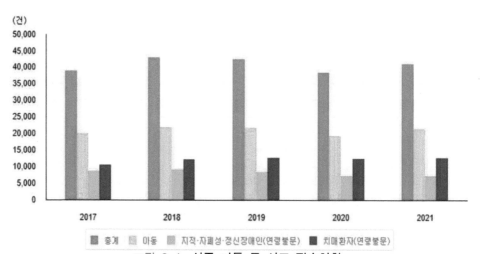

그림 8-1. 실종 아동 등 신고 접수현황
출처: 경찰청(내부행정자료, 2022)

2) 실종·유괴 예방 안전교육 내용

교육부(2020)와 국민안전처(2016)에서 제시한 안전교육 내용은 다음과 같다.

(1) 실종 예방 안전교육

영유아 실종 상황은 순식간에 일어날 수 있고 영유아가 길을 잃거나 부모를 잃어버리면 당황하여 평상시 알고 있는 내용들이 기억나지 않을 수 있다. 명확하게 실종 예방 지침을 이해하고 실천할 수 있도록 실종 예방교육은 반복해서 실시해야 하며, 안전요원이나 아이와 함께 있는 성인, 안전지킴이집, 경찰 등에게 도움을 요청하도록 지도해야 한다.

■ **실종 예방을 위한 지침을 이해한다.**
① 내가 어디 있는지 늘 부모님께 알리기
② 나갈 때 부모님 또는 집안에 계신 어른들에게 허락 받기
③ 내 이름, 부모님 이름, 전화번호 기억하기

■ **아동 안전지킴이집에 대해 알아보고 우리 동네 아동안전지킴이집을 찾아본다.**
아동안전지킴이집: 경찰과 지역사회가 함께 아동 사회안전망 및 민·경 협력 치안시스템 구축을 위한 제도로, 아동이 낯선 사람이나 동물로부터 위협을 받거나 사고 또는 길을 잃는 등 위급상황에 처했을 때 임시 보호를 하는 한편 지구대와 핫라인 등을 통해 경찰과 연계한다.

그림 8-2. **아동안전지킴이집 이미지**
출처: 경찰청

■ 평상시에 실종예방 구호 3단계를 정기적으로 연습한다.

① **멈추기**: 길을 잃거나 헤어지면 제자리에 서서 부모를 기다리기

② **생각하기**: 자신의 이름과 부모 이름, 부모 연락처, 주소 등을 10번씩 외우며 기다리기

③ **도와주세요**: 주위에 있는 안전한 사람(예를 들어 아이와 함께 있는 아주머니)에게 도움을 요청하기(아동안전지킴이집으로 가서 도움을 요청하기 포함)

(2) 유괴 예방 안전교육

영유아는 '무서운 인상을 한 사람', '낯선 사람'을 유괴범으로 생각하는 경향이 있다. 그러나 유괴범은 영유아와 안면이 있거나 친절할 수 있고, 부모와 잘 알고 있다고 하거나 실제로 잘 알고 있을 수도 있다. 그러므로 영유아에게 유괴를 위한 예방교육을 할 때에는 유괴범을 외형적인 모습으로 판단해서는 안 된다는 것과 부모(보호자)의 허락 없이 아는 사람이어도 절대 따라가지 않도록 교육해야 한다. 또한 유괴를 예방하는 태도를 길러낼 수 있도록 유괴 예방의 다양한 상황을 실행하며 영유아가 대처방안을 습득할 수 있도록 지도해야 한다.

■ 평상시에 소리 지르는 연습을 해둔다.

갑작스러운 위험상황에서는 당황하여 고함이 나오지 않는 경우가 있으므로 큰 소리로 고함을 지르거나 바닥에 드러누워 저항을 하면서 도움을 요청하는 행동을 연습을 해야 할 필요가 있다(거부의 의사표현 명확하게 하기).

① **안 돼요!**

: 가족의 허락 없이 다른 사람을 따라가지 않는다는 의사를 명확하게 표현하기

② **싫어요!**

: 가족 외의 다른 사람을 따라가지 않겠다는 거부의 의사를 명확하게 표현하기

③ **도와주세요.**

: 강제로 데리고 가려고 할 경우에는 주변 사람들에게 나의 위험한 상황이 전해질 수 있도록 큰 소리로 "도와주세요.", "살려주세요."라고 의사를 명확하게 표현하기

■ 만약 유괴범에게 이미 잡힌 경우를 예상하여 침착하게 대처할 수 있는 방안을 지도한다.

아무도 나를 도와주러 올 상황이 안 되는 곳에서의 강한 반항은 오히려 범죄자를 자극하여 생명이 위험할 수 있으므로 유괴범을 자극하지 않으면서 빈틈을 노려 도망갈 기회를 보도록 한다(유괴범을 똑바로 쳐다보지 않기, 유괴범을 자극하는 행동 하지 않기, 마음을 진정시키기, 범인의 차량 번호를 외우기, 밥을 잘 먹고 건강을 지키기, 정신을 차리기).

3) 실종 및 유괴아동 발생 시 대처법

영유아가 유괴 또는 납치되었을 경우 이후 48시간 이내에 영유아를 되찾는 것이 가장 중요하다. 실종이 확인되는 즉시 경찰에 신고해 수사를 시작해야 한다. 유괴 또는 납치 사건으로 의심할 만한 증거나 단서가 존재하는 유괴신고를 받은 경우 경찰청장은 실종아동 등의 조속한 발견과 복귀를 위해 유괴경보를 발령한다. 영유아를 잃어버린 후 48시간 이내에 해야 할 일은 다음과 같다.

■ 경찰관이 집으로 찾아오기 전까지는 외부인의 출입을 막아야 한다.
영유아가 집안에서 납치 또는 실종되었을 경우 증거가 남아있을 수 있기 때문에 아이의 옷, 소지품, 이불, 쓰레기통, 컴퓨터 등까지 손을 대거나 위치를 움직이지 말고 그대로 두어야 한다.
■ 영유아의 실종이나 납치와 관련된 정황을 상세하게 설명하고 모든 증거물을 경찰관에게 제출해야 한다.
■ 영유아가 실종이나 납치될 당시 입었던 옷이나 소지하고 있던 물품들을 상세하게 설명해야 한다.
영유아 이름, 생년월일, 잃어버린 일시와 장소, 잃어버리게 된 경위, 실종당시 영유아의 신체특징(얼굴 모양, 얼굴의 흉터나 점, 키, 몸무게, 행동특성, 병력, 옷차림이니 신발, 소품 등)
■ 가장 최근에 찍은 영유아 칼라 사진을 제출해야 한다.
■ 영유아의 행방을 아는데 도움이 될 만한 주의사람, 친척, 친구들의 명단을 작성해야 한다.

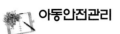

전화번호 및 주소, 최근 주위에 새로 이사 온 사람, 가족구성원에 변동, 평소 영유아에게 유난히 관심을 보이던 사람 등에 대한 상세한 정보

- 초기 비공개 수사 시 주위에서 경찰관서에 신고한 사실이 유출되지 않도록 보완에 유의해야 한다.
- 유괴범에게 전화가 올 것에 대비해 전화기 앞에 한 사람을 대기시켜 놓아야 한다(노트나 메모지를 준비해서 전화가 오면, 걸려온 날짜, 시각, 통화시간, 통화내용, 기타 사항 등을 녹음하거나 적기).

사건·사고 대처 요령(실종·유괴 발생 시)

▣ 유아가 귀가하지 않았다는 전화를 받은 경우
 	
1단계 – 주변을 샅샅이 찾아보기
• 하원 시 상황을 자세히 알아본다.
  : 통학버스 승·하차는 잘 했는지, 누구와 하원 했는지 등
• 유아들은 숨는 것을 좋아하므로 유아교육기관이나 유아교육기관 근처 유아가 있을 만한 곳 구석구석 찾아본다.
• 비상연락망을 통해 유아의 상황을 알아본다.
※ 교사가 하지 말아야 할 말: 책임회피적인 멘트 "저희는 차 태워 하원 시켰는데요."
 	
2단계 – 경찰청 실종 아동 찾기 센터 신고하기
•국번 없이 182(검찰청 실종 아동 찾기 센터) 또는 119에 신고한다.
 	
▣ 182에 신고를 할 땐
① 유아의 이름
② 유아의 나이(생년월일)
③ 잃어버리게 된 자세한 경위
④ 실종발생 당시 유아가 입고 있던 옷차림과 신발, 소품, 그리고 신체 특징
    (얼굴모양, 머리모양, 흉터나 점 등의 여부, 안경착용여부, 키와 몸무게 등)
⑤ 유아의 최근 사진(가능한 다른 모습이 담긴 사진으로 여러매 준비)
⑥ 부모 이름 및 언제라도 연락이 가능한 연락처, 주소

출처: 교육부(2020). 건강·안전 길라잡이.

4. 미디어 안전교육

1) 미디어 안전교육 개념 및 필요성

　정보화 시대에 발맞춰 미디어 매체를 활용한 활동이 확대되고 있으며, 대부분 하루의 많은 시간을 미디어를 사용하며 보내고 있다. 일상생활 속에서 영유아가 스마트폰이나 태블릿 PC를 사용하는 경우를 발견하는 건 이제 더 이상 낯설지 않게 되었으며, 스마트 미디어를 활용한 영유아의 놀이 및 교육자료 개발 및 보급 또한 활발하게 이루어지고 있다. 현재 대부분의 사람들은 스마트 미디어의 기기적 특성에 있어 긍정적인 면을 인식하고 활용하고 있지만, 사용하는 이용자의 스마트 미디어 과 의존 위험군을 우려하거나 발달 및 성장에 부정적인 영향으로 작용한다는 시각이 공존하고 있다.

　사이버 중독은 1990년대에 들어 인터넷 보급 및 사용이 증대됨에 따라 '사이버(인터넷) 중독'이라는 용어로 등장하였다. 어린이안전학교(2022)에서는 인터넷 중독(Internet Addication)을 정보이용자가 지나치게 컴퓨터에 접속하여 일상생활에 심각한 육체적·정신적·금전적·사회적으로 지장을 받는 상태로 정의하고 있다.

　영유아기는 전인발달의 결정적 시기로 영유아기의 스마트 미디어 과몰입은 다양한 기능에 부적절한 영향을 일으킬 수 있으며, '중독'으로 인한 문제점을 발생시킬 수 있다. 스마트 미디어는 우리의 삶을 변화시키고 있으며, 시공간의 제약 없이 다양한 문화를 공유할 수 있는 매체로 활용되고 있다. 성인뿐만 아니라 유아들도 일상생활 속에서 자연스럽게 다양한 스마트 미디어 매체를 활용하고 있으며, 현대사회를 살아가는 영유아의 성장과 발달을 고려하였을 때 스마트 미디어의 올바른 사용과 중독 예방을 위한 교육은 영유아기에 꼭 필요한 안전교육 내용이 된다고 볼 수 있다.

　2013년 「국가정보화 기본법」 일부가 개정되며 유치원, 초·중·고교(특수학교, 각종학교 포함), 대학교, 공공기관 등을 대상으로 인터넷 중독 관련 교육을 의무 규정하였으며, 현재 약물 및 사이버 중독 및 예방에 대한 미디어 안전교육은 영유아를 대상으로 하는 교육기관에 대해 의무 시간을 규정(유치원 연 1회 이상, 어린이집 연 1회 이상)하여 미디어 안전 예방교육이 실시되고 있다. 2020년 「지능정보화 기본법」이 전면 개정되며 '인터넷 중독'은 '지능정보서비스 과 의존'이라는 용어로 변경되었다. 지속적으로 하향화되고 있는 영유아의 미디어 사용 시기와 더불어 미디어 매체 이용 시간 및 과 의존 위험군 증가 현황에 따라 영유아 및 부모(보호자)를 스마트 미디어 과 의존으로부터 보호하고 예방하기 위한 적절한 방향으로의 미디어 안전교육 내용을 재점검하여 시도해야 할 필요가 있다.

2) 영유아의 스마트 미디어 과 의존 위험군 현황

(1) 영유아의 스마트 미디어 이용 현황

영유아의 스마트 미디어 사용 실태를 분석한 오주현과 박용완(2019)의 연구에 따르면, 스마트 미디어 사용 연령이 계속해서 하향화되고 있다고 보고하였다. 12개월에서 만 6세 이하 영유아의 부모 602명을 대상으로 설문조사를 실시한 결과, 12~24개월 미만에 스마트 미디어를 최초로 사용하였다고 응답한 비율은 45.1%로 가장 높게 나타났으며, 12개월 미만 시기에 처음 스마트 미디어를 시작했다고 응답한 비율은 7.8%인 것을 알 수 있었다. 이와 더불어 한국인터넷진흥원(2019)의 국내 스마트폰 이용률 조사 결과, 영유아에게 스마트폰을 처음으로 준 대상은 부모나 가족으로, 영유아와 스마트 기기를 함께 사용하는 사람은 부모의 비율이 가장 높았다.

그림 8-3. 연도별, 대상별 스마트폰 과의존 위험군 현황
출처: 과학기술정보통신부, 한국지능정보사회진흥원(2020).

과학기술정보통신부와 한국지능정보사회진흥원(2020)은 스마트폰 과 의존 현황을 조사하였다. 스마트폰 과 의존은 과도한 스마트폰 이용으로 스마트폰에 대한 현저성이 증가하고 이용 조절력이 감소하여 문제적 결과를 경험하는 상태를 의미한다. 본 조사에서는 스마트폰 과 의존 위험군 현황을 연령별 및 대상별로 살펴보았으며, 영유아가 포함된 유·아동(만 3~9세)의 스마트폰 과 의존 위험군 비율은 2018년에서부터 2020년까지 지속적으로 증가하였다. 2020년에는 총 27.3% 중 잠재적 위험군이 23.6%, 고 위험군이 3.7%이며, 대상별 과의존 위험군은 청소년, 유·아동, 성인, 60대 순으로 나타났다. 유아동의 상승세와 순위를 통해 영유아의 스마트폰 과 의존 위험군이 우려되며 이에 대한 관리 및 감독이 필요하다고 볼 수 있다.

	고위험	잠재적위험

	성		연령		맞벌이 여부	
27.3	29.6	24.7	25.0	28.9	30.9	24.3
3.7	4.1	3.2	2.9	4.2	4.4	3.1
23.6	25.5	21.5	22.1	24.7	26.5	21.2
전체 (3~9세)	남아	여아	3~5세	6~9세	맞벌이	외벌이

그림 8-4. **유·아동 스마트폰 과의존 위험군 현황**
출처: 과학기술정보통신부, 한국지능정보사회진흥원(2020).

　　유·아동을 성별로 살펴본 결과, 남아(29.6%)가 여아(24.7%)보다 스마트폰 과 의존 위험에 취약한 것으로 나타났고, 세부 연령별로는 9~6세(28.9%)가 3~5세(25.0%)보다 과 의존 위험으로부터 취약하였으며, 맞벌이 가정(30.9%)의 유아동이 외벌이 가정(24.3%)의 유아동보다 과 의존 위험에 취약한 것을 알 수 있었다.

(2) 영유아의 스마트폰 과 의존 요인별 속성

　　과학기술정보통신부와 한국지능정보사회진흥원(2020)에서 실시한 대상별 스마트폰 과 의존 요인별 속성 조사 결과, 유·아동은 개인의 삶에서 스마트폰을 이용하는 생활패턴이 다른 행태보다 두드러지고 가장 중요한 활동이 됨을 의미하는 현저성이 3.08%로 가장 높게 나타났다. 이용자의 주관적 목표 대비

스마트폰 이용에 대한 자율적 조절능력이 떨어지는 조절실패는 2.78%, 스마트
폰으로 인해 신체적·심리적·사회적으로 부정적인 결과를 경험함에도 불구하고
스마트폰을 지속적으로 이용하는 문제적 결과는 2.68% 순으로 나타났다. 대상
별로 살펴보았을 때 유·아동은 '현저성', 그 외 청소년, 성인, 60대는 모두 '조절
실패'를 가장 많이 경험하고 있었다.

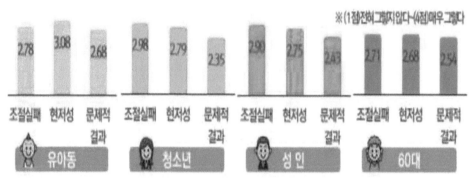

그림 8-5. 대상별 스마트폰 과의존 요인별 속성
출처: 과학기술정보통신부, 한국지능정보사회진흥원(2020).

3) 영유아 미디어 안전교육 내용

미디어 안전은 우리가 일상생활 속에서 사용하고 있는 텔레비전, 비디오, 컴
퓨터, 게임기, 스마트폰 등의 미디어기기로 인해 발생할 수 있는 위험 및 부작
용을 예방하는 일련의 과정을 의미한다. 미디어 안전교육을 통해 미디어기기의
유해성을 인식하고 올바르게 사용하며 풍부한 경험을 이끌어내고, 미디어가 제
공하는 정보 및 기능을 능동적으로 받아들여 활용하는 태도를 기르는 데에 목
적이 있다. 스마트 쉼 센터(2022)의 스마트폰 과 의존 예방교육 안내 매뉴얼에
제시된 내용을 중심으로 영유아 미디어 안전교육 내용을 살펴보면 다음과 같
다.

(1) 스마트폰의 과 의존 현황 및 사례 인식
■ 부모(보호자)는 자신과 영유아의 스마트폰 과 의존 체크리스트를 활용하여
   정기적으로 스마트폰 과 의존 상태를 점검해야 한다.

■ 어린이안전학교(http://www.go119.org/)에서 제시하는 인터넷 중독의 단계를 이해하고 점검해본다.

초기 단계:

– 인터넷에 점점 몰입하기 시작하며 수업시간에 졸다가 꾸중을 듣거나 가끔 멍하니 앉아 있기도 하고 아침에 일어나기가 힘들어 지각하기도 한다.

– 서서히 일상생활 부적응이 발생하고 지각, 조퇴, 결석을 자주 하게 되며, 성적이 하락하기 시작하고, 거짓말이나 부모님의 지갑에 손을 대기 시작한다.

후기 단계:

– 금단, 내성 미 일상생활 장애 등 증상이 심각해지고 인터넷 사용조절이 안 되며, 충동적이고 행동통제에 어려움을 느껴 가족이나 주변 친구들과 고립되어 있을 가능성이 크다.

■ 영유아 스마트폰 과 의존 현황과 적절한 사례를 선별하여 제시하고, 유아들이 주도적으로 문제를 인식하고 문제해결을 위한 방안을 탐색하도록 지원한다.

◢ 표 8-4. **영유아 스마트폰 과의존 체크리스트**

요인	주 요 내 용	전혀 그렇지 않다	그렇지 않다	그렇다	매우 그렇다
조절 실패 (역문항)	1) 스마트폰에 대한 부모의 지도를 잘 따른다.				
	2) 정해진 이용 시간에 맞춰 스마트폰 이용을 잘 마무리한다.				
	3) 이용 중인 스마트폰을 빼앗지 않아도 스스로 그만둔다.				
현저성	4) 항상 스마트폰을 가지고 놀고 싶어 한다.				
	5) 다른 어떤 것보다 스마트폰을 갖고 노는 것을 좋아한다.				
	6) 하루에도 수시로 스마트폰을 보려고 한다.				
문제적 결과	7) 스마트폰 이용 때문에 아이와 자주 싸운다.				
	8) 스마트폰을 하느라 다른 놀이나 학습에 지장이 있다.				
	9) 스마트폰 이용으로 인해 시력이나 자세가 안 좋아진다.				

체크리스트 점수 활용
- 기준 점수(36점 최고점): 1)~3)번 문항 역채점(1점→4점, 2점→3점, 3점→2점, 4점→1점으로 변환
- **고위험군(28점 이상)**: 스마트폰 과의존 경향성이 매우 높으므로 관련 기관의 전문적인 지원과 도움이 필요합니다.
- **잠재적 위험군(27~24점)**: 영유아의 스마트폰 사용 행동을 적절히 조절하지 않을 경우, 스마트폰에 과의존 될 위험성이 있습니다. 영유아의 스마트폰 사용을 관리하고, 계획적으로 사용할 수 있도록 도와주세요.
- **일반 사용자(23점 이하)**: 스마트폰을 적절히 이용하고 있지만, 앞으로도 지속적인 관심과 지도가 필요합니다.

표 8-5. 부모(보호자) 스마트폰 과의존 체크리스트

요인	주 요 내 용	전혀 그렇지 않다	그렇지 않다	그렇다	매우 그렇다
조절 실패	1) 스마트폰 이용시간을 줄이려 할 때마다 실패한다.				
	2) 스마트폰 이용시간을 조절하는 것이 어렵다.				
	3) 적절한 스마트폰 이용시간을 지키는 것이 어렵다.				
현저성	4) 스마트폰이 옆에 있으면 다른 일에 집중하기 어렵다.				
	5) 스마트폰 생각이 머리에서 떠나지 않는다.				
	6) 스마트폰을 이용하고 싶은 충동을 강하게 느낀다.				
문제적 결과	7) 스마트폰 이용 때문에 건강에 문제가 생긴 적이 있다.				
	8) 스마트폰 이용 때문에 친구 혹은 동료, 사회적 관계에서 심한 갈등을 경험한 적이 있다.				
	9) 스마트폰 때문에 업무(학업 또는 직업 등) 수행에 어려움이 있다.				

체크리스트 점수 활용
- 기준 점수(40점 최고점): [성인, 만 20~59세]
- **고위험군(29점 이상)**: 스마트폰 과 의존 경향성이 매우 높으므로 관련 기관의 전문적인 지원과 도움이 필요합니다.
- **잠재적 위험군(28~24점)**: 스마트폰 과 의존에 대한 주의가 필요합니다. 스마트폰 과 의존의 위험성을 깨닫고 스스로 조절하고 계획적인 사용을 하도록 노력해야 합니다.
- **일반 사용자(23점 이하)**: 스마트폰을 적절히 이용하고 있지만, 앞으로도 지속적인 자기 점검이 필요합니다.

출처 : 스마트 쉼 센터 홈페이지(https://www.iapc.or.kr/)

(2) 스마트폰 과 의존 예방 및 시간관리 방법

■ 영유아의 성장과 발달수준을 고려하여 미디어 이용규칙을 구체적으로 정한다.
- 스마트폰 사용 용도에 대해 분명하게 설정한다.
- 스마트폰 사용이 불가한 시간(식사시간, 등원 및 하원, 취침 전)을 정한다.
- 미디어 이용규칙을 정할 시 가족 구성원이 모두 모여 편안한 대화를 나눌 수 있는 공간이 필요하다.
- 미디어 이용규칙을 정하지 않았을 때 사용을 제한할 수 있다는 규정을 사전에 미리 공지한다.
- 미디어 이용규칙을 지키는 태도를 충분히 인정해주어야 하며, 규칙을 지키고자 노력한 태도와 행동을 구체적으로 칭찬한다.

(3) 유해한 인터넷 환경을 변별하는 방법

■ 영유아에게 적절한 콘텐츠를 선별하여 제시한다.
- 영유아가 이용하는 콘텐츠의 시청등급 및 게임 이용 연령을 확인하고, 유해한 요소가 없는지 사전에 점검해야 한다.
■ 영유아가 사용하는 스마트폰의 앱 중 과 의존되기 쉽고, 유해한 요인으로의 접근이 용이한 앱은 사전에 잠금 설정을 한다.
- 교사 혹은 부모(보호자)가 영유아와 함께 콘텐츠를 보면서 상호작용하고, 보고 떠오르는 생각이나 감정을 이야기 나눈다.
■ 스마트폰이나 컴퓨터를 바른 자세로 이용할 수 있도록 지도한다.
- 스마트폰을 바닥이나 아래로 내려놓지 않고, 눈의 높이에 맞추어 들어 올려놓고 시청한다.
- 목을 세우며 허리를 곧게 펴고, 시선은 15도 정도 아래를 향한다.
- 양손을 이용하고 과도한 손가락 사용으로 손에 무리를 주지 않는다.

(4) 스마트폰 과 외존 예방 및 해소에 필요한 사항

■ 지능정보서비스 과 의존(전 인터넷 중독) 예방법에 대한 이해 및 실천(어린이안전학교, 2022)
- 컴퓨터는 가족이 공유하는 장소에 설치

- 하루에 사용하는 컴퓨터 시간 미리 정하기
- 오락과 휴식의 도구로서 컴퓨터 사용 줄이기
- 특별한 목적 없이 인터넷 환경에 1시간 이상 머무르지 않기
- 학습이나 과제 수행을 위한 컴퓨터 활용 늘리기
- 사이버 공간이 아닌 현실 공간에서의 대인관계 늘리기
- 인터넷 대신 관심을 가질 수 있는 대안 활동 찾기

■ 영유아가 스마트폰 사용 통제감 및 조절 능력을 기를 수 있도록 스마트폰 사용 후 전원을 직접 끄도록 지도한다.

■ 신체활동이나 사회적 놀이시간을 늘리고 자연스럽게 스마트폰 이용 시간을 줄인다.

- 영유아가 스마트폰보다 다양한 사람(부모, 교사, 또래 등) 및 사물(놀잇감, 자연물 등)과 활발한 상호작용을 하며 즐거움을 경험할 수 있도록 지원한다.

스마트폰 과의존 문제 인식 (Problem recognition)

1. 아이에게 무심코 보여주는 10분의 모바일 콘텐츠(영상, 음악, 게임 등)로 인해 아이는 스마트폰에 과의존할 수 있습니다.
2. 아이는 보호자(부모, 교사 등 주 돌봄자)의 스마트폰 이용습관을 닮아갑니다.
3. 스마트폰을 육아 또는 교육 도구로 이용하는 것도 방임일 수 있습니다.

사용 상태 점검 (State check)

4. 보호자가 스마트폰 과의존일 경우, 아이도 과의존 위험이 큽니다.
  - 성인과 아이 모두 스마트폰 과의존으로 인해 신체·심리·관계·행동 문제를 경험할 수 있습니다.
  - '스마트폰 과의존 척도'를 활용해 사용습관을 확인해보세요.
  - 보호자용 스마트폰 과의존 점검방법 : 스마트쉼센터 홈페이지(www.iapc.or.kr)→「과의존 진단」, 또는 과의존이란? →「성인용 스마트폰 과의존 척도」 이용

바른 사용 실천 방안 및 대안 제시 (Suggest alternatives)

5. 아이가 보호자와 함께하는 영상 통화 외에는 스마트폰을 이용하지 않도록 합니다.
6. 가정(기관) 내 스마트폰 활용 규칙을 정해 일관되게 지킵니다.

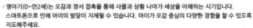

주변 사람과의 관계 형성 강화 (Connect)

7. 스마트폰으로 보고 듣는 동요·동화보다 보호자와의 친밀한 시간이 아이의 발달에 도움이 됩니다. 아이와 눈을 맞추고 웃으며 노래와 이야기를 들려주세요.
  - 영아기(0~만2세)는 오감과 정서 접촉을 통해 사물과 상황 나아가 세상을 이해하는 시기입니다. 스마트폰으로 인해 아이의 발달이 지체될 수 있습니다. 아이가 오감 중심의 다양한 경험을 할 수 있도록 지도해주세요.

그림 8-6. 스마트폰 과의존 예방 가이드라인(0세~만 2세 영아 보호자용)

스마트폰 과의존 문제 인식 (Problem recognition)

1. 아이가 스마트폰 작동에 능숙하다고 해서 Smart(똑똑)한 것은 아닙니다.
2. 보호자의 스마트폰 이용습관과 과의존도 아이에게 대물림될 수 있습니다.
3. 규칙 없는 스마트폰 이용은 방임일 수 있습니다.

사용 상태 점검 (State check)

4. 보호자가 스마트폰 과의존일 경우, 아이도 과의존 위험이 큽니다.
  - 성인과 아이 모두 스마트폰 과의존으로 인해 신체·심리·관계·행동 문제를 경험할 수 있습니다
  - '스마트폰 과의존 척도'를 활용해 사용습관을 확인해보세요.
  - 보호자용 스마트폰 과의존 점검방법 : 스마트쉼센터 홈페이지(www.iapc.or.kr)→「과의존 진단」, 또는 과의존이란? →「유아 및 성인용 스마트폰 과의존 척도」 이용

바른 사용 실천 방안 및 대안 제시 (Suggest alternatives)

5. 아이의 발달단계와 기질을 고려해 스마트폰 사용규칙을 '구체적'으로 정하세요. 가정(기관) 내에서도 스마트폰 활용 규칙을 정해 일관되게 지킵니다.
6. 학습용 앱보다 '책'을 읽어주세요. 보호자가 일할 때나 식당, 차 안에서도 스마트폰 대신 놀잇감(장난감, 종이, 그림책, 퍼즐, 블록 등)을 주세요.

주변 사람과의 관계 형성 강화 (Connect)

7. 아이가 규칙을 지키면 충분히 칭찬하고 격려해주세요. 나이와의 성의택용을 위해 다양한 놀이를 함께 해주세요.
  - 유아기(만 3~5세)까지의 발달 특성과 보호자와의 유대관계는 아이의 평생 발달에 영향을 미칩니다. 보호자의 긍정적인 상호작용과 놀이는 아이의 건강한 발달을 위한 가장 효과적인 방법입니다.

그림 8-7. 스마트폰 과의존 예방 가이드라인(만 3~5세 유아 보호자용)
출처: 스마트쉼센터(https://www.iapc.or.kr/)

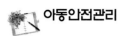
 실제 1   영유아권리 인식 자가 체크리스트

■(자가체크리스트) 여러분이 영유아 권리를 어느 정도 알고 있는지 알아보기 위해 다음의 영유아 권리 인식내용에 스스로 답해봅니다.

연번	영유아 권리 인식 내용
1	영유아는 어쩔 줄 모르거나 기분이 언짢을 때 전문가의 도움을 받을 수 있다.
2	영유아는 부모와 사는 것이 위험하지 않는 한, 부모와 함께 살며 그들과 시간을 보내야 한다.
3	영유아는 필요할 때 누군가 보살펴주고 영유아의 입장에 서서 말해 줄 수 있다.
4	영유아는 몸과 마음이 건강하게 성장 할 수 있다.
5	영유아는 자신과 관련된 사항을 결정할 때 영유아의 생각이 존중되어야 한다.
6	영유아에게 옷, 음식, 살 곳이 주어져야 하며 아플 때 치료를 받을 수 있어야 한다.
7	영유아는 자신과 관련된 사항을 결정할 때에 필요한 정보에 접근할 수 있다.
8	영유아는 자신의 종교, 언어, 피부색, 종족과 신분 때문에 차별받지 않으며 다른 사람을 존중할 줄 안다.
9	영유아는 자신과 관련된 계획이나 일을 할 때 자신의 입장이나 희망사항이 존중된다.
10	영유아는 놀이를 즐기고 상상을 할 수 있다.
11	영유아는 자신의 모든 능력과 재능을 계발할 수 있다.
12	영유아는 나쁜 일이 발생했을 때(전쟁, 화재, 지진, 홍수 등) 즉시 도움을 받는다.
13	영유아는 태어나서 자신만의 특별한 이름을 갖는다.
14	영유아는 자신만의 시간과 방해 받지 않는 공간을 가질 수 있다.
15	영유아는 어린이 되기 전까지 전쟁에 참여하지 않는다.
16	영유아는 자신을 사랑하고 관심을 가져주는 사람과 함께 있어야 한다.
17	영유아는 훌륭한 사람이 되기 위해 무엇이 옳고 그른지를 배울 기회를 가져야 한다.
18	영유아는 자기 방식으로 자유롭게 행동 할 수 있는 사람으로 존중받는다.
19	영유아는 자신의 생각과 의견이 다른 사람으로부터 존중과 경청을 받는다.
20	영유아는 위험하거나 영유아의 나이에 맞지 않는 노동을 하지 않아야 한다.
21	영유아는 나이가 들면 더 많고 큰 책임을 진다는 것을 배워야 한다.
22	영유아는 자신의 감정과 건강을 해칠 사람이나 상황으로부터 보호받아야 한다.
23	영유아는 스스로 할 수 있도록 도와야 한다.

출처: 함께배워요 2권 서울특별시육아종합지원센터(2015).

서울시 어린이집 영유아 권리존중을 위한 자가체크리스트(보육교직원용)

■(자가체크리스트) 영유아의 권리 존중에 대한 이해와 실천을 돕기 위해 어린이집 보육교직원이 스스로 체크해 볼 수 있도록 개발되었습니다. 여러분도 자가 체크를 통해 영유아-교사 간의 긍정적인 상호작용 및 영유아 권리 존중 민감성 향상에 도움이 되길 바랍니다.

연번	내 용	확인
1	어린이집 일과에서 영유아의 권리 존중을 실천하고 있습니까?	
1-1	낮잠 및 휴식에 대한 영유아의 개별적 욕구를 반영할 수 있는 적절한 환경(시간, 공간)을 조성해 주고 있다.	☐
1-2	대소집단활동에 참여하지 않거나 계속해서 놀이하려는 영유아의 욕구를 존중해주고 있다.	☐
1-3	급·간식에 대한 영유아의 기호, 먹는 속도와 양을 존중해주고 있다.	☐
1-4	배변, 배뇨 등 영유아의 기본적인 생리적욕구를 존중해주고 있다.	☐
1-5	보육교직원은 일관성 있는 태도로 영유아의 욕구를 존중해주고 있다.	☐
2	영유아가 보육과정의 계획과 운영에 참여할 수 있는 구조가 있습니까?	
2-1	영유아가 만든 결과(작품, 사진, 노래, 블록, 구조물 등)에 대해 존중하며 적절히 게시되어 있다.	☐
2-2	영유아의 의견이 잘 표현될 수 있는 분위기를 조성하며 영유아의 의견을 반영한 보육과정을 운영한다.	☐
2-3	규칙을 정할 때는 영유아의 의견을 반영하거나 동의를 구하고 있다.	☐
3	자유선택활동시간에 영유아를 존중하는 상호작용을 하고 있습니까?	
3-1	영유의 개인차를 인정하고 놀이에서 자율성과 주도성을 지지하는 상호작용을 한다.	☐
3-2	영유아의 흥미, 관심, 기분 및 건강상태를 전반적인 맥락으로 파악하고 있다.	☐
3-3	영유아 간의 관계를 살피며 상호 역동성을 파악하여 상호작용한다.	☐

연 번		내 용	확인
4		영유아 권리 실천을 위해 어린이집을 다양한 방법으로 개방하고 있습니까?	
	4-1	어린이집 운영위원회를 운영하고 있다.	☐
	4-2	열린어린이집 운영 등의 다양한 방식으로 양육자의 참여가 이루어지고 있다.	☐
	4-3	양육자의 보육실 참관(절차 및 방법, 안내)이 이루어지고 있다.	☐
5		보육교직원은 영유아 권리 존중을 위해 양육자와 소통하고 있습니까?	
	5-1	보육교직원은 양육자와의 소통을 통해 영유아의 전반적인 상태(기분, 건강, 배변 등)와 가정 내 주요한 정보를 파악하고 있다.	☐
	5-2	양육자에게 규칙적인 등·하원 시간 등 안정된 생활습관의 중요성을 전달하고 있다.	☐
	5-3	보육교직원은 영유아에 대하여 양육자와 서로 협의하고 책임을 공유하는 적극적인 노력을 하고 있다.	☐
6		영유아 권리 존중의 이해와 실천을 위한 보육교직원의 교육이 이루어지고 있습니까?	
	6-1	영유아 권리 존중을 위한 보육교직원의 교육이 실행되고 있다.	☐
	6-2	아동학대 신고의무자에 대한 교육, 양성평등교육 등을 이수하였다.	☐
	6-3	영유아 권리의 기초가 되는 'UN아동권리협약'의 내용을 이해하고 있다.	☐
7		영유아의 권리 보호를 위해 보육교직원의 적절한 근무환경이 이루어져 있습니까?	
	7-1	보육교직원의 적절한 근무환경에 대한 노력이 이루어지고 있다.	☐
	7-2	보육교직원의 업무스트레스 해소를 위한 구체적인 노력이 이루어지고 있다.	☐
8		영유아 권리 존중을 위해 보육교직원 간 협의지원이 이루어지고 있습니까?	
	8-1	어린이집 운영(보육과정, 특별활동, 견학, 행사 등)의 계획과 평가에 보육교직원의 의견이 수렴되고 있다.	☐
	8-2	반 운영의 어려움이 있을 때 자체회의를 통해 협력 및 해결하는 구조가 있다.	☐

실제 2   역할극을 활용한 아동유괴 예방 교육

▣ (팀활동) 역할극을 활용한 안전교육활동 전개의 예

안전주제	따라가면 안돼요	생활주제	이웃
활 동 명	함부로 따라가지 않아요.	활동형태	역할극
활동목표	·위험한 상황에서 대처하는 방법을 안다.		
활동자료	·아저씨 복장(잠바, 모자, 콧수염), 아줌마 복장(선글라스, 핸드백), 할머니 복장(한복, 지팡이)		
활동방법	1.유괴 상황에서 속지 않고 잘 대처할 수 있는지 물어본다. 　우리가 따라가면 안 된다고 이야기는 잘 했는데 정말로 속지 않고 용감하게 대처할 수 있을까? 2.역할극을 할 것임을 알려준다. 　그럼, 오늘은 선생님이 다른 사람이 되어봐야지. 우리 친구들이 길을 가다가 정말 속지 않고 잘 대처하는지 알아봐도 될까? 진짜 상황에 대비해서 미리 연습을 해보는 거지. 누가 용감하고 안전한 어린이 역할을 해보겠니? 3.교사가 여러 유형의 유괴 상황을 보여주며 역할극을 해본다. 4.역할극을 하고 다 같이 평가해본다 　역할극을 해보니까 느낌이 어땠니? 　실제로 이런 상황이 벌어진다면 용감하고 안전하게 말하고 행동할 수 있겠니?		
활동사진 및 유괴상황 시나리오	<유괴상황1>학원 원장 친구라며 아줌마: 애, 너 피아노학원 다니지? 아줌마는 피아노 학원 원장선생님 친구데 피아노 학원이 어딘지 좀 가르쳐주겠니? 이 차에 타렴. 걸어가려면 다리도 아플 텐데 아줌마가 태워줄게. 유　아: 괜찮아요. 전 다리 안 아파요. 피아노 학원은 저쪽 길로 쭉 가시면 되요. <유괴상황2>엄마가 교통사고로 다치셨다며 아줌마: 채정아, 엄마가 지금 교통사고로 크게 다치셔서 병원에 입원하셨어. 아줌마랑 같이 병원에 가자. 아줌마 차 타고 가자. 유　아: 아줌마가 절 어떻게 아세유? 아줌마: 아줌마 몰라? 채정이 어렸을 적에 아줌마가 많이 업어줬는데… 유　아: 난 아빠랑 같이 살래요. 아줌마: 아빠도 병원에 계시단다. 유　아: 아빠 핸드폰으로 연락해보고요. 아줌마: 그래 , 알았다. 그럼 아줌마 먼저 병원에 가 있을게.		

활동사진 및 유괴상황 시나리오	**<유괴상황3>방송에 출연시켜준다며** 아저씨: 애, 너 참 예쁘게 생겼다. 아저씨 는 방송국에 다니는데 아저씨가 보니까 너 텔레비전에 나와도 될 것 같아. 아저씨 차에 들어가서 카 메라 테스트 좀 받아보자. 유 아: 전 괜찮아요. 그리고 지금 바빠요. 아저씨: 잠깐이면 돼. 텔레비전에 나올 수 있다니까? 유 아: 전 텔레비전에 안 나와도 돼요. 엄마가 빨리 오랬어요. 아저씨: 알았다. **<유괴상황4> 아이스크림 사준다며** 아저씨: 애 너 참 귀엽구나. 아저씨도 너 같은 조카가 있는데 너보니까 조 카가 생각나네. 더운데 아저씨가 아이스크림 사줄게. 같이 가자. 유 아: 괜찮아요. 저 안 더워요. 아저씨: 그럼 과자 사줄게. 네가 귀여워서 그러는 거야. 유 아: 저 과자도 안 먹어요. 아저씨: 그럼 사탕사줄까? 이리 따라와 봐(손을 잡는다) 유 아:(손을 뿌리치며) 싫어요. 모르는 사람은 따라가면 안돼요. 아저씨: 알았다. **<유괴상황5>강아지를 잃어버렸다며** 할머니: 애, 할머니가 아주 귀여운 강아지 한 마리를 잃어버렸구나. 이름 이 살살이인데 혹시 하얀 강아지 한 마리 못 봤니? 유 아: 못 봤는데요. 할머니: 할머니가 혼자 찾으려니까 너무 힘들구나. 좀 도와주겠니? 같이 좀 찾아보자. 유 아: 전 지금 엄마 심부름 가야해요. 할머니: 그럼 저 쪽 골목길만 같이 좀 찾아보자. 유 아: 죄송하지만 저도 엄마랑 심부름 빨리 갔다오기로 약속해서요. 다 른 어른들이 더 잘 찾아주실 거예요. 할머니: 알겠다. **<유괴상황6> 길을 가르쳐 달라며** 할머니: (종이 쪽지를 보여주며)애, 할머니가 길을 잘 몰라서 그러는데 국 제유치원 가는 길이 어디니? 유 아: 아, 저쪽으로 가면 돼요. 할머니: 할머니는 잘 모르겠다. 같이 좀 가자.(손을 잡으려 한다.) 유 아: (손을 뿌리치며) 죄송하지만 저도 지금 빨리 가야하거든요. 저 쪽 길로 쭉 걸어가시면 돼요. 모르시면 가다가 다른 사람한테 또 물어 보세요.

폭력 및 신변안전

1. 아동학대
2. 성폭력
3. 실제
   - 놀이를 통한 아동학대 예방 교육
   - 아동학대 실제 사례 조사 후 팀 토론
   - 놀이를 통한 성폭력 예방 교육

9장. 폭력 및 신변안전

1. 아동학대

1) 아동학대의 개념

아동학대는 보호자[1]를 포함한 성인이 아동의 건강 또는 복지를 해치거나 정상적 발달을 저해할 수 있는 신체적, 정신적, 성적 폭력이나 가혹행위를 하는 것을 말한다. 또한 아동의 보호자가 아동을 유기하거나 방임하는 것을 말한다(아동복지법 제3조 제7호).

넓은 의미에서 아동학대는 보호자를 포함한 주변의 모든 환경이 아동에게 적절한 발달이나 성장을 하는데 저해할 가능성이 있는 경우를 말하며, 좁은 의미로는 보호자가 아동을 의도적으로 학대하는 경우로서 행위결과가 명백한 것을 말한다. 따라서 좁은 의미의 정의로는 성적인 괴롭힘, 언어적 폭력, 정서적 학대, 방임 등 아동발달을 저해하는 행위나 가족환경으로 부모의 불화, 애정결핍, 가정폭력에 노출된 환경, 아동에 대한 부적절한 대우 등도 포함된다(이미희, 2015).

---

[1] '보호자'는 친권자, 후견인, 아동을 보호·양육·교육하거나 그 의무가 있는 자 또는 업무·고용 등의 관계로 사실상 아동을 보호·감독하는 자를 말한다.

2) 아동학대의 유형

신체학대: 보호자를 포함한 성인이 아동에게 우발적 사고가 아닌 상황에서 신체손상을 입히거나 또는 신체손상을 입도록 하는 모든 행위를 말한다.

> ✦ 신체학대 행위의 예
>
> ⊞ 직접적으로 신체에 가해지는 행위(손, 발 등으로 때림, 꼬집고 물어뜯는 행위, 조르고 비트는 행위, 할퀴는 행위 등)
> ⊞ 도구를 사용하여 신체를 가해하는 행위(도구로 때림, 흉기 및 뾰족한 도구로 찌름 등)
> ⊞ 완력을 사용하여 신체를 위협하는 행위(강하게 흔듬, 신체부위 묶음, 벽에 밀어붙임, 떠밀고 잡음, 아동 던짐, 거꾸로 매담, 물에 빠트림 등)
> ⊞ 신체에 유해한 물질로 신체에 가해지는 행위(화학물질 혹은 약물 등으로 신체에 상해를 입히는 행위, 화상을 입힘 등)
>
> [사례 1] 아동이 집에 늦게 들어오고 말을 듣지 않는다는 이유로 친부가 손과 발로 아동의 온몸을 때려 폭행
> [사례 2] 부부간 말다툼 중 극도의 흥분상태에서 우울증을 겪고 있는 친모가 10개월 된 영아를 아파트 복도 창문 틈으로 가슴부위까지 밀어 넣어 떨어뜨리려고 하는 방법으로 신체학대
> ☞ 아동복지법 제17조(금지행위) 3호, 5년↓징역 또는 3천만원↓벌금

정서학대: 보호자를 포함한 성인이 아동에게 행하는 언어적 모욕, 정서적 위협, 감금이나 억제, 기타 가학적인 행위를 말하며 언어적, 정서적, 심리적 학대라고도 한다.

성 학 대: 보호자를 포함한 성인이 자신의 성적인 욕구충족을 위해 18세 미만의 아동에게 행하는 모든 성적 행위를 말한다.

방   임: 보호자가 아동에게 위험한 환경에 처하게 하거나 고의적, 반복적인 아동 양육과 보호(의식주, 의무교육, 의료적 조치 등)를 소홀히 함으로써 아동의 정상적인 발달을 저해할 수 있는 모든 행위를 말하며, 유기는 성인의 보호감독을 받아야 하는 아동을 버리는 행위를 말한다.

정서학대 행위의 사례

- 원망적/거부적/적대적 또는 경멸적인 언어폭력 등
- 잠을 재우지 않는 것
- 벌거벗겨 내쫓는 행위
- 형제나 친구 등과 비교, 차별, 편애하는 행위
- 가족내에서 왕따 시키는 행위
- 아동이 가정폭력을 목격하도록 하는 행위
- 아동을 시설 등에 버리겠다고 위협하거나 짐을 싸서 쫓아내는 행위
- 미성년자 출입금지 업소에 아동을 데리고 다니는 행위
- 아동의 정서발달 및 연령상 감당하기 어려운 것을 강요하는 행위(감금, 약취, 유인 등)
- 다른 아동을 학대하도록 강요하는 행위

[사례 1] 어린이집 보육교사가 3세된 원생이 울며 밥을 먹지 않는다는 이유로 억지로 음식을 먹이고 생각하는 의자에 앉게 하는 등 정서학대

[사례 2] 아동이 영어 학원 차량을 놓쳤다는 이유로 학원에 가지 않자, 옷걸이로 팔, 종아리를 때리고 10분가량 양손을 들고 무릎을 꿇게 하는 등 신체적·정서적으로 학대

☞ 아동복지법 제17조(금지행위) 5·7·8·9호, 5년↓징역 또는 3천만원↓벌금

성학대 행위의 사례

- 자신의 성적 만족을 위해 아동을 관찰하거나 아동에게 성적인 노출을 하는 행위(옷을 벗기거나 벗겨서 관찰하는 등의 관음적 행위, 성관계 장면을 노출, 나체 및 성기 노출, 자위행위 노출 및 강요, 음란물을 노출하는 행위 등)
- 아동을 성적으로 추행하는 행위(구강추행, 성기추행, 항문추행, 기타 신체부위를 성적으로 추행하는 행위 등)
- 아동에 유사성행위를 하는 행위(드라이 성교 등)
- 성교를 하는 행위(성기삽입, 구강성교 등)

[사례 1] 아내와 이혼 후 홀로 딸을 키우던 친부가 딸의 엉덩이와 배를 만지고, 가슴을 수차례 만지는 등 추행

[사례 2] 가족들의 눈을 피해 혼자 방안에 있는 친딸의 방에 들어가 밖에서 다른 가족이 소리를 듣지 못하게 동영상을 크게 틀어 놓은 후 강제로 하의와 상의를 벗겨 강간

☞ 아동복지법 제17조(금지행위)2호(성적학대) 10년↓징역 또는 5천만원↓벌금

✷ 방임 행위의 사례

⊞물리적 방임
• 기본적인 의식주를 제공하지 않는 행위
• 불결한 환경이나 위험한 상태에 아동을 방치하는 행위
• 아동의 출생신고를 하지 않는 행위, 보호자가 아동들을 가정내 두고 가출한 경우
• 보호자가 아동을 시설 근처에 두고 사라진 경우
• 보호자가 친족에게 연락하지 않고 무작정 아동을 친족 집 근처에 두고 사라진 경우

⊞교육적 방임
• 보호자가 아동을 특별한 사유 없이 학교(의무교육)에 보내지 않거나 아동의 무단결석을 방치하는 행위
 – 입학·재취학·전학 또는 편입학 기일 이후 2일 이내에 입학·재취학·전학 또는 편입학을 하지 않는 경우
 – 정당한 사유 없이 계속하여 2일 이상 결석하는 경우
 – 학생의 고용자에 의하여 의무교육을 받는 것이 방해당하는 때 지체 없이 그 보호자 또는 고용자에게 해당 아동이나 학생의 취학 또는 출석을 독촉하거나 의무교육을 받는 것을 방해하지 아니하도록 경고하여야 함

⊞의료적 방임
• 아동에게 필요한 의료적 처치 및 개입을 하지 않는 행위

⊞유기
• 아동을 보호하지 않고 버리는 행위
• 아동을 병원에 입원시키고 사라진 경우
• 시설근처에 버리고 가는 행위

> [사례 1] 친모가 몸이 아프다는 이유로 수개월간 집안 청소를 하지 않고 아동을 화장실 바닥에 용변을 보도록 하는 등 생활쓰레기가 가득찬 집에 방치
>
> [사례 2] 친부가 경제적 사정이 어렵다는 이유로 제주도로 데려간 후 초등학교에 보내지 않고 pc방 등에 방치하는 등 교육적 방임(경기 평택)
>
> [사례 3] 대리운전을 하는 친부가 별다른 이유 없이 아동을 학교에 보내지 않고 다른 대체교육을 시키지 않은 채 심야시간 아동을 혼자 집에 방치하는 등 방임(서울 양천)
>
> [사례 4] 친모가 생활고를 이유로 생후 18일된 영아를 주택가 대문 앞 노상에 유기 후 도주
>
> [사례 5] (아동매매) 친모가 인터넷을 통해 미혼모들에게 접근, 병원비 명목으로 20~150만원을 지급하여 아동들을 매매한 후 자신의 자녀로 출생신고 후 양육함 (충남 논산)
>
> ☞ 아동복지법 제17조(금지행위) 6호(방임) 5년↓징역 또는 3천만원↓벌금
> ☞ 아동복지법 제17조(금지행위)1호(매매) 10년↓징역(아동매매)

출처: 아동권리보장원 홈페이지

205

3) 아동학대 현황

2020년 아동학대 신고접수 건수는 총 42,251건으로 2019년 41,389건 대비 2.1% 증가했으나, 증가폭은 예년에 비해 다소 낮은 수준이다. 아동학대 사례는 총 30,905건으로 '19년 30,045건 대비 2.9% 증가하였고, 피해아동의 성별은 남아가 15,815건(51.2%), 여아가 15,090건(48.8%)이다. 학대행위자는 부모가 25,380건으로 전체의 82.1%를 차지하여, 전년도 22,700건에 비해 11.8% 증가하였다. 대리양육자 2,930건(9.5%), 친인척은 1,661건(5.4%) 순으로 확인되었다. 아동학대 발생유형에서는 2가지 이상의 학대가 이루어지는 중복학대가 가장 많았고, 단일 학대에서는 정서학대가 가장 많았다. 아동학대로 인한 사망자는 43명이고, 재 학대 건수는 3,671명 수준이었다.

표 8-1. **아동학대 신고 및 학대판단 건수(2016년~2020년)**

구분	2015년	2016년	2017년	2018년	2019년	2020년
전체 신고건수	19,214	29,674	34,169	36,417	41,389	42,251
국내 신고건수	19,203	29,671	34,166	36,416	41,389	42,247
해외사례	11	3	3	1	0	4
아동학대의심사례건수	16,651	25,878	30,923	33,532	38,380	38,929
학대 판단건수	11,715	18,700	22,367	24,604	30,045	30,905

표 8-2. **아동학대 유형별 발생 현황(2016년~2020년)**

구분	2015년	2016년	2017년	2018년	2019년	2020년
합계	11,715	18,700	22,367	24,604	30,045	30,905
중복	5,347	8,980	10,875	11,792	14,476	14,934
신체	1,884	2,715	3,285	3,436	4,179	3,807
정서	2,046	3,588	4,728	5,862	7,622	8,732
성	428	493	692	910	883	695
방임	2,010	2,924	2,787	2,604	2,885	2,737

표 8-3. **아동학대 사망사고 및 재학대 발생 현황(2016년~2020년)**

구분	2015년	2016년	2017년	2018년	2019년	2020년
사망자 수	16	36	38	28	42	43
재학대 건수	1,240	1,591	2,160	2,543	3,431	3,671

표 8-4. 아동학대 행위자 유형2016년~2020년)

(단위 : 건, %)

구분		2015년	2016년	2017년	2018년	2019년	2020년
계		11,715 (100)	18,700 (100)	22,367 (100)	24,604 (100)	30,045 (100)	30,905 (100)
부모		9,348 (79.8)	15,048 (80.5)	17,177 (76.8)	18,920 (76.9)	22,700 (75.6)	25,380 (82.1)
친인척		562 (4.8)	795 (4.3)	1,067 (4.8)	1,114 (4.5)	1,332 (4.4)	1,661 (5.4)
대리양육자		1431 (12.2)	2,173 (11.6)	3,343 (14.9)	3,906 (15.9)	4,986 (16.6)	2,930 (9.5)
대리양육자	부모의 동거인	158 (1.3)	311 (1.7)	247 (1.1)	270 (1.1)	363 (1.2)	444 (1.4)
	유치원 교직원	203 (1.7)	240 (1.3)	281 (1.3)	189 (0.8)	155 (0.5)	118 (0.4)
	초중고교 직원	234 (2.0)	576 (3.1)	1,345 (6)	2,060 (8.4)	2,154 (7.2)	882 (2.9)
	학원 및 교습소	64 (0.5)	167 (0.9)	217 (1)	176 (0.7)	320 (1.1)	208 (0.7)
	성	428	493	692	910	883	695
	보육교직원	427 (3.6)	587 (3.1)	840 (3.8)	818 (3.3)	1,384 (4.6)	634 (2.1)
	아동복지시설 종사자	296 (2.5)	253 (1.4)	285 (1.3)	313 (1.3)	408 (1.4)	556 (1.8)
	기타시설 종사자	22(0.2)	28(0.1)	60(0.3)	27(0.1)	63(0.2)	12(0.0)
	청소년관련 시설 종사자	7(0.1)	2(0.0)	32(0.1)	33(0.1)	87(0.3)	14(0.0)
	위탁부	8(0.1)	0(0.0)	4(0.0)	7(0.0)	3(0.0)	4(0.0)
	위탁모	5(0.0)	5(0.0)	17(0.1)	2(0.0)	8(0.0)	16(0.1)
	베이비시터	7(0.1)	4(0.0)	15(0.1)	11(0.0)	41(0.1)	42(0.1)
타인		187 (1.6)	201 (1.1)	294 (1.3)	360 (1.5)	663 (2.2)	565 (1.8)
기타		166 (1.4)	454 (2.4)	441 (2)	304 (1.2)	364 (1.2)	369 (1.2)
파악안됨		21(0.2)	29(0.2)	45(0.2)	–	–	–

출처: 보건복지부(2020). 아동학대 연차보고서

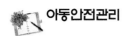
 보건복지부  아동권리보장원

2020
아동학대 통계현황

01 신고접수·판단·법적조치

접수 ▶ 판단 ▶ 법적조치

접수
38,929건
*일반상담 등 제외

판단
30,905건

학대행위자
법적조치
11,209건

신고의무자 신고 비율

비신고의무자
71.8%

신고의무자
28.2%

02 피해아동 발견율

미국
8.9‰

한국
4.02‰

※ 피해아동발견율: 아동 인구 1,000명 대비 아동학대로 판단된 피해아동 수를 의미하며, 통계청(2020) 성 및 연령별 추계인구(세대), 5차별/시도 자료를 기반으로 2020년도 피해아동 발견율을 산출하였음.

03 아동학대 유형

신체학대 **3,807건**
정서학대 **8,732건**
성학대 **695건**
방임 **2,737건**
중복학대 **14,934건**

04 아동학대 대상자 특성

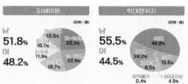

피해아동
남 **51.8%**
여 **48.2%**

학대행위자
남 **55.5%**
여 **44.5%**

05 아동학대 상황

83.9%
12.7%
2.0%

- 원가정 보호
- 분리조치
- 가정복귀
- 기타 0.6%
- 사망 0.3%

06 학대행위자 상황

학대행위자 법적조치 건수

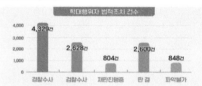

경찰수사 **4,329건**
검찰수사 **2,628건**
재판진행중 **804건**
판결 **2,600건**
파악불가 **848건**

07 서비스 제공 현황

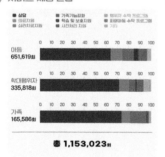

- 상담
- 의료지원
- 심리치료지원
- 가족기능강화
- 학습 및 보호지원
- 사건처리 지원
- 행위자 수탁 프로그램
- 피해아동 수탁 프로그램
- 기타

아동
651,619회

학대행위자
335,818회

가족
165,586회

총 **1,153,023회**

08 아동학대 사망

피해아동 성별 및 연령
남 31명 여 12명

1세 미만 **20명**
1~3세 **9명**
4~6세 4명
7~8세 5명

학대행위자 성별 및 연령
남 19명 여 32명

20대 **21명**
30대 **22명**
40대 6명
50대 1명
60대 1명

사망 유형
아동에 대한 직접적 가해

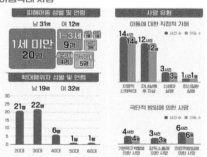

치명적 신체학대 14사건 14명
자녀살해 후 자살 12사건 12명
신생아 살해 3사건 3명
정신질환에 의한 살해 1사건 1명

극단적 방임에 의한 사망

기본욕구 박탈에 의한 사망 4사건 4명
감독소홀에 의한 사망 3사건 3명
의료적방임에 의한 사망 6사건 6명

4) 아동학대 발생원인

반복해서 발생하고 있는 아동학대를 예방하기 위해서 아동학대 발생의 근본적인 원인을 찾아보고 문제를 해결하기 위한 실천이 있어야 한다. 따라서 아동학대 발생 주요 원인을 가정과 어린이집으로 나누어 구체적으로 살펴보고자 한다.

(1) 가정
가정에서의 아동학대 발생원인은 부모, 아동, 가정·환경요인 세 가지로 살펴볼 수 있다.

① 부모 요인:
아동발달에 대한 지식 부족, 경제적 어려움이나 병치레 등 가정 내 위기요인을 들 수 있다. 또 부모 스스로 욕구가 충족되지 못하거나 스트레스를 받을 때 아동에게 학대로 그 불만을 터뜨릴 수 있다.

② 아동 요인:
학대의 유발 요인인지, 학대로 인한 결과인지는 확실하지 않다. 그러나 아동 요인에 포함된 특성을 보이는 아동은 부모나 양육자의 신체적 심리적 부담감을 가중 시키고 부모들을 쉽게 지치게 한다는 점에서 학대의 발생 원인으로 살펴볼 수 있다. 심리적으로 지친 상태에서 아동에게 지속적인 관심과 애정을 주는 것이 어려울 뿐만 아니라 장애나 기형아에 대한 사회적 편견은 부모에게 큰 스트레스로 작용하여 아동을 학대할 가능성이 높기 때문이다.

③ 가정적·환경적 요인:
가족관계 및 구조의 문제, 사회전반의 분위기 등이 포함되며, 이 요인은 복합적으로 상호 작용하여 발생한다.

사 례 평택 아동 암매장 살인사건

친부인 신 씨(38)는 노래방 도우미 출신인 김 씨(38)와 함께 살게 되면서 같이 살고 있던 딸 신 양(11)은 기초수급자 정도로 형편이 어려운 자신의 어머니에게 맡기고 아들인 원영이(7)는 함께 살았다. 지역의 아동센터에 다니고 있던 원영이는 평소 몸에 멍자국이 있고 친부가 월 500만원 이상의 수입을 얻고 있음에도 불구하고 늘 굶주려있어 학대가 의심되었고 이에 센터 직원이 신고해 상담원이 가정방문을 했지만 신씨는 친권을 내세우며 문전박대를 했다. 그러면서 원영이는 14년도 12월 이후 센터에 더 이상 모습을 드러내지 않게 되었고 이에 걱정이 된 센터측은 15년도 1월, 경찰에 신변보호 요청을 하여 경찰이 찾아갔지만 경찰은 직접 원영이를 보지는 못하고 부모가 하는 말만 믿고 돌아왔다.

2016년 3월 10일, 원영이가 실종신고 된 지 20일 만에 경찰이 원영이를 공개수배하면서부터 사건의 내막이 드러나게 되었다. 경찰이 원영이의 친부와 계모의 CCTV 행적과 카드 내역을 추적한 결과 친부의 아버지 묘소인 인근 야산에서 야삽을 발견하였고 이를 추궁하자 친부와 계모는 살해 사실을 자백하게 된다. 계모 김 씨는 2014년부터 2년에 걸쳐 피해자의 학대를 주도했고 15년 11월부터 16년 2월 까지는 3개월 간 한 평도 되지 않는 화장실에 원영이를 가두고 학대했다. 화장실은 환풍기를 통해 바깥 공기가 그대로 들어와 외부의 추운 온도와 거의 같았지만 원영이가 입은 옷은 트레이닝 상의에 팬티 한 장이 전부였다. 계모인 김 씨는 원영이를 기분이 나쁘면 구타했고 학대가 극에 달했던 1월에는 하루 한 끼로 식사를 줄이기도 했다. 김 씨는 원영이가 옷에 대변을 봤다는 이유로 옷을 벗기고 락스 원액과 찬물을 부어 방치했고, 원영이는 결국 그 다음날 사망했다. 신 씨와 김 씨는 원영이의 시신을 10일 동안 방치했다가 신씨의 아버지 묘소가 있는 인근 야산에 암매장했다.

국과수의 감정 결과 원영이는 키 112cm, 몸무게 15.3kg으로 극심한 영양실조 상태를 보였고 여러 군데 골절상을 보였으며 전신에 락스에 의한 화학적 화상과 탈수로 인한 저체온 등이 사망원인으로 밝혀져 매우 고통스러운 죽음을 맞이한 것에 많은 사람들이 안타까워하고 있다. 게다가 원영이의 사망 후 친부와 계모는 이 사실을 은폐하기 위해 서로 원영이에게 잘 해줘야겠다는 등의 문자를 뻔뻔하게 주고받으며 친부는 비뇨기과를 찾아가 정관복원 수술 상담을 받고 새로 태어나는 아이의 이름을 원영이로 짓자는 등 엽기적인 모습까지 보였다.

2016년 7월 11일, 수원지법 평택지원 형사1부(부장판사 김동현)는 이런 반인륜적인 범죄의 가해자 계모 김 씨에게 무기징역을, 친부 신 씨에게는 징역 30년을 선고했다.

[출처] 아동학대 피해사례와 종류, 예방 및 대처방법|작성자 한국기업교육개발원

(2) 유아교육기관

유아교육기관에서의 아동학대 발생원인은 유아교육기관 요인, 교사 요인, 영유아 요인 등 세 가지로 나누어 살펴볼 수 있다.

① 유아교육기관 요인:
물리적 환경, 교사 채용의 어려움 및 관리 인식의 부족, 전문기관 연계에 대한 자원 부족 등을 포함한다.

> **★ 사 례   부실급식 파문**
>
> 제주도내 보육교사들로 구성된 제주평등보육노조는 지난 22일 기자회견에서 부실불량 급식의 실제 사례를 전격 공개했다. 노조가 공개한 내용에 따르면, 제주시 동지역의 모 어린이집에서는 아이들 식사로 반찬도 없이 밥에 국만 말아서 줬다는 주장이 나왔다. 또 오전에 죽을 만들어 제공한 뒤 남은 죽을 폐기해야 함에도 오후에 다시 재탕하여 배식했다는 의혹이 제기됐다.
>
> 또 다른 어린이집에서는 카레밥에 반찬으로 단무지, 무절임만 주거나, 밥에 두붓국, 단무지, 고기 조각만으로 부실하게 식단을 구성해 급식한 것으로 나타났다. 이에 제주특별자치도는 자치경찰, 위생부서, 보육부서로 합동조사반을 편성해 긴급 조사에 착수했다. 우선적으로 노조를 통해 신고가 접수된 어린이집 30곳을 대상으로 특별점검하고, 전 어린이집에 대한 전수조사를 실시할 예정이다.
>
> 출처 : 헤드라인제주(http://www.headlinejeju.co.kr)

② 보육교사 요인:
보육교사 자신의 자질 및 전문성 결여뿐 아니라 과중한 업무로 인한 스트레스 등의 요인을 포함 한다.

③ 영유아 요인:
영유아의 문제행동이나 발달적 특징, 성향 등이 요인이 되기도 한다. 따라서 어린이집에서는 구체적 지도방안과 교사교육 및 체계적 인사관리를 마련할 뿐 아니라 영유아의 특성을 이해하고 지원하려는 노력이 필요하다.

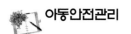

20여일 47차례 걸쳐 밀치고 잡아당긴 혐의

서울의 한 구립 어린이집 교사들이 25개월 된 아동을 학대한 혐의로 검찰에 송치됐다. 서울 수서경찰서는 아동학대범죄의 처벌 등에 관한 특례법 위반 혐의로 구립 어린이집 소속 보육교사 2명과 원장 등 3명을 불구속 입건하고 지난 6월 기소의견으로 검찰에 송치했다고 24일 밝혔다.

경찰에 따르면 이들은 올 3월 해당 어린이집에 다니는 아동을 20여일 동안 47차례 밀치거나 잡아당기는 등 학대한 혐의를 받고 있다.

경찰 관계자는 "폐쇄회로(CC)TV 등을 통해 학대 사실을 확인한 후 혐의가 있다고 판단해 기소 의견으로 검찰에 송치했다"고 말했다.

한편 피해 아동의 부모는 이 어린이집을 관리하는 강남구청이 아동학대가 생긴 즉시 서울시에 보고해야 하는 규정을 어겼다고 주장했다. 강남구청 관계자는 "지난 5월 3일에 경찰을 통해 조사 사실을 통보받았고 학부모가 9일에 강남구청에 해당 어린이집에 대한 처분을 요청해 10일 서울시에 보고했다"고 설명했다.

출처: 서울경제신문 /2016-08-25 10:22:14

5) 아동학대 신고의무자

(1) 아동학대 신고의무자 역할

「아동복지법」 제26조에 의하면, 누구든지 아동학대를 알게 된 때에는 아동보호전문 기관에 또는 수사기관에 신고할 수 있다. 특히, 신고의무자들은 직무상 아동학대를 알게 된 때에는 즉시 아동보호전문기관 또는 수사기관에 신고하여야 한다고 규정한다.

신고자는 아동학대 신고 시 신원노출과 신변위협에 대한 두려움을 갖기도 하는데 「아동학대범죄의 처벌 등에 관한 특례법」 제10조의3에 따라 신고인의 신원보호가 보장되므로 아동학대 발견 시 신고자는 반드시 신고의무의 역할을 수행해야 한다. 「아동학대범죄의 처벌 등에 관한 특례법」에는 아동학대 신고의무자는 직무를 수행하면서 아동학대범죄를 알게 된 경우나 그 의심이 있는 경우에는 아동보호전문기관 또는 수사기관에 신고하여야 하고(아동학대처벌법 제10조 제2항), 신고의무자가 아동학대를 신고하지 않을 경우 500만 원 이하의 과태료가 부과된다.

(2) 아동학대 신고절차 및 요령

아동학대 신고의무자 중 보육교직원은 학대받는 아동보호에 있어 중요한 역할을 담당하고 있다. 이는 아동을 잘 관찰할 수 있으며, 타 신고의무자에 비해 아동학대를 발견하기 쉽기 때문이다. 특히, 어린 아동일수록 학대 후유증이 심각하므로 어린이집에서의 신고가 매우 중요하다.

① 아동학대 발견하기

피해아동의 신체적·행동적 징후뿐만 아니라 아동의 가정환경도 아동학대 의심증거가 될 수 있다. 최근 아동의 부모님이 실직하였거나 이혼, 사별 등으로 가족관계가 변한 경우, 아동의 상처 등에 대한 보호자가 설명을 제대로 하지 못하는 경우, 아동의 부모가 자주 음주상태에 있는 것을 알게 된 경우, 보육교직원 혹은 다른 부모에게 폭언 또는 폭행을 행사하는 경우, 아동을 자주 혹은 제시간에 어린이집에 보내지 않거나 뒤늦게 데리러오는 경우에는 피해아동에게 좀 더 관심을 가져야 한다.

② 아동학대 신고하기

아동학대로 의심되는 아동을 발견할 시 아동학대 신고전화 112(전국 공통, 24시간 접수)에 신고한다.

2. 성폭력

1) 아동 성폭력의 개념

아동 성폭력은 아동과 성폭력이라는 단어가 합성되어 아동은 어린이를 지칭하며 유아기와 청소년기 중간단계를 가리키는 말로, 강간, 윤간, 강도강간 뿐 아니라 성추행, 언어적 희롱, 음란전화, 성기노출, 어린이 성추행, 아내강간 등 상대방의 의사에 반(反)하여 가하는 성적 행위를 말한다. 또한 상대방으로 하

여금 성폭력에 대한 막연한 불안감이나 공포감을 조성할 뿐만 아니라 그것으로 인한 행동제약을 유발시키는 것도 성폭력이다. 아동성폭력의 개념은 개인의 성적 욕구를 해치거나 성도덕에 반하는 행위 따위를 함으로서 성립되는 범죄라고 할 수 있다.

성폭력 용어는 크게 3가지로 구분할 수 있다.
- 강간(强姦) : 폭행 또는 협박으로 사람을 강제로 간음하는 것을 말합니다.
- 유사강간(類似强姦) : 폭행 또는 협박으로 사람에 대하여 구강, 항문 등 신체(성기는 제외함)의 내부에 성기를 넣거나 성기, 항문에 손가락 등 신체(성기는 제외함)의 일부 또는 도구를 넣는 행위를 말합니다.
- 추행(醜行) : 성욕의 흥분 또는 만족을 얻을 동기로 행해진 정상의 성적인 수치감정을 심히 해치는 성질을 가진 행위를 말합니다. 이 행위는 남녀·연령 여하를 불문하고 그 행위가 범인의 성욕을 자극·흥분시키거나 만족시킨다는 성적 의도 하에 행해짐을 필요로 합니다.

출처: 국가법령정보센터 홈페이지, 법령용어 검색

> **사 례**
>
> ▣ 초등학교 교사가 건강검진을 받으러 온 학생의 옷 속으로 손을 넣어 배와 가슴 등의 신체 부위를 만진 행위」성폭력 범죄의 처벌 및 피해자 보호 등에 간한 법률」 제8조의2 제5항)
> ▣ 조두순 사건: 「아동·청소년의 성보호에 관한 범률」 제7조 제3항

2) 성폭력범죄의 처벌 등에 관한 특례법

「성폭력범죄의 처벌 등에 관한 특례법」 제7조(13세 미만의 미성년자에 대한 강간, 강제추행 등)를 살펴보면 다음과 같다.

> **「성폭력범죄의 처벌 등에 관한 특례법」 제7조**
>
> ① 13세 미만의 사람에 대하여 「형법」 제297조(강간)의 죄를 범한 사람은 무기징역 또는 10년 이상의 징역에 처한다.
> ② 13세 미만의 사람에 대하여 폭행이나 협박으로 다음 각 호의 어느 하나에 해당하는 행위를 한 사람은 7년 이상의 유기징역에 처한다.
> 1. 구강·항문 등 신체(성기는 제외한다)의 내부에 성기를 넣는 행위
> 2. 성기·항문에 손가락 등 신체(성기는 제외한다)의 일부나 도구를 넣는 행위
> ③ 13세 미만의 사람에 대하여 「형법」 제298조(강제추행)의 죄를 범한 사람은 5년 이상의 유기징역 또는 3천만 원 이상 5천만 원 이하의 벌금에 처한다.
> ④ 13세 미만의 사람에 대하여 「형법」 제299조(준 강간, 준 강제 추행)의 죄를 범한 사람은 제1항부터 제3항까지의 예에 따라 처벌한다.
> ⑤ 위계 또는 위력으로써 13세 미만의 사람을 간음하거나 추행한 사람은 제1항부터 제3항까지의 예에 따라 처벌한다.

3) 아동 성폭력의 발생원인 및 유형

(1) 아동 성폭력의 발생원인

성범죄의 근본원인에 비추어 보면 성범죄가 근절되지 않는 것은 사회적 통제가 미흡하기 때문이다. 거기에 덧붙여서 아동성범죄의 경우에는 우리 사회에서 아동이 손쉬운 성범죄 범행대상이기 때문에 근절이 되지 않고 있는 것이다. 아동성범죄도 성범죄로서 근본적인 원인은 같지만 손쉬운 범행대상이어서 열등감에 쌓인 아동성범죄자의 행위객체가 되는 것이기 때문이다. 따라서 손쉬운 범행대상이 되지 않게 만들기 위한 제도적 보호 장치가 필요하다. 취학 전 아동의 경우에는 어느 곳이건 홀로 방치하는 것이 금지되어야 한다. 취학 아동의 경우에는 학교에 외부인이 함부로 들어와서 범행대상을 물색하지 못하도록 출입통제가 면밀하게 시행되어야 할 것이다. 또한 귀가 시에 가장 빈번한 피해가 발생하므로 아동 혼자서 귀가하지 못하고 반드시 보호자가 동반하는 경우에만 귀가할 수 있도록 하여야 한다.

성범죄가 근절되지 않는 다음 원인은 신고율이 지극히 낮아서 약 88%가 아예 수사 대상조차도 되지 않는다. 따라서 성범죄 신고를 방해하는 요소가 제거되도록 하는 일에 우선적으로 대응책의 초점이 맞춰져야 한다. 신고를 꺼리게

하는 가장 큰 장애요소는 가부장제 사회구조 자체이다. 이를 해소하면 문제는 자연스럽게 풀릴 것이다. 남성에 의한 지배체제인 가부장제는 실질적인 의미의 남녀평등이 이루어지면 해소될 것으로 생각된다. 그 방안으로 사회 공동 육아 제도와 적극적 평등화 조치가 추구되어야 마땅하다.

신고를 저해하는 또 하나의 요소는 수사와 공판 과정의 2차 피해이다. 이를 방지하기 위해서 보완되어야 할 사항은 아동성범죄 전담 수사팀의 구성과 피해 자변호인제도의 도입이다. 공판과정에서도 아동 피해자가 노출되는 것을 방지하기 위한 제도적 보완이 필요하다.

여성가족부와 국민권익위원회(2013)에서 네티즌 1075명을 대상으로 실시한 아동·청소년 성폭력 근절방안 모색을 위한 온라인 설문조사 결과 아동·청소년 성폭력이 발생하는 주요원인으로 '가해자 처벌이 미약하기 때문'(47.3%), '성(性)에 대한 잘못된 인식'(21.1%), '음란물 등 유해환경'(13.6%) 순으로 꼽았다. 또한 아동·청소년 성폭력 문제를 해결하기 위해 가장 필요하다고 생각하는 정책은 '가해자 처벌 및 교정치료 강화(49.9%)'를 들었으며, '성폭력 예방교육 강화(17.2%)', '성폭력에 관대한 사회문화 개선(17.0%)'에 대한 의견도 있었다. 가장 효과적인 재범방지 제도를 묻는 질문에서는 국민의 40.5%가 '성충동 약물치료'라고 답하였으며 다음으로는 '신상정보 공개(26.5%)', '수강명령 및 가해 아동청소년 부모 대상 교육(15.2%)' 순이었다.

또한 학교나 직장에서 성폭력 예방교육을 받은 경험이 있는 국민은 63%로, 그 중 43.6%가 성폭력 예방교육이 도움이 되었다고 응답한 반면, 학교나 직장 외 청소년성문화센터 등 관련기관에서 성폭력 예방교육을 받은 경험이 있다고 응답한 국민 중에서는 61%가 성폭력 예방교육이 도움이 되었다고 응답하였다.

아동 성폭력 피해자를 위해서는 '피해자에 대한 상담·의료 등 지원(42%)'과 '피해자 특성, 사생활 노출 등 2차 피해를 방지(25%)'하는 것이 필요하며, '피해자 보호를 위해서는 언론 보도 내용을 제한할 필요가 있다'고 생각하는 국민이 83%나 되었다.

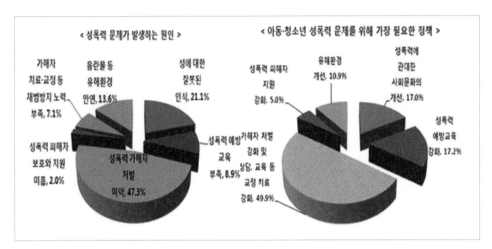

출처: 여가부-권익위 공동추진 "아동·청소년 성폭력 근절을 위한 온라인 토론회 결과" 발표

(2) 아동 성폭력 유형

성폭력 유형은 직접 신체를 접촉을 하는 접촉성 행위와 신체적 접촉을 하지 않는 비접촉성 행위로 나누어진다.

① 접촉성 행위
- 아동에게 성인의 신체를 만지도록 강요하는 행위
- 성기나 항문에 손가락 등 신체의 일부나 도구를 삽입하는 것
- 피해자의 신체(성기, 엉덩이, 가슴, 허벅지 등)를 만지는 행위
- 아동의 구강에 성기를 삽입하거나, 성인이 아동의 성기를 자신의 입으로 자극하는 행위
- 여자아동의 질에 입과 혀를 접촉하거나 가해자가 아동에게 자신의 질에 입이나 성기를 접촉하도록 하는 행위, 성기삽입 등

② 비 접촉성 행위
- 아동에게 성적인 말을 하는 행위
- 아동에게 성기를 노출하는 행위(노출증)
- 자위행위를 하는 것을 보여주는 행위
- 아동에게 자위행위를 하도록 유도하는 행위

- 아동의 신체를 훔쳐보는 행위
- 음란전화, 사진이나 책, 영화, 포르노 같은 음란물을 보여 주는 행위
- 아동이 볼 수 있도록 음란물을 방치하는 행위
- 아동을 이용하여 음란물을 제작하는 행위

4) 성폭력 피해 현황 및 사례

(1) 성폭력 피해 현황

검찰청에서 제시한 2020년도 아동 성폭력 피해 현황을 살펴보면 6세 이하가 전체 성 폭력 피해의 0.5%, 7세~12세가 3.6%의 비율을 보였다.

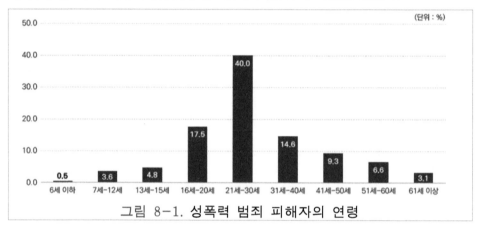

그림 8-1. **성폭력 범죄 피해자의 연령**

발생시간도 아동들이 하교하거나 학원에 다녀오는 오후 12시~17시59분(54.6%)로 나타나 수업직후와 학원 오가는 시간대에 주로 우리의 아이들이 위험에 노출되고 있다는 것을 알 수 있다.

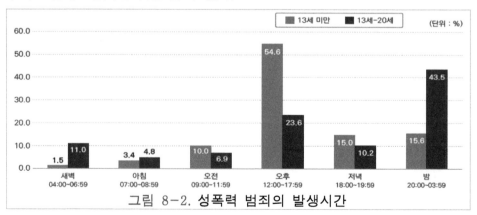

그림 8-2. **성폭력 범죄의 발생시간**

아동 성폭력 범죄의 발생장소는 주거지가 46.0%로 가장 많았고, 노상
(15.4%), 학교(3.5%)에서도 범죄 발생률이 높았다. [그림8-3] 에 제시 되지
는 않았지만 아동 성 폭력은 학교를 중심으로 500m 이내가 가장 많은 발생률
을 보이고, 아동들이 자주 다니는 곳이나 사람들이 많은 곳에서 아이들에게 자
연스럽게 접근을 해 아동을 유인한다는 보고도 있다.

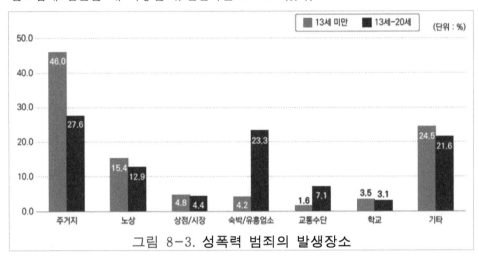

그림 8-3. 성폭력 범죄의 발생장소

아동 성폭력은 타인에 의해서가 55.1%로 가장 많았으나, 친족(17.6%)와
이웃/지인(16.6%)에 의한 피해도 높았다. 친족과 이웃/지인 등 가해자가 아동
과의 신뢰관계의 이점을 이용하여 가해하므로 아동이 피해사실을 쉽게 밝히기
가 어렵다.

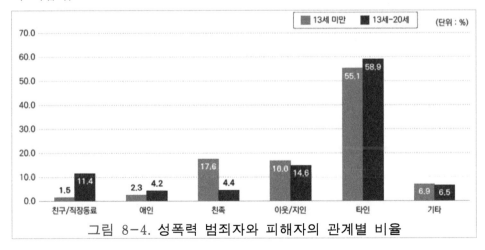

그림 8-4. 성폭력 범죄자와 피해자의 관계별 비율

▨ **아동 청소년 대상 성범죄 발생 추세와 동향**

⊞ 2019년 유죄가 확정된 아동·청소년 대상 성범죄자 수는 2,753명으로 전년 (3,219명) 대비 14.5% 감소하고, 피해아동·청소년은 3,622명으로 전년(3,859명) 대비 6.1% 감소하였다.

⊞ 강간 및 강제추행 등 성폭력 범죄자는 14%, 피해자는 13.2% 감소하고, 성매매 범죄자는 37.1%, 피해자는 34.8% 감소하였다.
(성폭력) 범죄자 2018년 2,431명 → 2019년 2,090명, 피해자 2018년 3,040명 → 2019년 2,638명
(성매매) 범죄자 2018년 493명 → 2019년 310명, 피해자 2018년 494명 → 2019년 322명

⊞ 디지털 성범죄자는 19.3%, 피해자는 101.2% 증가하였다. 디지털 성범죄는 성매매 등과 비교할 때 범죄자 대비 피해자가 많은 것으로 나타났는데, 이는 한 명의 범죄자가 다수의 아동·청소년을 대상으로 범죄를 저지를 수 있는 디지털 성범죄의 특성이 반영된 것으로 보인다.
(디지털 성범죄) 범죄자 2018년 223명 → 2019년 266명, 피해자 2018년 251명 → 2019년 505명

⊞ 온라인상에서 성인의 아동·청소년에 대한 성적 대화 및 성적 유인 행위(온라인 그루밍)를 처벌하는 규정과, 이를 적발할 수 있는 경찰의 신분비공개·위장수사 특례를 마련한 바 있다(청소년성보호법 2021년 3월 23일 개정, 9월 24일 시행).

출처 : ENB교육뉴스방송(http://www.enbnews.org)이자연

(2) 아동 성폭력 발생 사례

① 여아에 대한 사례

대부분의 성범죄가 그렇듯이 아동 성범죄 역시 여아가 피해자인 경우가 대다수이다. 구체적으로 만 13세 미만의 경우 피해자의 약 80%가 여아이며, 만 13세 이상의 경우 피해자의 약 84%가 여아이다. 가장 악질적인 사례는 조두순 사건. 조두순은 여아를 성폭행한 것도 모자라 장기까지 심각하게 훼손, 거의 살인에 준하는 끔찍한 짓을 저질렀으나 고작 징역 12년형을 받아 크게 논란이 됐다.

아동 성폭력 사례(여아)

▧ 인도에서는 여자아이를 대상으로 한 성폭행이 매우 빈번하게 발생한다. 2019년에는 10대 남자 형제가 6살 여아를 성폭행한 뒤 살해하자 그 형제의 엄마가 시신을 유기한 사건이 발생했다. 인도서 6세 여아 성폭행 살해한 10대 형제...엄마는 시신 유기.

▧ 2019년 4월 25일에는 충청남도 아산에서 40대 남성이 초등학교에 다니는 여아를 강제 추행 후 강간을 시도한 사건이 발생했다. 검찰은 징역 15년형을 구형했다. 8세 여아 성폭행한 '아산 조두순' 징역 15년 구형.

▧ 50대 남성이 가정집에 무단 침입하여 8세 여아와 그 어머니를 강간하려다 잡힌 사건도 있다. 가정집 침입해 엄마와 한방서 자던 8세 여아 성폭행 시도하였다.

여아에 대한 성폭행 사례가 하도 많아 가려졌을 뿐, 남아를 성폭행하는 경우도 그만큼 많이 존재한다. 모든 성폭력이 그렇듯 성별을 가리지 않고 가해자와 피해자가 나타난다.

아동 성폭력 사례(남아)

▧ 2017년 8월에는 30대 초등학교 여교사가 6학년 남학생에게 9차례 성폭행

▧ 2015년 1월에는 중학교 3학년이 45개월 된 남자아이를 성추행한 사건/ 2016년 9월에는 여러 남자 중학생들이 남자 초등학생 한 명에게 집단 성추행을 저지른 사건/ 2006년에는 12세가 10세 남자를 성폭행한 사건 .

▧ 2016년에는 귀에 장애가 있는 11살 초등 4학년 남학생이 같은 반 여학생에게 화장실에 끌려가 성추행을 당하고 남학생은 이 사건 이후 스트레스로 입 안이 완전히 헐고, 충격을 받아 밥도 못 먹고 말도 안 하다가 입원

5) 아동 성폭력 발생 단계

아동은 성인과 달리 폭행이나 협박에 의해서는 보다는 유인에 의해 성폭력 피해를 입는 경우가 많다.

(1) 접촉단계

가해자가 아동에게 성폭력 의도를 가지고 접촉하는 단계이다. 가해자는 주로 피해아동의 집이나 가해자의 집, 특정 장소에 단 둘이 있는 기회를 의도적으로 만든다. 이들은 아동과 친밀감을 형성하기 위해 게임이나 놀이, 선물, 먹을

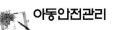

것 등으로 아동을 유인한다.

(2) 성적 상호작용 단계

가해자가 아동에게 실제 성폭력 행위를 가하는 단계이다. 이 행위는 노출에서 성교에 이르기까지 광범위하며, 가벼운 성적행위부터 애무와 같은 직접적인 접촉, 더 나아가 삽입행위로 이어지기도 한다.

(3) 비밀단계

성폭력 행위 이후 가해자는 아동에게 비밀을 유지할 것을 강요한다. 비밀유지는 가해자에게 있어 성폭력에 대한 책임을 회피하고 성폭력을 지속시키는 수단이 된다.

(4) 폭로 단계

성폭력 피해 사실이 주변에 폭로하는 단계이다. 가해자나 피해자의 의지와 상관없이 제3자의 관찰 또는 피해아동의 성병감염, 임신, 조숙한 성적행동화 등에 의해 피해사실이 주변에 폭로될 수 있다. 성폭력 피해에 대한 폭로는 피해아동이 자신이 의도하지 않은 상황에서 무심코 피해사실을 말하는 경우가 많다.

(5) 억압 단계

가해자와 피해아동의 주변인들이 억압적인 방법을 통해 피해사실을 축소·왜곡하는 단계이다. 피해사실이 폭로된 후 가해자는 성폭력 사실을 부정하고 아동의 피해주장에 대해 신뢰성을 떨어뜨리려 하게 된다. 피해아동의 가족은 사건이 세상에 알려지는 것이나 외부의 개입을 회피하려는 반응을 보일 가능성이 크다. 이는 부모들 자신이 사건을 잊고자 하거나 사건 발생에 따른 자책감에서 기인하기도 한다. 만약 성폭력이 가족 내에서 발생하였을 경우에는 억압현상이 더욱 심하게 나타난다.

[아동 성폭력 접촉 단계 유형]

(1) 유형1. 도움을 요청해요!
평범해 보이는 외모로 다가와 어린이가 할 수 있는 쉬운 도움을 요청하는 경우

[실제 범죄에 사용된 말입니다.]
- ⊞ "너 글 쓸 줄 아니? 나는 못 쓰는데 우리 집에 가서 글을 좀 써줄래?"
- ⊞ "김치통이 무거워 그러니 몇 개만 집까지 나누어 들어 줄래?"
- ⊞ "친구랑 만나기로 했는데 어딘지 잘 모르겠어. 길 좀 가르쳐 줄래?"
- ⊞ "차 의자 사이로 볼펜을 떨어뜨렸는데 손이 커서 뺄 수가 없네. 네 손이 작으니까 네가 좀 꺼내주겠니?"
- ⊞ "차에 무거운 짐을 실어야 하는데 조금만 도와주겠니?"
- ⊞ "우리 집 강아지가 아픈데 한 번 봐 줄래?"

정말 도움이 필요하다면 더 잘 도와줄 수 있는 '어른'에게 도움을 요청한다는 사실을 명심하세요. 또한 아직 어리고 미숙한 어린이에게 도움을 구하는 어른은 많지 않다는 것도 명심하세요.

[아이들 교육, 이렇게 시켜주세요!]
- ⊞ 어른이 아이에게 도움을 요청하는 경우 일단 주의해야한다는 사실을 말해주세요. 또한 아이보다 어른들이 더 잘 도와줄 수 있다고 설명해 주세요.
- ⊞ 어떤 사람이 어린이에게 도와달라고 하면, "저는 아직 어리니 다른 어른들께 부탁해 주세요" 라고 말하고 얼른 그 자리를 피하도록 교육합니다.

[아동 성폭력 접촉 단계 유형]

(2) 유형2. 지금 정말 다급해!
'다급함'을 보여주면서 동정심을 유발해 따르게 만드는 경우

[실제 범죄에 사용된 말입니다.]
- ⊞ "아저씨가 너무 급해서 그러는데 잠깐만 너 네 집 화장실 사용해도 되니?"
- ⊞ "아저씨가 갑자기 배가 아파서 볼일을 봐야겠는데 옥상에서 망을 좀 봐주겠니?"
- ⊞ "내가 다리를 다쳤는데 저기 건물 뒤에 있는 사다리를 좀 갖다 주겠니?"

- 이런 도움도 아이보다는 어른이 더 잘 도와줄 수 있다는 것을 알려주세요. 또한 이런 '다급함'이 범죄의 수단이 될 수 있다는 것도 명심!

[아이들 교육, 이렇게 시켜주세요!]
- ⊞ 누군가가 우리 아이에게 급히 도움을 요청했을 때 아이는 자신보다 어른이 더 잘 도와줄 수 있다는 생각이 들도록 해야 합니다.
- ⊞ 이런 상황에서 아이는 '다른 어른들께 부탁해 주세요.'라고 말할 수 있도록 교육합니다.

[아동 성폭력 접촉 단계 유형]

(3) 유형3. 친절하게 다가와요!

[실제 범죄에 사용된 말입니다.]
- "지금 비 오는데 우산 없니? 우산 빌려 줄 테니 같이 가자"
- "아저씨는 외로운 친구들을 도와주는 사람이야"
- "노트북으로 뭐 할 거 있는데 같이 할래?"
- "너 참 어른스럽고 똘망 똘망해 보이는구나. 드라마를 쓸 건데 너희 이야기 좀 들려줘

[아이들 교육, 이렇게 시켜주세요!]
- 아이가 오늘 어떤 일이 있었는지, 무슨 말을 들었는지 모두 말하는 습관을 가지도록 지도합니다.
- 엄마, 아빠가 정해준 어른이 아닌 다른 사람의 칭찬 또는 친절을 받았을 때는 경계하도록 지도합니다.
- 기분 좋은 말과 함께 '부탁'을 하면 위험한 것이므로 얼른 그 자리를 피하도록 지도합니다.
- 부탁을 거절할 때는 '부모님 허락 없이는 안돼요.' '엄마가 싫어하실 거에요.' 라고 단호하게 말할 수 있도록 지도합니다.

[아동 성폭력 접촉 단계 유형]

(4) 유형4. 선물을 받았어요!
–선물로 유혹하거나 부모님도 좋아하실 거라는 말로 유혹하는 경우

[실제 범죄에 사용된 말입니다.]
- "맛있는 과자 사 줄게. 형이랑 같이 갈래?"
- "아저씨가 물어보는 것만 대답해주면 선물 줄게! 이거 가지고 가서 엄마 주면 굉장히 기뻐하시겠지?"
- "너희들 연예인 000 좋아하지? 그 친구 공연 보여줄까?
- "아이스크림 사줄게! 같이 가자"

[아이들 교육, 이렇게 시켜주세요!]
- 아이가 누군가에게 돈을 받고 선물 받는 것을 부모님들은 원치 않는다고 단호하게 지도합니다.
- 부모님한테는 비밀이 있으면 안 된다고 말해주세요. 부모님은 어떤 경우에도 아이들의 편이며 어떤 비밀도 부모님에게는 꼭 알려줘야 한다는 사실을 말해주세요.

[아동 성폭력 접촉 단계 유형]

(5) 유형5. 저를 알고 있는 것 같아요.

아이들에게 다가가 아는 척을 하게 되면 많은 아이들은 정말 그 사람이 나와 아는 사람이라고 생각하는 경향이 높습니다. 가방이나 신발주머니에 크게 이름을 써서 아이의 이름을 알 수 있도록 하는 것은 위험합니다.

[실제 범죄에 사용된 말입니다.]
⊞ "너 00학원 원장 아들이지, 나랑 같이 가자."
⊞ "너 00유치원 햇님반이지? 내 딸도 00유치원 햇님반이야.
⊞ "너 아기 때 봤었는데 아줌마 기억 안나? 안 그래도 너희 집 찾고 있었는데 같이 가자"

[아이들 교육, 이렇게 시켜주세요!]
⊞ 나를 아는 것처럼 다가와 무언가를 묻거나 함께 어디를 가자고 요청 받으면, '부모님 허락 없이는 안   돼요' '저희 엄마, 아빠한테 직접 연락해보세요'라고 말하고 얼른 자리를 피하라고 교육시켜 주세요.
⊞ 어린이 성범죄의 피해자는 여자 아이?
 : 어린이 성범죄의 피해자는 대다수 여자 어린이지만, 남자 어린이도 피해자가 될 수 있다는 사실을 교육해주세요.

[아동 성폭력 접촉 단계 유형]

(6) 유형6. 집에 어른이 없어요!

[실제 범죄에 사용된 말입니다.]
집 앞에서 비밀번호를 누르고 들어가는 9살 여자아이를 뒤따라 들어가 범행한 사건
⊞ "아랫집에 사는데 물이 새서 올라왔어. 잠깐 문 좀 열어줄래?"
⊞ "택배 왔어요"
⊞ "관리실 직원인데 보일러 점검 왔단다. 문 좀 열어봐"
⊞ "가스 검침 왔어요", "기름 배달 왔어요", "전기 검침 왔어요"

[아이들 교육, 이렇게 시켜주세요!]
⊞ 아이 혼자 있는데 집에 찾아오는 사람들이 있을 때 아이는 어떻게 행동해야 할까요?
⊞ 절대 대답을 하지 않고 아무도 없는 것처럼 행동해야 합니다.
⊞ 절대 문을 열어 주면 안 된다고 해야 합니다.
⊞ 평소 아는 사람이 찾아와도 어린이 혼자 집에 있을 때는 절대로 문을 열어서는 안 된다고 알려주세요.

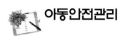

[아동 성폭력 접촉 단계 유형]

(7) 유형7. 내 말 들어. 가만히 있으라 구!
위협을 가해 가해자의 말을 듣도록 상황을 만드는 경우

[실제 범죄에 사용된 말입니다.]
⊞ 여자 아이가 타고 있는 자전거 손잡이를 자동차 백미러로 살짝 충격한 후 "너 때문에 내 차 백미러가 부서졌어. 너희 집과 전화번호를 알아야 하니 차에 타"
⊞ "내 말 안 들으면 OO이랑 못 만나게 한다."
⊞ "친구나 부모님한테는 말하지 마. 말하면 계속 용돈 못 줘. 알았지?"
⊞ "너의 담임 선생님을 잘 알고 있어, 말 안 들으면 혼내준다."
⊞ "경찰이나 가족에게 알리면 전부 죽인다."

[아이들 교육, 이렇게 시켜주세요!]
⊞ 누군가가 무섭게 다가와 말을 들으라고 강요하더라도 반드시 그 말을 들을 필요가 없다고 교육해주세요. 만약 말을 듣지 않는다며 강제로 끌고 가려할 때에는 "살려주세요!" "도와주세요!" 라고 크게 소리치며 손과 발을 힘껏 뿌리치고 도망치라고 말해주세요.
⊞ 범행 전 끌고 가는 상황에서는 강하게 저항하는 행동과 소리가 그 범죄 상황에서 빠져나오는데 도움이 됩니다. 바닥에 누운 상태에서 저항하는 경우, 쉽게 어린이를 들기 힘들고, 소리를 지르면 범인이 주위의 시선을 의식할 수밖에 없기 때문입니다.

[아동 성폭력 접촉 단계 유형]
(8) 유형8. 엘리베이터를 타요!

[실제 범죄에 사용된 말입니다.]
⊞ 엘리베이터 앞에 혼자 서있는 초등학생에게 몇 학년이냐고 묻고 주위를 살펴 사람이 없는 것을 확인하고 범행한 사건
⊞ 어린이가 엘리베이터를 타려 하자 엘리베이터 안으로 들어가 폭행하고 계단으로 끌고 가 성폭행 하려다 비명소리에 주민이 달려오자 도주한 사건

[아이들 교육, 이렇게 시켜주세요!]
⊞ 엘리베이터를 타려고 하는데 누가 절 때리면서 밖으로 끌고 가요.
  : 이럴 때는 "살려 주세요" "도와주세요"라고 비명을 지르고 힘껏 반항하세요.
⊞ 엘리베이터는 모르는 사람과 단 둘이 타는 것을 피하라고 말해주세요.
⊞ 나 혼자 타는 줄 알았는데 누가 황급히 뛰어 들어오면 얼른 내리라고 말해주세요.
⊞ 무서운 생각이 들면 밖으로 나와 사람들이 많은 곳에 잠시 있다가 엘리베이터를 타라 라고 하세요.

출처: 대구율원초등학교

6) 성폭력 예방을 위해 아동이 이해하고 실천해야 할 일

(1) 집 안에서 실천해야 할 일

- 혼자 있을 때 낯선 사람을 집에 들어오지 않게 한다.
- 현관문 체인을 걸고 이야기 한다.
- 평소 아는 사람이더라도 안으로 들어오게 해서는 안 된다.
- 음란전화의 경우 무시한다.
- 방문한 손님이나 친척을 자녀와 같은 방에 재우지 않는다.
- 집에 혼자 있을 때는 급할 때 연락할 수 있는 전화번호를 가까이에 적어 놓는다.
- 외출할 때는 부모님이나 주위 어른에게 가는 곳과 돌아오는 시각, 연락 처를 미리 말씀 드린다.

(2) 집 밖에서 실천해야 할 일

- 이른 새벽, 혹은 심야외출을 피한다.
- 위험할 경우 달아나는 것이 우선이다.
- 낯선 차를 함부로 타지 않는다.
- 낯선 남자가 혼자 엘리베이터를 타면 함께 타지 않는다.
- 문제 발생 시 단호하고 신속하게 거부의사를 밝힌다.
- 낯선 남자들이 차안에서 길을 묻겠다고 부르면 차 가까이로 접근하지 않 는다.
- 이웃 아저씨나 이웃집 오빠나 형이 함께 놀자고 하거나 맛있는 것을 준 다고 해도 그 집에 혼자 있을 때는 가지 않는다.
- 호루라기를 가지고 다니면서, 낯선 사람이 납치하려고 하면 호루라기를 불어서 주위에 도움을 청한다.
- 아파트 단지 내 상가의 판매원이나 배달원, 경비원이 필요 이상으로 친 절하게 하며 조용한 곳에 가서 재미있게 놀자고 할 때는 단호하게 거절 한다.

7) 성폭력을 당할 위기상황에서 유아가 할 수 있는 대처법

- 거절할 때, 표정을 분명하게 한다.
- 호루라기를 불어 주위 사람에게 알린다.
- 골목길이라면 주변의 유리창을 깨거나 '불이야'라고 소리친다.
- 아는 사람이라도 원하지 않는 신체접촉은 '싫어요' 또는 '안돼요'라고 분명하게 말한다.
- 적극적으로 대항한다. 물어뜯고, 발로 차고, 할퀸다.
- 상대편이 자신의 좋은 뜻을 무시했다고 화를 내더라도 괴로워하지 않는다.
- 항상 자신감 있는 태도와 눈빛을 가지고, 운동을 하여 체력단련을 한다.
- 위험 상황에서의 여러 가지 대응 방법을 생각해 보고, 연습을 해 둔다. 이러한 노력에도 피해를 입었다면, 부모님이나 선생님께 알리고 도움을 청해야 한다.

※ 성폭력 사례 및 대처법

국제는 과자를 사러 슈퍼마켓에 갔어요.

국제: 아저씨 이 과자 얼마예요?

주인: 음.. 300원이란다.

국제: 여기 있어요.

주인: 그래. 너 참 튼튼하게 생겼구나! 내가 한번 얼마나 무거운지 안아 봐도 되겠니?

국제: 싫어요!(국제가 싫다고 말했는데 아저씨는 계속 국제의 허리를 억지로 안고 놔주지 않았어요. 그리고 국제의 엉덩이와 가슴을 더듬으며 만지는 것 이에요.

교육자: 국제는 어떻게 하면 좋을까요?

유아들: 싫어요! 안돼요! 라고 말해요/ 소리 질러요/ 다른 사람에게 도와달라고 해요

교육자: 친구들이 잘 알고 있군요. 큰소리로 싫어요! 하고 이야기 하고 빨리 피해서 나와야 해요. 그리고 나서 어떻게 할까요?

유아들: 엄마에게 말해요

교육자: 그래요. 엄마 아빠에게 오늘 있었던 일들을 사실대로 이야기해요

8) 성폭력 피해 후 아동이 겪는 어려움 및 증상

성 학대는 아동이 성장한 뒤에도 심각한 영향을 미쳐 타인에 대한 불신 성의식 왜곡 등의 후유증으로 성정체감을 겪게 될 수도 있으며 타인에 대한 불신감으로 자신의 삶에 정상적인 삶을 영위하기 힘든 경우도 발생한다. 또한 어린 시절 성범죄를 겪은 뒤, 남이 자신의 몸을 대놓고 함부로 만져도 거부 반응은 커녕 아무런 느낌도 못 느끼는 형태로 외상 후 스트레스 장애(post-traumatic stress disorder, PTSD)가 나타나는 케이스도 존재한다.

피해 아동 중에서는 회복에 오랜 시간이 걸리는 경우가 있기 때문에, 피해 아동들의 회복을 위하여 청아랑(청소년아동사랑위원회)에서 무료 상담과 변호사 주선 등을 하고 있으며, 여성가족부에서도 해바라기아동센터를 전국에 설립하여 구조를 무료로 지원하고 있다.

(1) 정신적 어려움
■ 밤에 잘 때 악몽을 꾼다.
■ 모든 일에 의욕을 잃는다.
■ 자신의 성에 대해 부끄럽게 느낀다.
■ 부모님이나 가족들에게 벌컥 화나 신경질을 낸다.
■ 한 가지 일이나 어떤 사람에게 지나치게 집중하는 중독 증세에 빠질 수 있다.
■ 성폭력이나 성희롱을 당한 비슷한 상황이 될 때 무서워하는 마음을 가진다.
■ 결혼에 대해 부정적으로 생각한다.

(2) 신체적 어려움
■ 소변이 자주 마렵다.
■ 에이스나 성병에 걸릴 수도 있나.
■ 자주 잊어버리는 증세가 심해진다.
■ 옷을 자주 갈아입거나 자주 씻는다.

- 이유 없이 머리와 배가 아프다고 한다.
- 식사하기를 싫어하거나 지나치게 많이 먹는다.

(3) 사회적 어려움

- 학교에 가기 싫어한다.
- 또래 폭력단을 만들기도 한다.
- 사람들을 피하려고 하고, 아무도 믿지 않는다.
- 다른 사람을 성희롱하거나 성폭행하는 사람이 되기도 한다.
- 약한 이성 친구를 못살게 굴거나 모든 이성 친구를 적이라고 느낀다.

외상 후 스트레스 장애

▣ 외상 후 스트레스 장애(post-traumatic stress disorder, PTSD)는 신체적인 손상 또는 생명에 대한 불안 등 정신적 충격을 수반하는 사고를 겪은 후 심적 외상을 받아 나타나는 정신 질환이다. 충격 후 스트레스장애, 외상성 스트레스장애, 외상 후 증후군, 외상 후 스트레스증후군, 트라우마, 외상 후 스트레스라고도 한다.

▣ 주로 일상생활에서 경험할 수 있는 사건에서 벗어난 사건들, 이를테면 천재지변, 화재, 전쟁, 신체적 폭행, 고문, 강간, 성폭행, 인질사건, 소아 학대, 자동차·비행기·기차·선박 등에 의한 사고, 그 밖의 대형사고 등을 겪은 뒤에 발생한다. 증상이 나타나는 시기는 개인에 따라 다른데, 충격 후 즉시 시작될 수도 있고 수일, 수주, 수개월 또는 수년이 지나고 나서도 나타날 수 있다. 증상이 1개월 이상 지속되어야만 외상 후 스트레스 장애라 진단하고, 증상이 한 달 안에 일어나고 지속 기간이 3개월 미만일 경우에는 급성 스트레스 장애에 속한다.

출처: 위키백과

실제 1 **놀이를 통한 아동학대 예방 교육 사례**

■ **놀이의 배경**

5명의 유아들이 역할영역에서 엄마, 아빠, 언니, 동생, 강아지의 역할을 정해 소꿉놀이를 한다. 소꿉놀이를 하며 자신의 역할을 표현하던 유아들은 놀이 과정 중 어떤 특정 역할이 중요하거나 특별한 것이 아닌 각자의 역할이 소중하다고 이야기 나누고 있다.

소중하다는 것은 무엇일까? 소중하게 여겨야 하는 대상은 누구일까?

■ **놀이를 통한 안전교육 실행에서의 교사의 고민과 교육적 지원**

1. 관심의 시작

> 소중하다는 것은 무엇일까?

2. 놀이와 활동

2-1. 놀이

▷ 놀이 제목: 소중한 우리를 찾아요.

▷ 놀이 과정(글, 사진):

역할 영역에서 각자의 역할만 소중하다고 하는 상황에 우리 모두가 소중하고 한 명 한명 중요하다는 것을 알려주어야겠다고 생각하여 아이들의 사진을 교실 곳곳에 숨기고, 찾는 '소중한 우리를 찾아요'놀이를 계획하고 지원하였다.

친구들의 사진을 찾기 전에 우리 반이 존재하기 위해 가장 중요하고 소중한 것은 무엇일지와 서로가 있어 즐거웠던 추억과 도움을 주고받았던 이야기들도 나누어 보았다. 그리고 이 놀이를 하기 위해 또 필요한 것이 무엇인지 물어보니, 친구의 사진을 찾고 넣을 수 있는 액자를 이야기하여 함께 만들어보기로 하였다.

팀을 나누어 서로 다른 팀의 친구사진을 숨기고, 친구의 사진을 찾으면, 그 친구에게 가서 포옹을 해주며, 한 사람당 한명의 사진을 찾기로 규칙을 정하고 놀이를 시작하였다. 놀이를 시작하니 사진을 찾는 순간 친구의 얼굴을 보며 미소를 짓고 날려와 안아줌으로써 친구가 있어 좋고, 소중하다고 이야기 하였다. 각자 역할만을 중요시 여겼던 아이들은 우리 반 친구들의 사진을 찾으면서 우리 모두가 소중하다는 것을 놀이를 통해 알게 되었다.

소중한 존재에 대해 이야기 나누는
사진

친구의 사진을 찾고 포옹해주는 사진

친구의 사진을 찾고 꾸며줄 액자
만들기

친구 이름 써보기

■ 교사의 놀이 관찰 및 지원 실제

역할 영역에서 놀이를 하던 중 안전교육을 필요로 하다 판단되어 교사가 개입하여 놀이를 전환시킴.

"소중하다는 것은 무엇일까?"라는 교사의 질문에 아이들이 "보물"이라 이야기를 하여, "그럼 우리 반에서 가장 소중한 보물을 찾아볼까?"라고 이야기하며 '소중한 우리를 찾아요' 놀이를 제안함.

우리반에서 가장 중요한 것이 무엇인지 이야기를 나눠보고 놀이를 위해 필요한 것을 물어보니 친구들의 사진이 필요하다하여 친구들의 사진을 지원하였다. 또한 친구들의 사진을 다 찾고 난 후 놀이가 끝나면 친구들의 사진을 예쁜 액자에 넣어주고 싶다고 하여 미술영역에 종이액자와 꾸밀 수 있는 재료들을 지원하였다. 아이들 스스로 놀이를 미술영역으로 확장하여 활동하였다. 또한 아이들의 소중함을 다시 한 번 알게 할 수 있는 동화를 비치하여 두었다.

2-2. 놀이

▷ 놀이 제목: 칭찬놀이

▷ 놀이 과정(글, 사진):

이전 놀이에서 소중함을 깨닫고, 나의 소중함과 자존감을 더 높일 수 있는 칭찬하기 놀이를 계획해보았다. 아이들끼리 칭찬을 주고받았다는 체크를 할 수 있도록 칭찬카드와 칭찬 받은 후 기억에 남는 것을 적을 수 있는 활동지를 지원할 계획이다. 칭찬을 했을 때와 받았을 때 어떻게 확인 할 수 있는지 아이들과 이야기를 나누었더니, 스티커를 붙이며 확인하고 싶다고 하여, 칭찬을 한 친구와 칭찬을 받은 친구가 서로 칭찬을 주고 받으면 서로에게 하나씩 붙여주기로 하였다. 놀이를 하기 전 칭찬을 하는 방법에 대해 이야기를 나누어 보고, 다양한 칭찬법이 오갈 수 있도록 이야기 해주었다. 칭찬을 했을 때와 받았을 때 어떤 느낌이었는지 이야기를 나누니, 아이들이 모두 기분이 좋았다고 이야기하며, 나 스스로 더 멋진 친구가 된 것 같아 좋았다고 이야기 했다.

칭찬 스티커 붙여주는 놀이하는 모습1	칭찬 스티커 붙여주는 놀이하는 모습2

■ 교사의 놀이 관찰 및 지원 실제

　나와 친구들의 소중함을 깨달을 수 있는 '소중한 우리를 찾아요' 놀이를 하며, 찾은 친구들을 포옹해주기로 하였는데, 그 과정 중 서로를 안으며 한 아이가 "네가 있어서 너무 좋아"라고 이야기 하자, 다른 친구가 "나도 너무 좋아 너랑 놀 때 재미있어"라고 이야기 하는 모습이 관찰되었다.

　칭찬을 들은 아이들의 모습을 보며 칭찬을 주고받을 수 있는 칭찬카드를 준비하여 주기로 하였는데 아이들이 불편하다고 하여 칭찬 목걸이로 변경하여 지원해주고, 다른 색의 스티커를 주어 아이들끼리 칭찬을 주고받으며 스티커를 모으며 놀이 하는 모습을 볼 수 있었다. 칭찬을 하며 스티커를 받게 되니, 아이들 스스로 칭찬을 하러 돌아다니고, 칭찬을 주고받는 모습을 볼 수 있었다. 그 중 칭찬을 대충 하는 친구와 칭찬을 못하거나, 칭찬을 더 좋은 말로 할 수 있도록, 교사가 개입하여 친구의 좋은 점을 생각해보거나, 친구에게 도움 받았던 적을 떠올려 볼 수 있도록 상호작용을 해주었다.

출처: 누리과정(놀이실행자료) 계획안 양식

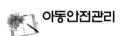

■ 교육계획안의 예시

<아동학대-나를 소중하게 여겨요> 2020. O. O(요일) ~ O. O(요일)		
안전교육 경험	놀이	'소중한 우리를 찾아요'
		'칭찬놀이와 감정카드'
		'권리카드-권리와 책임을 알아요'
	활동	(동화)-소중한 우리 몸
		(미술)-친구액자 꾸미기
활동 사진	<동화 소중한 우리 몸>	
이번 주 유아들의 관심	보물	친구
	나	
새로운 관심과 놀이 확장	권리	책임
	생명의 시작	
가정연계 내용	이번 주 안전교육을 위한 놀이에서 아이들이 권리와 책임, 소중함을 알게 되고, 서로를 칭찬하며 자신의 소중함에 대해 더 관심을 갖게 되었어요. 그로 인해 생명의 근원까지 이야기가 나오며, 태어났던 소중한 순간을 함께 보며 이야기 나누면 좋을 것 같습니다.	태아 앨범, 출산 이야기

출처: 누리과정(놀이실행자료) 계획안 양식 p.132

실제 2 　아동학대 실제 사례 조사 후 팀 토론

■ (팀 토론)다음은 실제로 어린이집에서 일어난 아동학대에 관련된 실제입니다. 아래의 내용을 참고로 유아교육기관에서 일어난 아동학대의 실제를 알아보고 예방방법에 대해 토론해봅니다.

(만 4세/3명)-"CCTV를 보여주세요"
주학대행위자 유형- 보육교사 학대유형-신체학대, 정서학대
신고 내용: 선생님이 머리를 때렸어. '자로 손바닥을 때리고 발로 찼어."점심 늦게 먹는다고 나 혼자 두고 선생님이 친구들만 데리고 바깥놀이를 갔다 왔어" 산새소리반 여러 아이들이 비슷한 이야기를 하자 엄마들이 해당 사실여부를 확인하기 위해 어린이집에 방문하여 함께 CCTV를 확인했고 영상을 통해 아동학대 의심장면들이 확인되었음. 어린이집 원장은 현장조사과정에서 학대행위를 한 교사가 평소 보육태도가 거친 편이긴 하지만 아동을 때리는 것을 본 적은 없으며, 아동에게 함부로 대한다는 항의전화가 있어 교사들에게 주의를 준적은 있다고 함
현장조사 내용: CCTV 확인 결과 교사가 뛰어오는 동민이 (만 4세)의 가슴을 밀치는 장면이 2회 관찰되었고 식사중인 수연이(만4세)에게 밀릴 정도로 책상을 밀치는 장면이 관찰되었다, 은혁이 (만 4세)의 산만한 행동을 바로 잡는다며 2회에 걸쳐 40여분간 타임아웃을 시행하기도 했는데 이는 아동의 연령을 고려했을 때 지나친 감이 있었음. 아동보호전문기관에서는 모든 정황을 바탕으로 아동학대)(신체 및 정서)로 판정함
어린이집/ 아동행위자/ 피해아동에 대한 조치결과(중복응답) 어린이집- 보조금 지급중지, 벌금 학대행위자- 해임 피해아동- 어린이집 퇴원

(만2세/여아)- 강제로 싫어하는 반찬을 먹였어요.

주학대행위자 유형-어린이집 원장
학대유형-정서학대

신고 내용:

어린이집 원장이 1시간 50분 동안 음식을 먹이고 말을 듣지 않는다고 뺨을 때려서 빨갛게 부어올랐어요. 그날이 금요일이라서 주말이 지나고 어린이집에 항의하러 갔더니 원장님은 사실이 아니라며 사과를 하지 않더군요. 그래서 그냥 딸아이의 짐을 챙겨서 데리고 왔습니다.

현장조사 내용:

원장조사 과정에서 원장은 " 다솜이는 목욕할 때 얼굴에 물이 묻으면 우는 등 성격이 예민한 편이라서 지도하기 어려웠어요. 그리고 평소 편식이 심해서 담임교사 대신 제가 식사지도를 종종 해왔어요. 그날도 깻잎을 먹지 않길래 편식예방 차원에서 지도를 한 것인데, 다솜이가 말을 듣지 않고 오히려 제 머리채를 잡아서 엉덩이를 세 차례 손바닥으로 쳤어요. 그렇지만 뺨은 결코 때리지 않았습니다. 얼마 전에 제 실수로 다솜이 몸에 멍이 생겨 제가 사과했지만 이번에는 다솜이 어머님이 주장하는 대로 뺨을 때린 적이 없기 때문에 사과하지 않았습니다. 언쟁이 오고갔지요.

원장(및 주변인) 진술이 불일치하는 부분이 있었으나 식사지도 시 강제적으로 진행한 점 등의 내용이 일치함에 따라 아동학대(정서학대)로 판단

어린이집/ 학대행위자/ 피해다동에 대한 조치결과(중복응답)

어린이집 - 보조금 반환
학대행위자-고소고발(처분결과: 징역형)
피해아동 - 타 어린이집 전원

실제 3   놀이를 통한 성폭력 예방 교육 사례

■ 놀이의 배경

  3명의 남자 아이들이 역할 영역에서 캉캉치마 놀잇감을 꺼내어 입어보고, 머리에 쓰면서 선생님 "선생님 저 여자에요 머리가 길어 졌어요"라고 말한다.

여자와 남자의 외모는 많이 다른가? 여자만 머리를 기를 수 있나?

■ 놀이를 통한 안전교육 실행에서의 교사의 고민과 교육적 지원

1. 관심의 시작

  여자와 남자의 다른 점은 무엇일까? 우리 몸의 소중한 곳은 어디일까?

2. 놀이와 활동

2-1. 놀이

▷ 놀이 제목: 우리 몸을 지키는 방법
▷ 놀이 과정(글, 사진):

  역할 영역에서 남자아이들이 치마를 입고, 긴 머리를 흉내 내며 여자아이들을 표현하는 놀이를 하는 모습이 보여져, 아이들에게 남자와 여자는 다른 몸을 가지고 있다는 것을 이야기 해주며, 흥미를 이끌었다. 여자의 몸과 남자의 몸에 대해 다른 점에 대해 이야기를 해주고, 모두 소중하다는 것을 알려주기 위해 놀이를 계획하였다. 우리 몸의 소중한 부분들을 이야기하고, 지키는 방법에 대해 나누어보니, 우리 몸을 보호하기 위해 옷을 입는다는 이야기에 맞춰 옷 입히기 자료를 지원하였다.

우리 몸의 소중한 곳을 지켜요 -옷 입히기	우리 몸의 소중한 곳을 지켜요 -옷 입히기

■ 교사의 놀이 관찰 및 지원 실제

여자와 남자의 옷의 차이점을 알아보며, 성차별 하지 않도록 이야기를 나누어보았다. 아이들과 옷 입히기 놀이를 하며 "우리 몸은 소중해서 가리는 거야,"하며 이야기를 들을 수 있었다. 놀이를 통해 우리 몸의 소중한 부분들을 가리는 이유를 알게 되었고, 옷이 우리 몸을 보호해준 다는 것 또한 알게 되었다. 우리 몸을 보호하기 때문에 지켜야 한다는 것 또한 알게 되었다. 다음부터는 아이들에게 우리 몸을 지키는 방법을 알 수 있는 놀이를 계획해야겠다.

2-2. 놀이
▷ 놀이 제목: 우리 몸의 이름을 알아요.
▷ 놀이 과정(글, 사진):

여자의 몸과 남자의 몸에 대해 다른 점에 대해 이야기를 해주고, 모두 소중하다는 것을 알려주기 위해 놀이를 계획하였으나, 아이들이 생식기를 이야기하며 바른 언어로 표현하지 않아 우리 몸의 부위를 표현하는 용어에 대해 이야기를 나눠보기로 하였다. 아이들과 우리 몸에서 가장 중요한 부위의 명칭에 대해 이야기하고, 우리가 서로의 몸을 지키기 위해서 지켜야 할 약속에 대해 이야기해보았다. 아이들이 스스로 나와 내 몸을 지키기 위해선 다른 사람이 내 몸을 만졌을 때 하지 말라고 이야기해야 한다고 하여서 친구와 함께 "안돼요!"라고 외쳐보기도 하였다.

| 우리 몸의 이름을 알아요. | 내 몸에 대해 소개해요 |

■ 교사의 놀이 관찰 및 지원 실제

우리 몸을 알 수 있는 그림 자료와 아이들이 나와서 자신의 생각을 이야기 할 수 있도록 자리와 마이크 같은 소품을 지원해주었으며, 친구들과 우리 몸은 소중해 노래를 불러보기도 하였다. 놀이 시간에 우리 몸을 더 소중히 대할 수 있는 인형을 제시해주며, 우리 몸을 보호해줄 수 있도록 역할 극 자료를 지원해주기도 하였다.

3. 마무리와 새로운 놀이로의 확장

▷ 놀이 제목: 싫어요! 좋아요!

▷ 놀이 과정(글, 사진):

　우리 몸이 소중하다는 것을 느껴보니, 친구의 몸도 소중하다는 것을 느낀 우리 아이들이 "선생님 친구가 싫어하는 건 하지 않을 거예요!" 라고 이야기를 해주었다. "그럼 우리 함께 친구가 싫어하는 느낌에 대해 알아볼까?"하며, 인형으로 알아보기로 하였다. 인형을 만지며 친구가 싫어할 것 같은 느낌은 톡톡 치거나 때리는 것 같은 느낌이 싫다고 하였고, 안아주거나, 부드럽게 쓰다듬어 주는 건 기분이 좋다고 하였다. 인형을 통해 만져보는 놀이를 하였지만, 친구를 만지기 전 친구의 몸을 함부로 만져선 안 된다고 이야기를 해주었다. 놀이를 통해 아이들이 타인의 몸의 소중함을 느끼고, 함부로 하지 않게 된 것 같다.

좋은 느낌과 싫은 느낌 놀이	친구가 싫어할 때를 알아요 활동지

■ 교사의 놀이 관찰 및 지원 실제

　서로 좋은 느낌과 싫은 느낌에 대해 알아 볼 수 있는 놀이를 하였는데, 놀이를 하던 중 친구의 몸을 소중히 할 수 있도록 반에서 약속을 정해보기도 하였다. 친구가 싫어하는 행동인 밀거나 잡아당기지 않기 등의 행동들을 하지 않도록 활동지를 지원하여 다시 한 번 생각해보도록 하였으며, 인형을 통해 친구의 소중한 몸을 함부로 하지 않고, 좋은 느낌의 행동들을 할 수 있도록 역할 놀이를 진행하였다. 그 결과 아이들이 서로의 몸이 닿지 않게 조심하는 모습이 보여 졌다.

참조: 누리과정(놀이실행자료) 계획안 양식

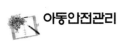

■ 교육계획안의 예시

<성폭력-나를 소중하게 여겨요> 2020. O. O(요일) ~ O. O(요일)			
안전교육 경험	놀이	'우리 몸을 지키는 방법'	
		'우리 몸의 이름을 알아요'	
		'싫어요! 좋아요!'	
	활동	(동화)-내 몸 지키기	
		(신체)-쭉쭉 건강한 내 몸 만들기 체조	
활동 사진	<동화 내 몸 지키기>		
이번 주 유아들의 관심	몸		친구
	여자		남자
새로운 관심과 놀이 확장	성		아기
	얼굴		
가정연계 내용	이번 주에는 우리 몸에 대해 알아보고 지키는 방법에 대해 알아보았습니다. 가정에서도 우리 몸을 건강하게 할 수 있는 체조를 함께 해주시기 바랍니다.		체조 순서 사진

참조: 누리과정(놀이실행자료) 계획안 양식 p.132

보 건 안 전

1. 감염병
2. 약물 오·남용
3. 영아돌연사 증후군
4. 실제
   - 놀이를 통한 감염병 예방 교육
   - 놀이를 통한 영아돌연사 증후군 예방교육

10장. 보건안전

1. 감염병

영유아기 건강은 행복한 일상생활을 영위할 수 있는 건강한 정신을 말하는 것으로 영유아기에는 전인적 발달을 통해 건강한 성장의 기초가 마련되는 시기이기도 하다. 영유아기 건강한 신체와 정신은 건강한 면역력을 생성하여 환경에 대한 적응력을 길러 줌으로서 질병에 대한 노출을 사전에 예방하여 감염병 예방을 할 수 있다. 그러나 영유아기에는 환경변화에 따른 적응력과 질병에 의한 저항력이 약하기 때문에 유아교사는 발달특성에 따른 영유아들의 지도와 교육으로 질병을 예방하여 건강한 상태를 유지하도록 힘써야 한다. 유아교사는 집단생활에서 예상되는 감염병에 대해 예방대책을 마련하고, 몸이 아픈 영유아에게 적절한 조치를 취해야 한다. 또한 영유아에게 자주 발생하는 전염성 질병에 대하여 그 예방책을 체계적이고 구체적으로 마련하고 전염성질환, 예방접종, 건강검진에 대한 정보를 부모에게 알리고, 영유아가 전염성 질환에 걸렸을 때 어린이집·유치원의 방침과 부모들이 취할 요령에 대해 분명하게 안내해야 한다.

1) 감염병의 개념

감염병이란 제1급감염병, 제2급감염병, 제3급감염병, 제4급감염병, 제5급감염병, 기생충감염병, 세계보건기구 감시대상 감염병, 생물테러감염병, 성매개감염병, 인수(人獸)공통감염병 및 의료관련 병을 말한다.

감염병은 세균이나 바이러스, 곰팡이와 같은 병원체가 인체내에 침입하여 일어나는 질병을 뜻한다. 전염병과는 다른 단어로 전염성 질환과 비전염성 질환을 모두 포괄하는 개념이다. 감염병은 물, 식품, 사람 간의 접촉, 동물에 의해 전파, 최근 지구환경의 변화, 해외영행의 증가로 인해 새로운 감염병이 발생되고 확산된다.

2019년 12월에 발생한 코로나19(COVID-19)는 호흡기 질환에 대한 감염병이다. 코로나바이러스는 다양한 동물을 감염시킬 수 있는 바이러스로, 사람에게도 감염을 일으킨다. 중증 폐렴을 일으키는 유형으로는 사스 코로나바이러스(SARS-CoV), 메르스 코로나바이러스(MERS-CoV)가 있는데 코로나바이러스-19가 역시 이러한 증상을 보이며, 3개의 바이러스 모두 감염 증상으로 열과 기침이 나는 것이 일반적이며, 고령에 기저 질환이 있는 환자들에게 안 좋은 치료 결과를 나타내는 하부 호흡기 질환을 유발한다(김남순, 2020).

다음 표10-1은 감영병 및 환자의 개념을 살펴본 것이다.

표 10-1. 감염병 및 환자의 개념

구 분	의 미
감염병	사람에 침투한 특정 병원체(바이러스, 세균, 곰팡이 등) 혹은 병원체가 생산하는 독성 물질(독소) 때문에 일어나는 질환
전염병	병원체에 감염된 사람 혹은 동물 내에서 증식 가능한 병원체에 의해 다른 사람이나 동물로 전파되는 질병
환자	해당 감염병의 임상적 특징을 나타내며, 검사 방법에 의해 병원체 감염이 확인된 자
의사환자	임상적, 역학적으로 감염병이 의심되나, 진단검사로 감염이 확인되지 않은 사람
병원체 보유자	임상증상은 없으나 해당 병원체가 분리 동정된 자

출처: 경찰청(내부행정자료, 2022)

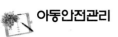

2) 감염병의 분류체계

「감염병의 예방 및 관리에 관한 법률」에서 제시한 감염병의 분류체계는 질환의 특성에 따라 법정 감염병을 1~5군, 그 외의 감염병은 지정 감염병으로 나누어 구별한다.

표 10-2. **법정 감염병 분류**

분류	분류기준	
1군	• 식수 또는 식품을 매개로 발생 • 집단 발생의 우려가 큼 • 발생, 유행 즉시 방역대책 수립 필수	콜레라, 장티푸스, 파라티푸드 등
2군	• 예방접종을 통한 예방 및 관리 가능 • 국가예방접종 사업의 대상	디프테리아, 백일해, 파상풍 등
3군	• 간헐적 유행 가능성 • 지속적인 발생 감시, 방역대책 수립필요	말라리아, 결핵, 한센병 등
4군	• 국내에서 새롭게 발생 또는 • 발생 가능성 있음 또는 • 국내 유입이 우려되는 해외 유행 감염병	페스트, 활열, 댕기열 등
5군	• 기생충에 감염되어 발생	회충증, 편충증, 요충증 등
지정 감염병	• 1~5군 전염병 외에, 유행 여부를 판단하기 위해 감시가 필요한 병	수족구병, 임질 등

출처: 한국보건의료연구원(www.neac.re.kr)

2020년 1월부터는 감염병의 위험성과 긴급성을 보다 쉽고 빠르게 인식하는데 초점을 두어 긴급도, 심각도, 전력 등이 높은 순서에 따라 급 별 분류를 하였다. 격리 강도가 센 수준에 따라 1급~4급으로 분류 되었고 1급이 가장 위험하고 전파력이 센 감염병이다.

표 10-3. 2020년 1월 이후 개편된 감염병 분류체계

그 룹	분 류 기 준	
1급(17종)	• 생물테러 감염병 또는 치명률이 높은 감염병 • 집단 발생의 우려가 커 높은 수준의 격리가 필요한 감염병	에볼라 바이러스병, 두창, 페스트, SARS, MERS, 신종인플루엔자 등
2급(20종)	• 발생 또는 유행시 24시간 이내 신고 • 전파가능성이 우려되어 격리가 필요한 감염병	결핵, 수두, 홍역, 콜레라, 장티푸스, 파라티푸스, 세균성이질, A형간염 등
3급(26종)	• 계속 감시할 필요가 있는 감염병	파상풍, B형간염, 일본뇌염, 말라리아 등
4급(22종)	• 1~3급 이외에 유행여부를 조사하기 위해 표본감시 활동이 필요한 감염병	인플루엔자, 매독, 회충증 등 1급~3급을 제외하고 표본감시가 필요한 22종

출처: 한국보건의료연구원(www.neac.re.kr)

3) 전염성 질환 예방과 관리

전염성 질환이란 감염된 사람과의 직·간접적 접촉에 의하여 전염되는 질환으로 가정과 다른 환경에서 많은 영유아들이 여러 활동에 참여하고 서로 접촉하는 유아교육기관의 경우, 전염성 질환에 노출된 가능성이 많다. 따라서 부모는 영유아가 법정 전염성 질환이나 계절별 전염성 질환에 감염되었을 경우에는 즉시 병원진료를 받고, 완치된 후 병원에서 받은 완치확정 소견서를 제출하고 등원시켜야 한다. 유아교육기관에서는 영유아에게 전염성 질환에 관련된 증상이 나타날 경우, 즉시 분리 보육하며 지침에 따른 사항을 절차 순에 의해 실행하고 부모에게 연락하여 귀가시키도록 해야 한다. 영유아 교사들은 감염 및 전염병에 대한 충분한 지식을 숙지하여 영유아들이 등원부터 하원까지 자세히 관찰하고 보살피며 평소와는 조금 다를 경우 신속한 대처를 하여 감염병 예방에 대처하는 교사의 역할이 필요하다(주아련, 2021).

또한 전염성 질환에 대한 격리는 질병이 확산을 제한하는 효과적인 방법으로 일정 규모의 유치원과 어린이집에 격리 공간 즉 양호실 설치를 의무화하고, 전담교사를 배치하여 살펴보고 신속히 대처해야 한다(최은영, 2018).

■ 유아교육기관에서는 영유아에게 자주 발생하는 전염성 질환의 증상, 등원하지 않아야 할 전염성 질환의 종류와 기간, 전염성 질환에 걸렸을 경우 등에 대해 체계적이고 구체적인 대책이 수립되어 있어야 한다.

　※ 감염병에 대한 대책의 필수기재사항: 영유아에게 자주 발생하는 감염병 예: 수두, 볼거리, 홍역, 수족구, 독감, 뇌염 등)의 증상, 등원하지 않아야 할 감염병의 종류와 기간, 감염병에 걸렸을 경우의 대처방법

－ 감염병 예방을 위해서는 개인위생 실천과 습관형성

－ 예방접종에 대한 이해

－ 몸에 해로운 약물 위험성 알기

■ 유아교육기관에서는 전염성질환에 대한 정보를 보호자에게 수시로 제공하고, 이를 예방하기 위한 예방접종과 건강검진에 대한 정보를 부모에게 가정통신문, 게시판, 문자서비스 등을 통해 안내한다.

　※ 전문가 교육, 시청각교육, 사례분석을 통한 실천

　예: 유아놀이 상황에서 대·소집단 놀이활동, 역할극, 이야기 나누기

■ 건강검진 실시 결과, 치료를 요하는 영유아에 대해서는 원장이 보호자와 협의하여 필요한 조치를 취해야 한다. 즉 영유아나 보육교직원이 감염병에 감염된 것으로 밝혀지거나 감염병이 의심되는 경우 어린이집으로부터 격리시키고 치료를 받도록 조치해야 한다.

■ 영유아가 접근할 수 없는 안전한 장소에 응급조치를 위한 비상약품 및 간이 의료기구 등을 배치하여야 한다.

4) 건강관리

(1) 영유아의 건강관리

■ 어린이집 원장은 원생에 대하여 건강검진을 연 1회 이상 실시하고, 이를 증빙하는 서류를 비치하여 보관한다.

■ 모든 원아는 당해 연도 또는 전년도에 실시한 건강검진 확인 서류를 구비하도록 한다.

■ 정기검진 시 누락된 신규 입소 원아도 추가로 검진을 실시하도록 하고, 추가 검진이나 국민건강보험법에 의한 영유아건강검진 이외에 별도로 건강

검진을 실시한 경우에도 어린이집에서는 건강검진 실시 관련 증빙서류(영유아검진기관 전문의 확인필)를 비치하도록 한다.

- 영유아는 「건강검진기본법」 제14조에 의해 영유아검진기관으로 지정된 의료기관(보건소, 의원, 병원, 종합병원) 등에 방문하여 건강검진을 받아야 한다.
- 영아(만 0~1세, 2세) : 신체계측 결과와 소아과의 정기 예방접종이나 건강검진확인 서류 등을 비치할 수 있다.

감염병 예방을 위해 지켜야 할 수칙

1. 올바른 손씻기
   - 비누 또는 세정제 등을 사용하여 흐르는 물에 30초 이상 손을 씻는다.
2. 기침예절 지키기
   - 기침, 재채기를 할 때 손이 아닌 휴지나 옷소매로 입과 코를 가린다.
3. 음식 익혀먹기
   - 음식물은 충분히 익히고 물은 끓여서 먹는다.
4. 예방접종 받기
   - 어린이, 노약자 등 접종대상자는 표준일정에 맞춰 예방접종을 받는다.
5. 해외 여행력 알리기
   - 의료기관 진료 시 해외여행 사실을 알린다.

올바른 손씻기 6단계

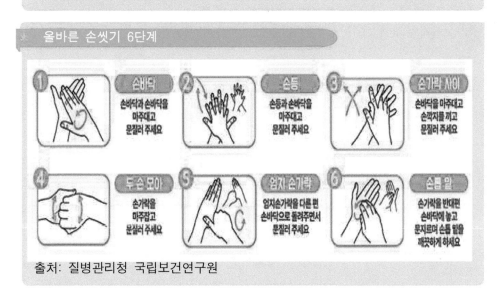

출처: 질병관리청 국립보건연구원

247

(2) 보육교직원의 건강관리

- 보육교직원건강검진의 경우, 미 임용 보육교직원 중 매일 1개월 이상 지속적으로 근무하는 자(보육실습생 포함)와 어린이집에서 함께 거주하는 자까지 건강검진 실시 관련 증빙서류를 구비해야 한다.
- 보육교사들에게 전염성 질환에 감염의심 되는 영유아들에게는 격리 치료하도록 조치하여야 한다.
- 보육교직원에 대한 결핵 및 잠복결핵감염 검진 의무화「 결핵예방법」제11조 제1항, 제2항, 「결핵예방법 시행규칙」제4조)
- 어린이집 원장은 보육교직원에 대하여 건강검진을 확인하고 건강관리를 하며 건강검진을 연 1회 이상 실시하고, 이를 증빙하는 서류를 비치하여 보관한다.

결핵검진 등의 주기 및 실시방법 「결핵예방법 시행규칙」제4조

- ⊞ 결핵검진: 매년 실시(임상적·방사선학적 또는 조직학적 검사, 객담의 결핵균 검사 등)하되, 신규 채용(휴직·파견 등의 사유로 6개월 이상 업무에 종사하지 아니하다가 다시 그 업무에 종사하게 딘 경우를 포함)된 보육교직원은 신규채용을 한 날로부터 1개월 이내에 실시 ※. 일반건강검진 실시로 갈음 가능
- ⊞ 잠복결핵검진: 어린이집에 소속된 기간(다른 기관·학교 등으로 그 소속을 변경하여 근무한 기간을 포함)중 1회 실시(면역학적 검사)

출처: 보육사업 안내(2019).

---

(3) 기타

영유아가 접근할 수 없는 안전한 장소에 응급조치를 위한 비상약품 및 간이 의료기구 등을 배치하여야 한다.

5) 예방접종

(1) 예방접종
- 면역은 태어날 때부터 지니고 있는 선천면역과 후천적으로 생활 등에서 적응되어 얻어지는 획득한 면역으로 구분되며, 획득면역은 병원체 또는 그 독소를 면역원으로 예방접종하여 얻을 수 있다.
- 예방접종은 건강상태가 좋을 때 실시하는 것이 좋다.
- 다음과 같은 상황에서는 예방접종을 피하는 것이 좋다.
  - 감기, 설사 등에 걸렸을 때나 열이 날 때
  - 홍역, 수두, 볼거리 등의 바이러스질환에 걸린 지 1개월 이내
  - 생–백신(BCG·우두 백신 등)을 맞은 지 1개월 이내
- 예방접종 전날에 목욕을 하고, 접종한 당일에는 피하는 것이 좋다.

(2) 예방접종 시 유의해야 할 사항
- 예방접종을 부모에게 미리 알리고 유아의 건강상태를 체크하여야 한다.
- 모자보건수첩과 의료보험증을 반드시 부모에게 받아놓고 병원에 갈 때 지참하여야 한다.
- 예방접종은 가능하면 오전 중에 접종하는 것이 좋다.
- 예방접종 후 영유아에게 휴식을 취하게 한다.
- 접종 후 고열(39도 이상)이나 경련이 있을 때는 보건소에 연락하거나 의사의 진찰을 받도록 한다.

(3) 예방접종 후 유의해야 할 사항
- 접종 후 20분~30분간 접종기관에 머물러 영유아의 상태를 관찰한다.
- 귀가 후 적어도 3시간이상 주의 깊게 관찰한다.
- 접종당일과 다음날은 과격한 운동은 삼가게 한다.
- 접종당일은 목욕을 시키기 않는다.
- 접종부의는 청결하게 한다.
- 접종 후 최소 3일간은 특별한 관심을 가지고 관찰하여 고열, 경련이 있을 때에는 곧 의사 진찰을 받도록 한다.

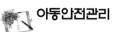

- 영유아는 반드시 바로 눕혀 재운다.

(4) 예방접종을 피해야 할 경우
- 열이 있을 때(단, 열이 없는 감기와 같은 가벼운 감염증일 때는 무방함)
- 현재 각종 질환을 앓고 있거나 최근에 앓은 일이 있는 경우
- 홍역, 볼거리, 수두 등이 완치된 후 2개월 이내 스테로이드 제재나 방사선 치료를 받고 있는 기간 중일 경우
- 특이 체질인 경우(알러지 및 경련성 체질자)
- 설사를 하거나 습진 등 피부병이 있는 경우
- 과거 예방접종을 받고 알레르기 반응이나 과민 반응 또는 경련을 일으킨 일이 있는 경우

6) 휴원을 요하는 질환

매일의 건강 점검 시 교사가 보기에 단순한 증상이 아닌 경우 감염병의 증상인지 주의를 기울여야 한다. 특히 집단생활 속에서는 감염병에 대한 주의가 필요하다. 대체로 한 영유아가 감염병을 앓게 되면 저항력이 약한 영유아는 순식간에 감염되어 건강에 장애를 일으키게 된다.

교사는 의심스런 증세를 발견하고 가정과 긴밀한 연락을 취해야만 한다. 그러기위해서 교사는 영유아기에 흔히 감염되기 쉬운 병과 그 증세, 격리해야 될 날짜 등에 대해서 정확하게 알아야 한다. 감염성 병은 소아마비, 마마, 수두, 풍진, 홍역, (유행성)이하선염, 간장염, 괴혈병, 홍진, 뇌막염, 편도선염, 백일해 등이다. 이와 같은 감염성 질병을 증세, 격리해야 할 날짜, 대책 등으로 나누어 살펴보면 표 10-5, 표 10-6과 같다.

표 10-5. 영유아기에 발생 가능한 일반 감염병

병명	발생상황	증 상	예방대책 및 격리기간		
			예방접종	환자격리	유의점
수족구병	• 4세 이하의 유아 • 여아보다는 남아가 더 잘 걸림 • 여름철에 잘발생 • 잠복기간 3~6일	• 38℃ 정도의 고열 • 1~2일간 입 안이나 목에 작은 물집이 생기고, 손바닥이나 발바닥에도 작은 돌기(구진)가 나며, 그 끝에 물집이 맺힘	×	○	• 원인이 바이러스이므로 전염력이 무척 강함 • 결석기간: 주요증상이 사라질 때까지
수두 2군	• 2~8세에서 발병 • 여름철에 잘발생 • 잠복기간 10~21일	• 미열(열이 높지 않음)과 동시에 발진이 가슴, 배부터 시작해서 얼굴, 팔, 다리에 나타남 • 발진은 반점이던 것이 수포로 되고, 수포가 딱지가 됨 • 폐렴의 합병증이 있음	○	○	• 유행시 딱지가 떨어질 때까지 격리(약7일간)
유행성눈병	• 바이러스가 원인임 • 잠복기간 7일	• 눈이 쓰리거나 아픔 • 눈이 붓고 흰자위가 충혈 • 잠을 자고 일어나면 눈꼽이 생겨 눈썹끼리 달라붙음 • 눈물이 자주 나고 벌겋게 충혈됨 • 밝은 광선에서 견디기 어려워함 손으로 눈을 자꾸 비빔	○	○	• 격리 (결석기간) 주요 증상이 사라질 때까지
유행성독감	• 인플루엔자 바이러스가 원인임 • 잠복기 1~3일	• 두통, 오한, 열, 구토, 기침이 발생 • 목이 아픔, 뼈마디 아픔 • 증상 후 5일까지 전염성이 높으므로 주의해야 함	○	○	• 격리 (결석기간) 주요증상이 사라질 때까지
돌발성발진	• 3세 이하의 유아가 잘 걸리며, 정확한 원인은 잘 모름	• 갑작스런 고열과 경련이 일어남 • 눈 주위가 부음 • 발진은 반점상이며 주로 몸통, 목, 귀 뒤에 나타나며, 얼굴이나 다리에 발생함	×	○	• 격리 (결석기간) 주요 증상이 사라질 때까지
전염성농가진	• 포도상구균이나 연쇄상 구균이 원인임 •여름철에 많이 발생 • 잠복기간2~5일	• 발진 부위에 수포나 농포를 형성하고, 이것이 터져서 누런 딱지를 형성함(불에 데인 것과 같은 모습) • 얼굴이나 수족에 쌀알 크기부터 대두 크기의 무색투명한 발진 수포가 생김	×	○	• 항생제로 치료가 되며 영아는 부스럼 딱지가 모두 떨어질 때까지 격리 • 결석기간 염증기가 지나 환부치료, 포대를 하고부터

표 10-6. 영유아기에 발생 가능한 법정 감염병

병명	발생상황	증상	예방접종	환자격리	유의점
세균성이질 1군	• 위생상태가 나쁘고 인구밀도가 높은 지역에서 많이 발생 • 감염력이 매우 강함 • 잠복기: 1~7일 이지만 보통은 1~3일	• 설사, 심한 복통, 오한, 열이 나고 심하면 탈수와 허탈 상태에 빠짐 • 설사의 횟수가 많고 변이 물 같고 열이 나며 감기증상을 동반함 • 영유아들에게는 전신적 경련이 올 수 있어 주의가 필요함	×	○	• 유행 시 보건소에 보고 • 음료수 정화/ 염소 소독이 중요 • 손을 청결히 할 것 • 대변의 위생적 처리 및 오염된 물건은 소독 • 격리(결석기간) 주요 증상이 사라질 때까지
디프테리아 2군	• 11~4월에 발생 • 4세 이하의 환자가 전체의 60% • 잠복기간 2~4일	• 발열, 전신에 힘이 없고, 목 아프며, 기침이 남 • 인후가 충혈 되고 편도선에 위막이 형성됨 • 심하면 숨쉬기가 곤란하며 쉰 목소리가 남 • 두통	○	○	• 유행 시 보건소에 보고 • 결석기간: 배양검사가 2회 이상 음성이 나올때까지
백일해 2군	• 3~6월에 발생 • 감염률이 높음 • 일단병에 걸리면 재발하지 않음 • 잠복기간 7~14일	• 열은 없고 감기처럼 시작하여 밤에 기침이 점점 심해지고 경련성 해소 발작을 일으킴 • 심하게 지속되는 기침	○	○	• 유행 시 보건소에 보고 • 결석기간: 특유의 기침이 없어질 때까지 → 발병 약 3~4주 정도
홍역 2군	• 4~6월에 발생 • 만 2세 전후하여 잘 걸림 • 한번 앓고 나면 면역이 됨 • 잠복기 9~13일	• 고열, 두통, 근육통, 결막염 증상, 콧물, 재채기 • 귀의 뒤쪽, 목, 앞이마에 발진이 나타나 점차 아래로 퍼져서 마지막에 팔, 다리에 생김 • 39~40℃의 고열, 기침발진이 사라지면 열이 내리고 증상이 사라짐	○	○	• 발진이 일어난 후 일주일 동안 격리시킴 • 결석기간 발진이 없어질 때 까지 → 발진 후 약 5일 정도
유행성이하선염 2군	• 겨울과 봄에 많이 발생 • 한번 앓고 나면 면역이 됨 • 잠복기간 7~21일	• 오한, 두통, 미열이 1~2일간 계속 • 한쪽 또는 양쪽 볼이 커지며 붓고, 입을 벌리거나 음식을 삼킬 때 아픔	○	○	• 유행 시 보건소에 보고 • 결석기간 귀밑 부기가 다 빠질 때까지 → 발진 후 약 5일 정도

풍진 2군	• 이른 봄에서 6월 까지 많이 발생 • 잠복기간 10~21일	• 가벼운 감기 같은 증세 • 두통, 근육통, 열이 나며 목 뒤의 임파절이 커지면서 발진이 생김 • 특히 목뒤, 귀뒤, 머리 뒤쪽이 부어서 만지면 아픔 • 발진은 첫날은 얼굴과 목에, 다음날은 가슴, 등, 팔 등에 새롭게 나타남 • 미열 발진, 부푼 림프선	○ ○	• 유행 시 보건소에 보고 • 결석기간 귀밑 부기가 다 빠질 때까지 → 발진 후 약 5일 정도
일본 뇌염 2군	• 한국을 중심으로 중앙아시아 일대에서 발생 • 여름에 발생	• 초기에 두통, 팔다리 쑤심, 구토, 설사를 동반함 • 증상이 심할 때 고열, 흥분, 경련, 팔, 다리 마비 등이 있음 • 후유증으로 기억력, 계산능력이 나빠지고 언어장애, 운동장애가 일어날 수 있음	○ ×	• 물리지 않도록 주의 • 유행 시 환자를 격리하지 않고, 환자가 사용하던 물건의 소독도 필요 없음

※ 이상의 질환은 전염성이 강한 질병으로써 각별한 주의가 필요함
※ 이상의 질환 이외에 의사의 진단에 의해 전염성이 있다고 판명된 질병은 휴원을 요함

2. 약물 오·남용

영유아의 건강과 발달을 위해 사용되고 있는 의약품이나 화학제품은 일상생활 속에서 의학적인 목적으로 사용된다. 그러나 이와 관련한 안전사고는 지속적으로 발생하고 있으며, 주된 생활을 하는 가정 및 유아교육기관에서 발생할 수 있는 사고임을 고려하였을 때 주의 깊은 관찰과 세심한 지도가 필요하다.

1) 약물 오·남용 예방 안전교육의 개념 및 필요성

약물 오용(drug misuse)은 질병 치료를 위해 처방된 약물을 본래의 용도와는 다르게 사용하는 경우, 약물을 의학적인 목적으로 사용하지만 전문가의 처방을 따르지 않고 임의로 사용하여 기대한 효과를 얻지 못하는 경우를 의미한다(이윤경 외(2013). 또한 약물 남용(drug abuse)은 약물을 어떤 행동이나 감정의 변화를 일으키기 위해 비의학적으로 사용하는 경우로 법률이나 사회적 관

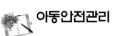

습, 의학적 상식 등으로부터 어긋난 약물 사용의 경우를 의미한다(김희태 외, 2021). 이외에도 약물중독과 관련한 안전교육 내용에는 흡연 및 음주의 내용을 포함하고 있다.

표 10-7. 약물 오·남용 개념과 사례

구분	약물의 오용	약물의 남용
뜻	의학적 목적으로 사용되지만, 약사나 의사의 처방을 따르지 않거나, 처방된 약을 지시대로 사용하지 않는 것	의학적 상식, 법규, 사회적 관습으로부터 어긋나게 사용하는 것, 뇌를 직접적으로 자극하여 뇌기능을 비정상적으로 흥분, 억제, 마비시키기 위한 목적으로 사용하는 것
사례	– 이전 질병에 사용했던 약을 다른 질병에 그대로 사용하는 일 – 약물 사용 중 술을 마시거나 담배를 피우는 일 – 다른 사람이 처방받은 약을 사용하는 일 – 오래된 약(유효기간이 지난 약)을 사용하는 일 – 약의 사용방법을 의사의 지시에 따르지 않는 일	– 어린이가 커피나 진통제 등 약국 약을 자주 사용하는 일 – 미성년자(청소년)가 술을 마시거나 담배를 피우는 일 – 법적으로 금지된 약물을 사용하는 일 – 법으로 금지된 약물이 아니더라도 사용자의 정상적인 생활에 지장을 주고 사용자 본인과 주변 사람들에게 피해를 주는 약물을 사용하는 일 (예: 성인의 알코올 남용)
화장품	– 질병 및 증상의 악화 – 약물 부작용 유발 – 시간 및 비용의 낭비	– 학업 및 직장생활 실패, 기타 사고 – 신체 손상 및 질병 유발 – 자살 및 자살 시도 – 가정 파탄, 경제적 파산 – 폭행, 절도, 상해 등 범죄와 연관

출처: 어린이안전학교 홈페이지(2022)

2) 약물 오·남용 안전사고 현황

한국소비자원(2021)의 어린이 안전사고 현황 분석에 따른 약물 오·남용 관련 안전사고는 다음과 같다.

(1) 위해품목별 어린이 안전사고 현황

한국소비자원(2021)의 어린이 안전사고 현황 분석 결과 중에서 약물 오·남용 및 중독과 관련된 안전사고는 구분된 품목 중 '의약(외)품 및 의료용구'와 관련지어 살펴볼 수 있다. '의약(외)품 의료용구'로 인한 안전사고는 최근 5년간 0.9~1.5%의 비율로 어린이 안전사고의 큰 비중을 차지하지 않았으나 안전사고 위험요인으로 인식하고 주의해야 할 필요가 있다.

표 10-8. 위해품목별 어린이 안전사고 현황

(단위: 건,(%))

구분	2016년	2017년	2018년	2019년	2020년
가구 및 가구설비	7,427 (32.0)	8,216 (32.0)	7,547 (31.3)	6,990 (28.0)	3,745 (20.3)
건축/인테리어 자재 및 작업공구	3.232 (18.8)	4,495 (17.5)	4,389 (18.2)	4,334 (17.4)	3,934 (21.3)
스포츠 및 취미용품	2,698 (11.9)	3,093 (12.0)	2,680 (11.1)	3,673 (14.7)	2,809 (15.2)
완구 및 게임용품	1,356 (6.0)	1,881 (7.3)	1,937 (8.0)	2,473 (9.9)	2,478 (13.4)
건물 시설 및 서비스	1,780 (7.9)	2,228 (8.7)	2,026 (8.4)	1,718(6.9)	769 (4.2)
가공식품	692 (3.1)	1,122 (4.4)	1,244 (5.2)	1,140 (4.6)	1,085 (5.9)
가전제품 및 정보통신기기	836 (3.7)	776 (3.0)	734 (3.1)	885 (3.5)	531 (2.9)
주방기기 및 용품	828 (3.7)	657 (2.6)	480 (2.0)	552 (2.2)	520 (2.8)
도서 음반 및 문구용품	500 (2.2)	671 (2.6)	426 (1.8)	559 (2.2)	609 (3.3)
자동차 및 관련 용품	438 (1.9)	453 (1.8)	479 (2.0)	500 (2.0)	328 (1.8)
생활용품	342 (1.5)	386 (1.4)	356 (1.5)	339 (1.4)	309 (1.7)
애완 동·식물 및 용품	239 (1.1)	375 (1.5)	507 (2.1)	336 (1.4)	22 (0.1)
의약(외)품 및 의료용구	206 (0.9)	228 (0.9)	276 (1.2)	354 (1.4)	269 (1.5)
화장품 및 화장용품	233 (1.0)	226 (0.9)	156 (0.7)	203 (0.8)	232 (1.3)
식물 식품	147 (0.7)	189 (0.7)	189 (0.8)	222 (0.9)	240 (1.3)
의류 신발 가방 보석 및 시계	163 (0.7)	243 (1.0)	196 (0.8)	217 (0.9)	157 (0.9)
축산·수산물 식품	147 (0.7)	163 (0.6)	184 (0.8)	158 (0.6)	217 (1.2)
조명기구 및 전기 부속&용품	93 (0.4)	93 (0.4)	67 (0.3)	85 (0.3)	66 (0.4)
기타 장비 및 제품	69 (0.3)	86 (0.3)	86 (0.4)	87 (0.4)	58 (0.3)
연료 및 전지	68 (0.3)	75 (0.3)	76 (0.3)	79 (0.3)	77 (0.4)
화재 안전 및 보안 장비	49 (0.2)	52 (0.2)	48 (0.2)	53 (0.2)	26 (0.1)
농임·어업용 기계 빛 관련용품	11 (0.1)	9 (0.0)	14 (0.1)	14 (0.1)	13 (0.1)
합계	22,545	25,699	24,097	24,097	18,494

출처: 한국소비자원(2021)

(2) 어린이 안전사고 위해원인 상위 15개 현황

한국소비자원(2021)의 어린이 안전사고 현황 분석 결과 중에서 약물 오·남용 및 중독과 관련된 안전사고는 구분된 위해원인 중 '약물 부작용'과 관련지어 살펴볼 수 있다. '약물 부작용'은 어린이 안전사고 위해원인 상위 15개 안에 꾸준하게 발생하였으며, 이러한 결과는 어린이 안전사고의 위해원인으로 약물의 영향력을 유추하게 하였으며, 약물 부작용 및 약물에 대한 철저한 관리 감독 필요성을 드러내고 있다.

표 10-9. 어린이 안전사고 위해원인 상위 15개 현황

(단위: 건,(%)

구분	2016년	2017년	2018년	2019년	2020년
미끄러짐·넘어짐	5,629 (25.0)	6,859 (26.7)	6,487 (26.9)	6,258 (25.1)	5,968 (32.3)
부딪힘	5,722 (25.4)	6,021 (23.4)	5,562 (23.1)	4,634 (18.6)	1,222 (6.6)
추락	3,746 (16.6)	4,550 (17.7)	4,182 (17.4)	5,312 (21.3)	4,144 (22.4)
눌림·끼임	1,836(8.1)	1,804(7.0)	1,613(6.7)	1,841(7.4)	1,274(6.9)
식품 섭취에 의한 위해	844(3.7)	1,315(5.1)	1,479(6.1)	1,325(5.3)	1,328(7.2)
예리함·마감처리 불량	1,262(5.6)	1,301(5.1)	759(3.2)	940(3.8)	961(5.2)
고온물질	870(3.9)	753(2.9)	661(2.7)	748(3.0)	560(3.0)
이물질(기타)	530(2.4)	618(2.4)	640(2.7)	910(3.6)	895(4.8)
충돌·추돌 등 물리적 충격	559(2.5)	705(2.7)	757(3.1)	1,016(4.1)	427(2.3)
이물질(플라스틱)	447(2.0)	561(2.2)	570(2.4)	667(2.7)	739(4.0)
파열·파손·꺾여짐	275(1.2)	251(1.0)	226(0.9)	233(0.9)	220(1.2)
이물질(금속)	447(2.0)	561(2.2)	570(2.4)	667(2.7)	739(4.0)
이물질(액체류)	100(0.4)	72(0.3)	77(0.3)	84(0.3)	111(0.6)
약물 부작용	42(0.2)	66(0.3)	66(0.3)	105(0.4)	51(0.3)
피부접촉에 의한 위해	33(0.2)	41(0.2)	38(0.2)	63(0.3)	62(0.3)

출처: 한국소비자원(2021)

(3) 영아기 안전사고 위해유형별 현황

한국소비자원(2021)은 어린이 안전사고 현황 분석 과정에서 발달단계별로 어린이 안전사고를 분석하였으며, 그중 영유아에 해당하는 0세 영아기, 1~3세 걸음마기, 4~6세 유아기를 구별하여 살펴본 결과, '영아기'의 위해유형별 현황에서 '약물 부작용'과 관련한 내용이 확인되었다. 2016년부터 2020년까지 약물 부작용과 관련된 주요 원인 품목은 주사액, 약품류, 항생제 등으로 나타났으며, 총 52건으로 전체 위해유형별 항목 중 0.5% 정도로 큰 비율을 차지하진 않았다. 영아기의 약물 부작용 사고 결과와 걸음마기, 유아기 현황을 살펴보면 큰 사고 비율을 차지 않는 것을 알 수 있으나 영유아들이 약물 부작용과 관련한 안전사고로부터 노출될 수 있음을 지각하고, 부모(보호자)와 교사는 약물 복용 시 주의를 기울여야 할 필요가 있다.

표 10-10. 영아기 안전사고 위해유형별 현황(2016년~2020년)

구분	구분(대분류)	주요 원인품목(소분류)	건수 (건)	비율 (%)
1	추락	침대, 소파, 유모차, 유아용 침대 등	5,303	50.8
2	부딪힘	침대, 거실장 및 TV장, 식탁, 테이블 등	1,076	10.3
3	미끄러짐·넘어짐	목재마루재, 바닥재, 침대 등	858	8.2
4	식품섭취 위해	분유류, 달걀, 치즈류, 이유식 등	694	6.7
5	고온물질 위해	커피포트, 전기밥솥, 전기압력밥솥 등	667	6.4
6	이물질 삼킴/흡인	스티커, 완구, 비닐 랩, 전지 등	553	5.3
7	눌림·끼임	문, 승용물, 옷장, 냉장고 등	468	4.5
8	베임·찔림	손톱깎이, 완구류, 면도기, 옷걸이 등	323	3.1
9	충돌·추돌 등	전신거울, 완구류, 선풍기, 덤벨 등	159	1.5
10	약물 부작용	주사액, 약품류, 항생제 등	52	0.5

출처: 한국소비자원(2021).

(4) 연도별 및 발달단계별 어린이 중독사고 현황

한국소비자원(2021)의 어린이 안전사고 현황 분석 결과에서, 어린이가 약물 등에 중독 작용을 일으킨 위해 사례는 2016년 62건에서 2020년 30건으로 감소하는 추세를 보였다. 발달단계별로 중독사고 현황을 살펴본 결과, '걸음마기'가 146건(59.1%)으로 가장 높았고, 이어 '학령기' 43건(17.4%), '영아기'는 34건(13.8%), '유아기' 24건(9.7%) 순으로 나타났다. 발달단계에 따라 성별로 구별하여 살펴본 결과 '남아'는 137건(55.5%), '여아'는 109건(44.1%), '미상'은 1건(0.4%)인 것을 알 수 있었다. 계속해서 감소 추세를 보이고 있는 중독사고 현황을 통해 '학교 안전교육 7대 표준안' 및 유아교육기관에서 실행하는 약물 오·남용 예방 안전교육의 영향력을 유추해볼 수 있다.

표 10-11. 년도별 어린이 중독사고 현황(2016년~2020년)

구분	2016년	2017년	2018년	2019년	2020년
중독사고	62	59	55	41	30

출처: 한국소비자원(2021).

표 10-12. 발달단계별 중독사고 현황

구분	영아기 (0세)	걸음마기 (1~3세)	유아기 (4~6세)	학령기 (7~14세)	합계
남아	17	84	10	26	137 (55.5)
여아	16	62	14	17	109 (44.1)
미상	1	–	–	–	1 (0.4)
합계	34 (13.8)	146 (59.1)	24 (9.7)	43 (17.4)	247 (100.0)

출처: 한국소비자원(2021).(단위: 건,(%)

(5) 어린이 중독사고 주요 위해품목

한국소비자원(2021)의 어린이 안전사고 현황 분석 결과에서 중독사고 위해품목을 살펴보았고, 어린이가 '의약품'에 의해 중독증상이 발생한 사례는 90건(46.4%)으로 가장 많은 수를 차지하였으며, '의약외품' 34건(17.5%), '가정용 청소 및 세탁용품' 27건(13.9%)으로 세 가지 품목이 전체의 77%인 것으로 나타났다. 이러한 결과는 의약품과 의약외품, 가정용 청소 및 세탁용품들과 유아의 중독사고 영향력을 확인하게 하며, 영유아의 약물 오·남용 관련 안전사고 예방을 위해 위와 관련한 철저한 관리 및 관련 내용을 중심으로 한 안전교육이 필요함을 알 수 있다.

◢ 표 10-13. 어린이 중독사고 주요 위해품목

주요 위해품목	중독사고
의약품	90 (46.4)
의약외품	34 (17.5)
가정용 청소 및 세탁용품	27 (13.9)
외식·분식	8 (4.1)
가정용 난방·환기용품	7 (3.6)
주방용구 및 용품	7 (3.6)
방향용 화장품	6 (3.1)
손발톱용 화장품	5 (2.6)
완구	5 (2.6)
인체 세정용 화장품	5 (2.6)

출처: 한국소비자원(2021).

(6) 어린이 중독사고의 주요 사례(2020년 기준)

한국소비자원(2021)는 어린이 안전사고 동향 분석에서 제시한 중독 관련 사고의 사례를 제시하고 있다. 이 사례들은 부모 및 교사가 가정과 유아교육기관에서 약물 오·남용 관련 안전사고에 대한 인식을 지니고, 영유아를 주의 깊게 관찰하며 안전한 환경을 위한 조성이 필요함을 이해하게 한다.

✳ 사례

⊞ 결핵검진:
- 2020년 3월 박○○(남, 만 2세)은 가정에서 성인용 혈압약을 삼친 후 약물중독으로 치료받음

⊞ 의약외품:
- 2020년 5월 김○○(남, 만 1세)은 손 소독제를 삼킨 후 전신의 화학물질중독으로 치료받음

⊞ 가정용 청소 및 세탁용품:
- 2020년 2월 서○○(여 2개월)은 구연산을 삼켜 수화세동의 화학물질 중독으로 치료받음

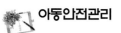

3) 약물 오·남용 예방 안전교육 내용

(1) 가정의 약물 오·남용 예방 안전교육

- 영유아에게 약을 먹일 때에는 반드시 의사의 진료를 받고, 필요상 상황에서만 복용한다.
- 영유아에게 약에 먹이기 전, 약에 대한 설명을 주의 깊게 읽고, 어린이 보호 포장이 되어 있는지 확인한다.
- 처방받은 약에 정해진 용량과 용법에 따라 복용하고 유통기한을 지킨다.
  - 유통기한이 지난 약은 가까운 약국의 폐의약품 수거함에 버린다.
- 영유아 혼자 약을 먹도록 하지 않고, 성인의 안내에 따라 먹도록 지도한다.
- 눈으로 보기에 증상이 없어진 것 같아도 항생제의 경우에는 정해진 치료기간을 지켜서 복용한다.
- 특별히 보관 장소가 방법에 대한 주의가 없는 경우, 약은 그늘진 실온에서 보관한다.
- 약물 구입 시 가능하다면 어린이 보호 포장제품을 구입하여 사용한다.
- 약품의 사용법과 주의사항, 해독방법 등이 기재되어 있는 용기의 라벨을 떼지 않는다.
- 바닥에 벌레를 잡는 약이나 전자모기향 등 유아의 손에 닿지 않도록 주의하고, 다 사용한 경우 영유아가 가지고 놀지 않도록 정리한다.
- 약을 물 이외의 우유나 주스 든 다른 음료와 함께 복용시키지 않는다.
- 영유아에게 약을 사탕이나 간식이라고 하지 않아야 하며, 영유아가 보는 앞에서 성인이 약을 상시 복용하지 않는다.
 - 영유아는 성인의 약 먹는 행동을 흉내 내거나 간식이라고 생각할 수 있다.
- 비슷한 증상을 보인다고 해서 의사 또는 약사와 상의 없이 다른 약을 교차하여 주지 않는다.
 - 여러 증상이 복잡하게 나타나도 다양한 종류의 약을 한꺼번에 복용하지 않는다.

- 영양제, 의약품 등을 영유아의 손이 닿지 않는 의약품 보관함에 넣어 보관한다.
- 가정용 화학제품의 경우 가능한 독성이 없거나 적은 제품을 구입하여 사용한다.
- 가정용 화학제품의 종류 위험성을 인식하고, 화학제품으로 인한 사고의 피해를 이해하여 대처방안에 관심을 가진다.
- 가정용 화학제품을 본래의 용도 외에 다른 용도로 사용하지 않는다.
- 담배 피는 사람이나 담배 연기가 있는 곳에 가지 않도록 주의한다.
- 담배나 술의 해로움을 이해할 수 있도록 설명한다.
- 담배나 술의 유혹을 거절하는 올바른 방법을 설명한다.

(2) 유아교육기관의 약물 오·남용 예방 안전교육

- 실내외용 비상약품을 용도별로 구비하여 활용한다.
- 모든 의약품 및 비의약품(가정용 화학제품)은 영유아의 손이 닿지 않는 곳에 보관하고, 보관 시 잠금장치를 한다.
- 영유아에게 투약하는 약을 상온, 냉장보관 등 보관방법에 따라 보관하고, 가급적 영유아 약은 복용 횟수에 맞추어 알맞은 양을 보관한다.
- 가정에서 횟수에 맞추어 적당한 양의 약을 용기에 덜어 보낼 수 있도록 안내한다(여러 명의 영유아가 양을 복용하는 경우 교사의 부담이 될 수 있다.)
- 가루약과 시럽제가 함께 있는 경우, 복용 직전에 혼합한다.
- 약물중독사고에 대비하여 문의할 병원이나 응급의료센터 전화번호를 교실 내 전화기 가까운 곳에 부착한다.
- 가정에서 가져온 약을 투약해야 할 경우, 교사는 부모(보호자)가 작성한 투약의뢰서를 토대로 복용을 한다.
- 투약의뢰서는 투약하는 약의 종류, 용량, 횟수, 투약 시간, 의뢰자 서명 등을 작성할 수 있도록 구성한다.
- 투약 후 투약한 내용에 대해 기록하고 보호자가 확인할 수 있도록 투약보고서를 작성한다.
- 영유아의 약은 개별적으로 관리한다.

3. 영아돌연사 증후군

1) 영아돌연사 증후군(Sudden Infant Death Syndrome, SIDS)정의

영아 돌연사(급사) 증후군은 12개월 미만의 영아가 수면 중에 갑자기 사망하는 현상으로 사체 부검, 사망 현장 조사 및 임상적 병력을 분석해 보는 등 철저한 조사 후에도 그 원인이 규명되지 않는 경우를 말한다. 최근 발생율이 감소되어감에도 불구하고 2018년 미국에서는 전체 영아 사망원인 중 1위를 차지하고 있으며 국내에서는 2018년 통계 기준 영아 사망률 3위에 해당한다.

어린이집에서 영아 사망 시 영아돌연사증후군으로 확진되는 경우에는 대체로 형사상 책임을 면하고, 민사적으로도 책임을 지지 않는 방향으로 가고 있지만 사안별로 법원의 판단이 다를 수 있다. 또한 영아돌연사로 추정되어 부검을 실시하여 사인이 밝혀지는 경우 어린이집 측과 책임소재를 둘러싸고 법적 다툼이 발생하는 경우도 있다.

1~5개월 사이의 연령에서 가장 많이 발생하고, 95%가 생후 6개월 전에 발생한다. 또한, 연 중 시기별로는 3~5월, 12~2월, 가을과 겨울철에 더 많이 발생하는 것으로 알려져 있고, 6:4의 비율로 남아에서 많이 발생한다.

2) 영아돌연사 증후군의 원인

영아돌연사증후군의 원인은 아직 정확히 밝혀져 있지 않았으나, 일반적인 위험요인으로 출생 시 2.5kg미만의 저체중아, 재태 기간 37주 미만의 조산아, 미숙아, 쌍둥이나 세쌍둥이, 저체중 출산아 18세 미만의 어린 산모에게서 태어난 아이 등 출생요인과 엎드려 자거나 옆으로 누운 수면자세, 과도한 난방, 푹신한 침구 및 장난감 등의 외부 요인이 지적되고 있다. 이외에도 영아급사증후군의 원인으로는 엎드려 재우기, 푹신한 침구사용, 두껍게 입힌 옷, 모유 수유 부족 등이 꼽힌다.

3) 영아돌연사 사례

사례 1

- ⊞ 사고 아동: 10개월 여아, 어린이집 보육실
- ⊞ 사고 내용:
- – 11시에 등원하였으며 등원직후 담임교사가 영아에게 이유식을 먹였음
- – 11시30분쯤 여아가 유희실에서 놀이를 하다 칭얼거리며 졸려 하는 것 같아 분유를 더 먹인 후 재움
- – 원아들이 잠든 후 담임교사는 업무를 하며 수시로 영아 상태를 확인함
- – 오후 2시쯤 영아가 개인 침구에서 기어 나와 있어 교사가 다시 눕혀 토닥여 재움
- – 오후 3시 20분쯤 영아는 깨우려고 들어 올리자 몸이 축 늘어진 채 얼굴은 하얗고 입술은 파랗게 질려있었음
- – 주변 교사가 119에 신고하여 구급차를 부르고 부모님께 연락을 취함
- – 구조대가 출동한 후 응급차에 타 병원으로 이동하여 병원에서 심폐소생술을 하였으나 4시 40분에 사망진단을 받음

사례 2

- ⊞ 사고 아동: 4개월 남아, 가정
- ⊞ 사고 내용:
- – 집에서 잠을 자던 4개월 남자아이가 숨진 채 발견돼 경찰이 수사에 나섰다.
- – 16일 인천 중부경찰서 등에 따르면 전날 오전 8시 26분께 인천시 중구 영종도 한 아파트에서 생후 4개월 된 A군이 숨져 있는 것을 그의 어머니가 발견해 119에 신고
- – A군 어머니는 소방당국에 "아이가 의식을 잃은 채 호흡도 하지 않는다"고 말함
- – 경찰은 A군이 영아급사증후군(SIDS)으로 인해 사망했을 가능성도 염두에 두고 수사하고 있음
- – 경찰은 A군의 사망 원인을 밝히기 위해 국립과학수사연구원에 시신 부검을 의뢰하는 한편 유족 등을 상대로 정확한 경위를 추가로 조사하고 있음
- – 경찰 관계자는 "다양한 가능성을 열어두고 사인을 확인하고 있다"고 말했다.

인천연합뉴스: 손현규 기자

참고동영상

어린이집서 자다가 '돌연사'…원인불명에 가슴 치는 부모들
(SBS 8뉴스 | 2015.01.31.)
https://www.youtube.com/watch?v=7Il7dhNpE9k

4) 어린이집에서 영아돌연사 증후군 예방

영아돌연사증후군의 정확한 원인이 밝혀져 있지 않으므로 바로 눕혀 재우는 것만으로는 영아돌연사증후군을 모두 예방할 수 없으나 적어도 어린이집 보육교직원은 영아돌연사증후군에 대한 교육을 받아 사전 지식을 가지고 이를 예방하기 위한 노력을 다하는 자세가 매우 중요하다.

(1) 교사 안전 수칙

- 영유아를 재울 때는 등을 바닥에 대고 천장을 보도록 바로 눕힌다.
- 영유아가 수면하는 바닥의 면이 단단해야 한다.
- 영유아가 잘 때 자리를 비우는 일이 없도록 한다.
- 영유아의 머리와 얼굴을 덮지 않는다.
- 자는 영유아 주변의 물건, 장난감, 이불 등을 치운다.
- 실내 온도는 어른이 편안하게 느낄 정도로, 영유아가 덮지 않도록 유지한다.
- 수유 후 트림 시킨다.
- 영유아와 같은 침대(침구)에 눕지 않는다.
- 낮잠을 잘 때의 방은 어둡게 하지 말고, 영유아의 얼굴 표정을 잘 살필수 있도록 한다.
- 수시로 영유아 상태 확인 및 시간을 기록한다.
- 응급상황 발생 시 대처법을 숙지한다.
- 수면실은 외부에서 창을 통해 관찰이 가능해야 한다.

(2) 영아돌연사증후군으로 인한 영아의 사망 시 조치

어린이집에서 영아돌연사 사망 발생 시에는 사고 발생 즉시 시장·군수·구청장에게 보고를 하여야 한다.(즉시 유선통보 후, 서식에 의한 보고를 진행). 사고보고는 보육통합정보시스템 입력보고를 원칙으로 하며, 안전공제회를 사고보고를 함께 진행하도록 한다.

실제 1   놀이를 통한 감염병 예방 교육 사례

■ 놀이의 배경
간식 시간이 되어 놀잇감들을 정리할 친구들이 정리를 하고, 간식을 준비한다. 아이들이 다가와 간식이 무엇인지 뚜껑을 열어보고 이야기를 하며, 간식에 대해 이야기를 나눈다.

간식을 먹을 때 손을 씻어야 하는 이유는 무엇일까? 간식에 침이 튀지 않으려면 어떻게 해야 할까?

■ 놀이를 통한 안전교육 실행에서의 교사의 고민과 교육적 지원
1. 관심의 시작

> 간식을 먹을 때 손을 씻어야 하는 이유는 무엇일까? 간식에 침이 튀지 않으려면 어떻게 해야 할까?

2. 놀이와 활동

2-1. 놀이
▷ 놀이 제목: 뽀드득 뽀드득 손 닦기
▷ 놀이 과정(글, 사진):
 아이들이 간식을 먹기 전 정리를 하며 간식을 궁금해 할 때, 간식 앞에서 이야기를 하는 모습을 보고, 간식에 침이 튄다는 것을 알려주었다. 그리고 아이들과 간식에 침이 튀면 어떤 일이 일어날지 이야기를 나눈 후 손을 씻는 방법에 대해 알아보았다. 아이들이 손 씻는 순서를 익힐 수 있도록 손 씻기 동화를 지원해주었으며,
  동화를 보고 난 후 손을 씻어보는 놀이를 하였다. 아이들이 눈에 세균이 보이지 않아 손이 깨끗한 것 같다고 이야기를 하였는데, 세균이 눈에 보이지 않아도 우리 손에 많이 있을 수 있다는 것을 알 수 있도록 세균 그림을 손에 붙여보며 놀이 할 수 있도록 세균그림을 그려보고 손에 붙여 놀이도 해보았다. 세균이 붙어있는 손으로 친구를 만졌을 때 친구에게 세균이 옮아가는 것을 표현해보기도하고, 손을 씻지

않고 세균이 있는 상태에서 간식을 먹었을 때, 친구를 만지거나 놀았을 때, 친구를 아프게 할 수 있다는 것에 대해도 이야기를 나누어 보았다. 아이들이 손 씻기 놀이를 통해하고 난 후 손을 깨끗이 씻기로 약속하며, 친구를 아프게 하지 않겠다고 하기도 하 하였다.

줄서서 손 씻기

손 씻기 동화

■ 교사의 놀이 관찰 및 지원 실제

간식 시간이 되어, 놀이를 하고 난후 정리를 하던 중 아이들이 간식에 관심을 보이며 깨끗하지 않은 손으로 간식을 만지고, 침을 튀기면 우리친구들이 아플 수 있다는 것을 이야기하며 관심을 이끌어 계획했던 놀이를 지원해주었다.

감기, 수두, 폐렴 등의 감염병의 사진을 보여주며, 감염병에 대해 이야기를 나누며, 손을 씻지 않거나 , 침을 튀기면 내가 가지고 있는 바이러스를 옮길 수 있다는 것에 대해 알려주었다. 세균 그림을 손에 붙여보며 친구에게 옮기는 것을 표현하며 놀이 하기도 하고, 우리 몸을 아프게 하는 세균을 없애는 방법을 이야기 나누다 아이들이 손을 씻어야 한다는 말에 손 씻기 동화를 지원하여주고, 손을 씻어보는 놀이까지 하였다. 놀이를 마친 후 아이들은 친구를 아프게 하지 않기 위해 손을 깨끗이 씻어야겠다고 이야기 했다.

2-2. 놀이
▷ 놀이 제목: 세균아 저리가!
▷ 놀이 과정(글, 사진):

　감염병에 대해 알아볼 때 세균이 옮는 것을 표현해주기 위해 세균그림을 지원하였고, 물로만 손을 씻는 것이 아니라 비누로 손을 씻어야 한다고 이야기를 나누던 중 세균이 비누를 피하는 것을 표현하는 과학 실험을 지원해주어 알아보기도 하였다. 투명한 그릇에 손바닥을 깔아 놓고, 세균을 표현하는 후춧가루와 세균그림을 물에 띄워놓은 후 비눗물을 떨어트려보았다. 아이들이 실험을 통해, 표면 장력에 대해 알아보기도하고, 비누로 손을 씻어야 하는 이유도 알게 되었다.

손에 세균이 붙어 있는 모습	세균아 저리가 표면장력 실험

■ 교사의 놀이 관찰 및 지원 실제

　비눗물을 피해 후추와 세균이 퍼지는 것을 보고 아이들이 손을 비누로 씻어야 한다는 것을 이해하게 되었으며, 놀이영역에 손 씻기 놀이를 할 수 있는 교구를 만들어 지원해주어 자유롭게 할 수 있게 하였더니, 세균을 손에 올리고, 손 씻기 놀이를 했던 것을 떠올리며 친구와 함께 손을 씻어주는 등의 모습을 볼 수 있었다.

3. 마무리와 새로운 놀이로의 확장
▷ 놀이 제목: 병원놀이를 해요.
▷ 놀이 과정(글, 사진):

　감염병에 대해 알아보고 예방법까지 알아보았더니, 아이들이"선생님 그럼 감염병에 걸리면 어떻게 해요?"라고 물어보아서, 감염병에 걸리면 어떻게 해야 하는지 알아보기로 하였다. 아픈 곳에 따라 다른 병원을 간다는 것을 알 수 있는 그림 자료를 지원해주며, 아이들과 병원에 가보았던 경험을 이야기 나누어 보고, 병원놀이를 통해 경험을 공유하고, 아이들과 병원에서 하는 치료와 감염병을 치료할 수 있는 역할 놀이를 하였다. 아파서 누워있는 아이도 있고, 의사역할을 맞아 수사를 놓아주는 아이, 약을 주는 아이 자유롭게 역할을 나누어 놀이를 하였다. 놀이를 통해 감염병에 걸렸을 때 병원에 가야하고, 그에 맞는 치료법이 있고, 주사나 약을 통해 병을 낫게 한다는 것을 알게 되었다.

| 병원에 대해 알아요 | 병원놀이를 해요 |

■ 교사의 놀이 관찰 및 지원 실제

　아이들이 병원에 갔던 경험을 살려 놀일 할 수 있도록 병원놀이 교구를 지원하여 주었으며, 아이들과 병원 놀이를 하던 중 의사가 수시로 소독을 하는 모습을 표현하고 이야기 하는 아이가 있었는데 그 아이의 모습을 보며, 의사가 다른 환자에게 감염병을 예방하는 것 중의 하나이기도 하다고 이야기 해주었다. 놀이를 통해 아이들이 감염병에 걸렸을 때 대처하는 방법에 대해 알고, 감염병에 걸리지 않도록 조심하기로 약속하며 놀이를 마무리하였다.

참조: 누리과정(놀이실행자료) 계획안 양식

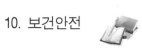

■ **교육계획안의 예시**

<보건안전-감염병 예방> 2020. O. O(요일) ~ O. O(요일)		
안전교육 경험	놀이	'손을 씻어요'
		'세균아 저리가!'
		'병원놀이를 해요'
	활동	(동화)-어디가 아프니?
		(역할)-병원놀이
활동 사진	 <동화 어디가 아프니? >	
이번 주 유아들의 관심	병	세균
	손씻기	
새로운 관심과 놀이 확장	병원	의사
	치과	
가정연계 내용	이번 주 놀이를 통해 아이들은 감염병에 알게 되었으며, 감염병을 예방하는 방법과 걸렸을 때 대처방법을 알게 되었습니다. 아이들과 병원에 가게 되면 의사선생님과 다양한 이야기를 나누면 좋을 듯합니다.	손씻기 그림자료

참조: 누리과성(놀이실행사료) 계획안 양식 p.132

실제 2 　 놀이를 통한 영아돌연사 증후군 예방 교육 사례

■ 놀이의 배경

2명의 여자 아이들이 아기인형을 가지고 번쩍 들며 "아기야 밥 먹어!"라며 이야기하고, 아기를 바닥이나 높은 블록에 눕히는 등의 모습이 보여 졌다.

어린 아기를 안전하게하기 위한 방법은 무엇일까? 아기를 지키기 위해서 어떻게 해야 할까?

■ 놀이를 통한 안전교육 실행에서의 교사의 고민과 교육적 지원

1. 관심의 시작

> 어린 아기를 안전하게 하기 위한 방법은 무엇일까? 아기를 지키기 위해서 어떻게 해야 할까?

2. 놀이와 활동

2-1. 놀이

▷ 놀이 제목: 아기는 약하고 지켜줘야 해요.

▷ 놀이 과정(글, 사진):

역할 영역에서 아기인형으로 바닥에 놓거나, 내려놓는 모습을 보고 교사가 아기를 소중히 대해야 하는 이유에 대해 이야기를 나누며, 아기가 돌연사하지 않도록 소중히 대하는 방법을 알려주고, 함께 놀이해 보기로 계획하였다. 아이들이 돌연사에 대한 의미를 알아보고, 실천해 볼 수 있도록 인형을 지원해주었다. 인형을 꼭 세게 안거나, 푹신한 베게나 이불에 두었을 때, 또는 높은 곳에 놓았을 때, 어떤 일이 벌어질지 아이들과 이야기를 나누어 보고, 사고가 나지 않으려면 어떻게 해야 하는지 아이들과 함께 알아보았다. 동생이 있는 아이들 또는 도움이 필요한 아이가 있을 때 지켜주겠다고 이야기 하며 놀이를 마무리하였다.

| 소중한 존재에 대해 이야기 나누는 사진 | 친구의 사진을 찾고 포옹해주는 사진 |

■ 교사의 놀이 관찰 및 지원 실제

역할 영역에서 인형을 높은 곳에 올려두거나, 엎어 내려놓는 모습을 보고 교사가 돌연사 증후군에 대해 이야기를 해주며, 아이들에게 안전교육 놀이 주제를 제시해주었다.

아이들이 돌연사 증후군에 대해 궁금해 하며, 놀이를 시작하게 되었다.

동생이 있는 아이들은 동생이 엎어져 있을 때 도와준 적이 있다고 이야기를 하기도 하며, 아기를 대할 때 소중하고 안전하게 해줘야 한다는 것을 알고 있다고 이야기하기도 하였다. 다양한 사람모양 인형을 지원해주며, 아기라고 생각하며 놀이할 수 있도록 하였으며, 높은 곳, 푹신한 곳에서 위험한 상황이 발생할 수 있다고 이야기해주었다.

아이들이 높은 곳에서 떨어지지 않도록 낮은 곳에서 놀이하는 모습을 볼 수 있었으며, 푹신한 이불을 덮어주며 놀이하던 아이는 배까지만 덮어주는 모습을 볼 수 있었다.

혹시라도 아이들이 아이가 위험한 상황이 생겼을 때에는 어떻게 해야 하는지 물어보아. 아이들과 어떻게 하면 좋을지 이야기를 나눠보기도 하였다.

한 아이가 "119에 신고 해야 되요"라고 이야기하여, 대처방법에 대해서도 알아보기로 하고 놀이를 마무리하였다.

2-2. 놀이

▷ 놀이 제목: 자연물로 아기인형을 만들어보아요.

▷ 놀이 과정(글, 사진):

아기 인형으로 놀이를 하던 아이들이 숲 산책활동을 나가서도 "선생님 우리 아기가 위험하지 않도록 놀이해봤지요?"라고 물이보이서 관심이 아직 아기를 표현하던 놀이에 멈추지 않아 자연물로 아기 인형을 만들어보는 놀이를 계획하였다.

자연물로 아기를 만들 수 있도록 다양한 자연물들을 주워와 아이들과 사람 모형을 표현하며 자연물 아기인형을 만들어보았다. 아기를 소중히 대하여 한다는 놀이를 하여서 인지 자연물 아기인형을 내려놓을 때에도 살포시 내려놓는 모습을 볼 수 있었다.

자연물로 아기인형을 만들어보아요.

■ 교사의 놀이 관찰 및 지원 실제

친구들이 숲 산책을 가던 중 "선생님 아까 교실에서 아기를 살포시 내려놓아야하고, 푹신한 곳에 두면 안 된다고 했었죠?" 라며 이전 놀이를 회상하는 아이가 있었다. 그 관심을 이어서 산책 활동 중 볼 수 있는 자연물들로 아기 인형을 만들어보기로 제안하자, 아이들이 좋다고 하였다. 아이들이 하나둘 모여 자연물을 주워오며, "돌맹이로 머리를 만들고, 나뭇가지로는 팔다리를 만들 거예요"라고 이야기하였다. 교사는 아이들이 인형을 표현 할 때 필요한 풀 또는 끈을 지원해주며, 아이들과 자연물 아기인형 만들기 놀이를 하였다. 아이들마다 모두 다른 자연물 아기인형을 만들고 나서 자연물 침대, 자연물 밥상 등을 만들며 실외에서도 소꿉놀이를 하는 모습을 볼 수 있었다. 그 와중에도 자연물로 만들었던 아기인형을 소중히 내려놓으며, 아기가 다치지 않도록 조심해야 한다고 이야기를 하는 모습을 볼 수 있었다.

3. 마무리와 새로운 놀이로의 확장
▷ 놀이 제목: 심폐소생술을 알아요.
▷ 놀이 과정(글, 사진):

| 심폐소생술 영상 | 심폐소생술 활동지 |

■ 교사의 놀이 관찰 및 지원 실제

　유엔아동권리협약을 아이들의 눈에 잘 보이는 곳에 두고, 자유롭게 볼 수 있도록 하니 아이들이 자신이 가진 권리를 생각하고, 자신의 소중함을 느끼는 것 같았다. 권리카드 교구를 통해 아이들이 책임을 배울 수 있도록 하였고, 다른 친구의 이야기를 잘 듣지 않거나 아프게 하는 상황이 보이면 권리와 책임에 대해 이야기하며 서로를 존중하는 모습을 볼 수 있었다.

참조: 누리과정(놀이실행자료) 계획안 양식

■ 교육계획안의 예시

<영아 돌연사 증후군 예방> 2020. O. O(요일) ~ O. O(요일)			
안전교육 경험	놀이	'아기는 약하고 지켜줘야해요.'	
		'자연물 아기인형 만들기'	
		'심폐소생술을 알아요.'	
	활동	(동화)-친구가 위험할 때 우리도 도울 수 있어요.	
		(과학)-심장이 뛰어요	
활동 사진	 <동화 친구가 위험할 때 우리도 도울 수 있어요? >		
이번 주 유아들의 관심	돌연사		아기
	심폐소생술		
새로운 관심과 놀이 확장	심장		119
가정연계 내용	이번 주 안전교육을 통해서는 아이들이 영아돌연사 증후군에 대해 알아보았습니다. 아이들과 아기를 지킬 수 있는 방법도 알아보고, 우리가 도울 수 있는 것들에 대해 알아보기도 하였답니다. 가정에서도 위험한 상황에 신고를 하는 역할을 할 수 있도록 지도 부탁드립니다.		동화-119에 신고해요.

참조: 누리과정(놀이실행자료) 계획안 양식 p.132

재 난 안 전

11장. 재난안전

1. 화재안전

1) 화재 및 화재 안전교육

화재(火災)의 사전적 정의는 불이 나는 재앙 또는 불로 인한 재난을 말한다. 화재는 인간이 의도하지 않은 또는 고의로 불을 낸 것을 의미하며, 소화시설을 이용해 끌 필요가 있는 화학적인 폭발현상을 말한다. 또한 인간이 불을 사용하는데 불의 목적과 다른 상황이 발생하여 사람에게 신체상, 재산상의 피해를 가져오는 사건이나 사고를 말한다. 즉, 우리가 가스레인지를 이용해 음식을 만드는 것 외에 관리나 사용의 부주의로 불이 나서 피해를 입었다면 이는 화재가 되는 것이다.

화재 안전교육은 불의 특징이나 화재 예방방법과 화재 발생 시의 적절한 대처방법을 유아들이 알고 평소에 안전교육을 실시하여 그 내용을 자주 되풀이하여 알려주며, 화재상황을 가상하여 배우고 익힌 대처방법을 실제로 반복하여 경험하게 함으로써 만약의 경우 손상을 최소화할 수 있도록 화재 안전에 대한 적절한 지도를 행하는 것을 뜻한다.

2) 화재의 유형별 발생원인

화재 발생 원인으로는 크게 사람이 의도적 원인과 비의도적 원인으로 나눈다. 의도적 원인은 사람이 고의성을 가지고 불을 질러 건조물이나 기타 물건을 소훼하는 행위를 말하며 방화, 테러 등에 의한 화재가 해당된다. 비의도적 원인은 사람의 부주의나 실수 또는 관리 소홀로 말미암아 발생하는 화재를 말하고, 고의성이 전혀 없는 상태에서 발생하는 화재를 말한다. 전기, 담배, 가스, 유류, 불장난, 난로, 학교에서의 실험 부주의로 인한 화재 등을 말한다.

① 전기화재

전기화재는 전기를 이용하는 배선기구, 전기기계 및 기구에서의 발열, 합선, 누전, 전선과 전선 또는 전기기구 등의 접촉 불량, 정전기 및 제품의 결함에 의하거나 전기제품의 취급부주의로 발생한다.

- 우리나라 화재의 약 1/3을 차지하고 있는 가장 빈번한 화재이다.
- 주요 원인은 전선의 합선, 전기기구 과열, 콘센트 접촉 불량, 용량초과사용 등이 있다.

② 담뱃불

부주의에 일어나는 화재이다. 흡연 가능한 장소의 명확한 구분, 재떨이에 물을 담아서 비치, 흡연 허가 장소에는 가연물을 제거, 보행 중 흡연금지, 담뱃불을 끌 때에는 불씨 확인 등 안전수칙 미 이행에 의해서 발생하는 사고이다.

- 확인하지 않은 작은 불씨 때문에 대형 산불로 이어지기 쉽나.

③ 불장난

촛불놀이, 소꿉놀이, 폭죽놀이, 화약놀이, 모닥불 피우기 등과 난로 등 연소기구 주위에서 등으로 불 붙이기 놀이를 하는 등 어린이들의 놀이에 의해 발생한 화재로 3~7세 사이의 어린이들에 의해 많이 발생한다.

- 주로 성냥, 라이터 등으로 장난을 치다가 일어나는 경우가 많다.
- 야외에서 폭죽, 쥐불놀이, 모닥불 놀이를 하다가 화재로 이어지는 경우도 있다.

④ 가스화재

액화석유가스(LPG), 부탁가스 등 기체가연물의 저장시설, 배관시설 등 시설의 결함 또는 취급부주의가 원인으로 화재가 발생하며 폭발을 수반하는 경우도 있다.

- 중간 밸브를 열어 놓거나 연결부분에서 가스가 새어 불이 나는 경우가 있다.
- 음식을 하던 중 자리를 오래 비워서 불이 나는 경우도 있다.
- 가스화재는 화재와 함께 폭발까지 오는 경우가 많다.

3) 화재예방을 위한 생활태도

화재의 원인은 누전 등 유아들과 전혀 관계가 없는 것도 있으나 성냥, 촛불, 라이터를 이용한 불장난 등 유아와 직접적으로 관계가 있는 것도 있다. 따라서 주변 상황에 대하여 호기심이 많고 무엇이든지 직접 해보려고 하는 경향이 강한 유아기부터 불의 편리함, 필요성과 함께 불의 특징 및 화재를 일으킬 수 있는 원인을 알려주고 이들을 어떻게 다루어야 하는지를 이해시킴으로써 유아들 스스로가 화재를 예방할 수 있게 해야 한다.

(1) 화재예방을 위해 주의해야 할 원칙
① 가정

- 성냥이나 라이터, 촛불, 화약, 폭죽 등으로 장난을 하지 않으며 이런 물건을 보면 즉시 어른들에게 알린다.
- 난로 주변에서 장난치거나 넘어뜨리지 않는다. 난로를 너무 뜨겁게 오랜 시간 켜두지 않으며, 외출 시나 잠깐 자리를 비울 때에는 반드시 끈다. 또 점화가 된 상태에서는 난로에 기름을 넣거나 옮기지 않는다.
- 하나의 콘센트에 여러 가지의 가전제품을 연결하여 쓰지 않는다. 전기로 인한 화재의 원인 등 전선이나 콘센트의 과열에 의한 화재 발생 빈도가 가장 높았다. 따라서 하나의 콘센트에는 한 가지의 가전제품만 연결하는 것이 가장 좋으며 이는 특히 전열기구의 경우 더 필요하다. 또 여행을 하거나 오랜 시간 집을 비울 때에는 가전제품의 전원을 빼둔다.
- 껍질이 벗겨진 전선이나 전원은 바로 교체해야 하며 전선의 상태를 자주 점검한다.
- 담배꽁초를 함부로 버리지 않는다. 완전히 끄지 않은 담배꽁초를 쓰레기통에 버려 화재가 발생하는 경우가 많다. 담배꽁초는 반드시 완전히 비벼 끈 후 버리도록 한다. 또 담뱃재나 꽁초가 이불 등의 침구류나 인화성이 강한 물질에 떨어지지 않도록 주의한다.
- 부엌에 들어갔을 때 냄새로 가스가 누출되었다고 판단되는 경우에는 얼른 환기시킨다. 가스레인지를 켤 때에는 반드시 창문을 먼저 열고 켜야 한다.
- 비누거품을 이용하며 가스가 누출되는지 정기적으로 점검한다.

② 유아교육기관

- 유아교육기관에서 가스를 사용하는 경우 가스 누출 자동차단기를 가스경보기와 함께 설치한다.
- 유아교육기관에서는 열 관리 자격을 가진 기사로 하여금 제반 난방시설의 안전도를 정기적으로 점검하게 한다.

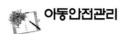

(창원=연합뉴스) 황봉규 기자 = 경남지역 일부 사립유치원이 화재보험에 가입하지 않은 것으로 드러나 화재발생시 부상치료 및 보상에 어려움이 예상된다.

4일 경남도교육청에 따르면 도내 688곳의 유치원 중 단설과 병설유치원을 포함한 447곳의 공립유치원은 100% 화재보험에 가입돼 있는 반면 241곳의 사립 유치원 중 9곳은 화재보험에 가입하지 않은 것으로 나타났다. 이 때문에 해당 유치원에서 화재발생시 원생들의 부상 또는 사망, 유치원 건물파손 등에 대비한 보상 문제가 해결되기 어려울 것으로 우려되고 있다. 그러나 이들 사립유치원들은 공립유치원과 함께 유아상해보험에는 모두 가입돼 있는데다 32곳은 학교안전공제회와 일반 상해보험 2곳에 중복 가입할 정도로 유치원에서 원생들이 다치는 경우에 대해서는 비교적 철저히 대비했다.

도 교육청 관계자는 "만약을 대비해 모든 유치원이 화재 및 상해보험에 가입하도록 지도하고 있다"며 "유치원생들이 안심하고 생활할 수 있는 환경조성에 최선을 다할 것"이라고 말했다.

자료출처: 연합뉴스

4) 화재 대피 훈련

가정에서나 유아교육기관에서는 화재가 났을 때 어떤 경로를 통하여 건물 바깥으로 대피할 것인가의 지침을 평소에 마련해 두어야 하며, 지침에 따른 대피훈련은 정기적으로 실시하여야 한다. 대피훈련을 반복해서 실시하면 실제로 위급한 상황에 처했을 때 거의 본능적으로 대피할 수 있기 때문이다. 특히 많은 어린이들이 함께 생활하는 유아교육기관에서는 화재시의 대피훈련을 정기적으로 실시하여 대피행동을 유아들이 몸으로 익히게 함으로써 만약의 경우 당황하지 않고 대피할 수 있도록 하는 것이 좋다.

(1) 화재대피 훈련의 원칙
① 불이 나지 않은 상황에서 대피훈련을 하는 것은 실제로 불이 났을 때 신속하게 대피할 수 있도록 도와주므로 중요하다는 것을 이해한다.
② 화재경보기 소리를 식별하도록 해준다.

③ 함께 대피하지 못하는 만약의 경우를 대비하여 화재가 났을 때 바깥에서 모이는 장소를 평소에 정해 두고 화재가 나면 즉시 그 장소로 가야 한다는 것을 알려준다. 그리고 유아들이 이를 잊어버리지 않도록 계속 상기시켜 준다.

④ 화재경보기가 울리면 얼른 놀던 것을 멈추거나 화장실에서 나와 교사에게로 간다. 만약 건물 밖에 있었다면 그대로 바깥에 있으면서 평소에 모이기로 약속해둔 장소로 간다.

⑤ 화재경보기가 울리면 교사의 지시대로 신속하게 움직인다. 자기 소지품이나 옷 등을 챙기려 하지 않는다.

⑥ 대피훈련을 할 때에는 장난을 치지 않는다.

⑦ 대피훈련을 할 때에는 가까운 친구들이 함께 훈련에 참가하는지 확인한다.

연기를 피해 대피하는 자세

수건이나 옷을 물에 적셔 코에 대고 대피하기

안전한 공간/약속한 장소에 모이기

수화기로 초기진화가 어려울 경우; 신속히 대피

- 비상문에서 제일 가까운 누육교직원이 모든 영유아 빛 보육교직원을 내씌
- 교사는 영유아가 평상시에 훈련한 대피장소로 이동하도록 유도
- 교사는 남아 있는 영유아가 있는지 살핌
- 엘리베이터를 타지 않고 비상구를 이용

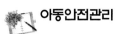

(2) 피난 안내도

피난안내도를 구성할 때는 다음의 원칙에 따라야 한다.

- 각 보육실과 출입구 위치를 쉽게 알아볼 수 있도록 표시한다.
- 화재 시 대피할 수 있는 비상구 위치를 표시한다.
- 소화기, 옥내소화전 등 소방시설의 위치를 표시한다.
- 구획된 실에서 비상구 및 출입구까지의 피난동선을 표시한다.

※ 피난안내도는 보육실 뿐 아니라 눈에 잘 띄는 곳(현관, 복도 등)에도 비치
한다.

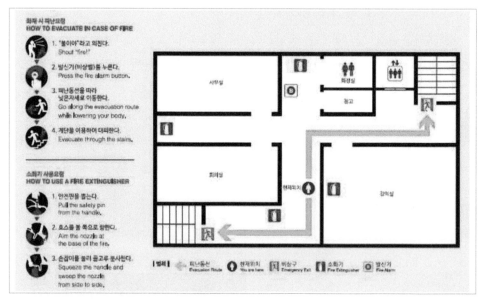

출처: 소방청 홈페이지(www.nfa.go.kr) 소방서식>공지사항

(3) 소화기 사용방법

작은 불은 물이나 모래, 담요 등을 이용해서 끌 수 있는 경우가 많다. 그러
나 기름이나 전기에 의한 불이 난 경우나 불길이 커지기 시작한 경우에는 반
드시 소화기를 사용하여 불을 꺼야 한다. 그러므로 가정의 경우 적어도 부엌과
각 층에 하나씩 소화기를 비치해야 하며, 유아교육기관의 경우 부엌과 각 교실
에 하나씩 비치해야 한다.

소화기에 대하여 알고 있어야 하는 원칙은 크게 6가지로, ① 소화기를 가지
고 장난하지 않으며, 소화기는 항상 있던 장소에서 옮기지 않아야 한다. ② 소

화기는 잘 보이는 곳, 잘 꺼낼 수 있는 곳, 그늘진 곳, 습기가 없는 곳에 보관해야 한다. ③ 평소에 소화기를 가지고 장난하지 않으며 소화기는 항상 있던 자리에서 옮기지 않아야 한다. ④ 소화기는 여러 개를 묶어 두지 않아야 하며, 사용 후에는 반드시 재충전하고 한 달에 한 번 이상 점검을 해야 한다. ⑤ 소화기는 가정의 경우 적어도 부엌과 각 층에 하나씩 비치해야 하며, 유아교육기관의 경우 부엌과 각 교실에 하나씩 비치해야 한다. ⑥ 교사는 소화기의 사용법을 알고 있어야 한다.

올바른 소화기 사용방법

(4) 화재 발생 시 화재 신고 방법

1) 주변에 알린다.

– 화재를 감지하고 '불이야'하고 외친다.

2) 119로 신고한다.

당황하지 말고 침착하게 전화번호를 누른다.

▶ 응급상황이 발생한 위치(어린이집 이름, 보육실 이름, 도로나 거리 이름 등)

▶ 응급상황의 내용(무의식, 무호흡, 안선사고 등)

▶ 도움이 필요한 사람의 명수와 상태

▶ 영유아에게 시행한 응급처치 내용(심폐소생술 등)

▶ 필요한 도움 등

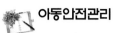

☞ 신고 시 유의사항

* 소방서에서 알았다고 할 때까지 전화를 끊지 않는다.
* 공중전화 긴급통화 버튼(빨간색)을 누르면 무료 전화 가능하다.
* 장난 전화를 해서는 안 된다

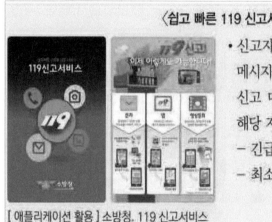

[애플리케이션 활용] 소방청. 119 신고서비스

2. 폭염

1) 폭염의 정의 및 종류

폭염은 통상 연일 30℃ 이상의 불볕더위가 계속되는 현상을 말한다. 폭염의 원인은 지구온난화라고 보는 쪽과 대기 흐름으로 인한 자연스러운 일반적인 현상이라고 보는 쪽 등 두 가지가 있다(백과사전).

폭염은 인체에 심각한 악영향을 미칠 수 있기 때문에 몇몇 국가에서는 폭염에 대한 특보를 내리는데, 대한민국 기상청을 기준으로 '폭염주의보'는 낮 최고기온이 최고 섭씨 33℃ 이상인 경우가 2일 정도 지속될 때 내려지는 폭염 특보이다. '폭염경보'는 낮 최고기온이 35도 이상인 경우가 2일 이상 지속될 때 내려지는 폭염 특보이다.

2) 폭염에 따른 인체 부위별 주요 증상

폭염으로 인해 건강에 큰 위협이 되고 있다. 특히 65세 이상 노인이나 5세 이하의 영유아는 폭염으로 인한 건강피해를 많이 받을 수 있다. 우리의 인체는 37℃의 일정한 체온을 유지하고 있다. 인체의 온도가 이 범위를 넘으면 다양한 체온조절기전에 의해 항상성을 유지할 수 있다. 체온은 열 생산과 열 손실의 균형에 의해 조절되며, 대사과정에 의한 생화학적 열 생산, 피부와 호흡기를 통한 수분 증발에 의한 열 손실, 전도와 대류에 의한 열 이동 및 열 복사 등에 의해 조절한다. 폭염에 노출되면 체내의 열 생산 기전은 모두 억제되고 피부혈관의 확장이나 발한, 호흡촉진 등을 통한 열 발산이 증가한다.

폭염에 의한 건강문제로는 햇볕에 의한 피부화상, 열사병, 열 탈진, 열 경련, 열 부종 등이 발생할 수 있다.

■ 열사병(heat stroke)

열사병은 고온·다습한 환경에 노출될 때 체온조절기능의 이상으로 갑자기 발생한다. 생명을 위협하는 응급질환으로 다기관 손상 및 기능장애와 중추신경장애를 일으킨다. 체온조절장애로 전신의 발한정지, 40℃이상의 심부체온상승 등을 일으킨다. 사망률이 매우 높아 치료를 하지 않는 경우는 100% 사망하고, 치료를 하더라도 심부체온이 43℃ 이상인 경우는 약 80%, 43℃ 이하인 경우는 약 40% 정도의 치명률을 보인다. 특히, 혼수상태가 지속되면 예후가 매우 불량하다.

주요증상은 높은 체온(41℃ 이상) 및 힘이 없거나 정신이 혼미하거나 혼란스럽거나 이상한 행동, 판단장애, 섬망, 경련, 혼수 등이 나타난다. 피부가 뜨겁고 땀이 나지 않아 건조하며 붉고, 빠른 맥박, 두통 또는 어지럼증과 같은 증상이 나타난다 더 진행되면 의식을 잃고 발작을 일으킬 수 있다. 오심, 구토, 두통, 허탈, 헛소리 등 여러 가지 증상을 보인다.

즉시 치료가 필요한 위급 상황이다. 열사병의 치료에는 무엇보다 환자의 체온을 빨리 낮추는 것이 중요하다. 환자를 서늘한 장소로 옮긴 후 환자의 옷을

벗기고 선풍기 등을 이용하여 공기의 흐름을 원활하게 해준다. 찬물을 몸에 뿌려준다. 환자가 의식이 있다면 찬물을 조금씩 먹인다.

■ 열 경련(heat cramps)

폭염 상황에서 땀을 많이 흘린 후 물만을 보충하는 경우에 염분이 부족해서 발생한다. 열경련은 더 위험한 고온 장애의 경고 신호일 수 있으므로 중요하다.

고온적응 여부는 주요한 발생요인 중 하나로 고온작업을 떠나 2~3일 쉬고 다시 되돌아올 때 열경련이 많이 발생한다.

일반적으로 근육 경련이 30초 정도 일어나지만 심할 때에는 2~3분 동안 지속되기도 한다. 경련은 어느 근육에나 일어나지만 다리 및 복부 근육과 같이 가장 많이 사용하여 피로한 근육에 주로 일어난다. 피부는 습하고 차가운 것이 특징이며 체온은 정상이거나 약간 상승한다.

휴식이 가장 좋은 치료법이며 환자를 시원한 곳에 눕히고 생리식염수를 정맥주사하거나 먹인다. 전해질 보충 음료(이온음료 또는 스포츠 음료)를 마시고, 경련이 일어난 근육은 마사지로 풀어주도록 한다.

■ 열 실신(heat syncope, 졸도)

폭염 상황에서 피부의 혈관확장으로 인해 정맥혈이 말초혈관에 저류되고 저혈압, 뇌의 산소 부족으로 실신하거나 현기증이 나며 급성 신체적 피로감을 느끼게 하는 증상을 말한다. 체액 상실 및 불충분한 물 섭취로 인해 발생한다.

심한 신체 작업 후 2시간 이내에 나타날 수 있다. 보통 의식 상실이 주요 증상이다. 열 실신이 일어나기 전에 어지럽거나 구역, 발한, 위약감 등이 동반되는 경우가 흔하다. 피부는 차고 습하며 맥박은 약하다. 일반적으로 수축기 혈압이 100mmHg 이하를 보이게 된다.

시원한 환경에서 휴식을 취하고 수액을 보충하는 것이 중요하다. 환자가 의식이 있다면 찬물을 조금씩 먹인다. 대개는 누워서 휴식을 취하면 스스로 회복되지만, CPR의 필요성 여부를 평가한다. 다른 질병으로 인해 졸도하는 경우와 감별이 필요하다.

■ 열 부종

외부의 온도가 높으면 우리 몸은 열을 발산하기 위해 체표면의 혈액양을 늘리고 심부의 혈액양은 감소시킨다. 이런 상태에서 오랜 시간 서 있거나 앉아 있게 되면 체표에 순환하던 혈액의 수분들이 혈관 밖으로 이동하면서 부종을 만들 수 있는데 이것이 열부종이다.

흔히 다리에 부종이 생긴다. 다리를 올린 자세로 휴식을 취하면 회복이 된다.

폭염에 의한 환자 발견 시 생명이 위험한 긴급 상황임을 인식하고, 119 연락 및 현장에서 몸을 차게 식히는 등의 응급조치를 한다. 의협 국민건강보호위원회는 "폭염특보 등 기상예보에 주의를 기울이면서 탈수 예방을 위해 물 자주 마시기, 낮 시간대 활동 자제, 충분한 휴식, 모자와 밝고 헐렁한 옷 착용 등 폭염대비 건강수칙을 준수하는 것이 폭염으로부터 안전을 지키는 방법이라고 하였다.

3) 폭염 발생 시 행동요령

(1) 유아교육기관/교사 행동요령

표 11-1. **폭염 시 단계별 기관 조치 절차**

단 계	내 용
1단계 예방대비	■ 폭염 대비 안전계획 수립 • 시설 사전 점검: 급식 관련 위생, 냉방, 전기점검 및 실내 직사관선 차단 • 폭염 대비 안전계획 수립 • 시설 사전 점검: 급식 관련 위생, 냉방, 전기점검 및 실내 직사관선 차단 • 폭염대비 응급처치 물품구비: 생리식염수, 얼음팩, 체온계, 비상 구급품 • 폭염대비 건강관리 및 행동 유령 교육 • 폭염대비 3대 건강 수칙 안내 • 비상연락망 점검 및 정비 • 학부모, 유아, 교육청, 주민자치센터, 시, 군, 구청, 소방서, 경

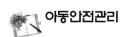

	찰서 등
	• 폭염 영향 예보를 참조하여 대응을 사전에 준비
2단계 주의보 발령	• 비상 상황에 대비한 비상연락망 확인(교내 및 유관기관 연락망)
	• 비상 상황 발생 시 상황 보고 및 신고 철저(교육청, 소방서)
	• 영유아 안전조치
	• 쉬는 시간 및 점심시간의 실내외 활동 자제, 부모님께 연락
	• 수시로 수분섭취 및 휴식
	• 이상 징후 발견 시 즉시 응급조치
	• 유아교육기관 시설 점검
	• 급식 및 위생 강화 보완
	• 냉방기 점검, 커튼점검, 실내적정온도유지(26~28도)
3단계 경보폭염영향 예보(위험)발령	■ 영유아 안전조치
	• 기관장 재량으로 영유아 및 부모에게 신속히 연락 교육청에 신고
	• 실외 대근육 활동 금지
	• 기관 내 시설 재점검
	• 피해 영유아 발생 파악 및 교직원 파악
	• 119 신고 및 응급조치
	• 비상연락망 체계 확인 , 보호자에게 사항 안내

연일 30℃ 이상의 불볕더위가 계속되는 폭염이 발생하면 유아교육기관에서는 다음의 내용을 점검하고 실행하여야 한다.

■ 유아교육기관 급식 시 식중독 사고가 일어나지 않도록 점검한다.
■ 영유아들의 건강상태를 수시로 확인하며 폭염에 취약한 질병보유 영유아들을 특별 관리한다.
 ※ 취약질환 : 심뇌혈관질환(고혈압, 심장병, 뇌졸중), 과체중자
■ 폭염관련 기상예보를 토대로 유아교육기관 실정에 알맞게 등·하원 시간 조정, 단축수업, 휴원 등을 검토하며, 그 결과를 영유아편에 학부모에게 신속히 알린다.

폭염주의보 발생 시에는

- 비상상황에 대비한 비상연락망을 점검·확인한다.
  - ▶ 원내 및 관계기관(주민자치센터, 소방서, 경찰서 등)연락망 가동
- 폭염대비 영유아들에게 행동요령 교육을 실시한다.
- 쉬는 시간 및 점심시간의 실외·야외활동을 자제시킨다.
- 실외·산책활동 등의 실외활동은 그늘이나 강당에서 실시한다.

폭염 경보 발생 시에는,

- 쉬는 시간과 점심시간의 실외·야외활동을 금지시킨다.
- 대근육·게임 활동 등의 실외수업은 실내수업으로 대체한다.

표 11-1. 폭염 시 단계별 기관 조치 절차

단 계	대피요령
폭염 주의보 시	- 실외활동의 자제 및 실내 활동으로 대체하기 - 보육실을 시원하게 유지, 편한 복장으로 활동하기 - 활동 중간에 휴식시간을 갖거나 피곤해하는 영유아는 쉴 수 있도록 배려하기 - 낮잠시간을 충분히 갖되 교사들도 잠깐 쉴 수 있도록 배려하기
폭염 경보 시	- 실외활동의 중단 및 실내 활동으로 대체하기 - 창문 등에 커튼 치기 - 보육실을 시원하게 유지, 편한 복장으로 활동을 무리하게 계획하지 않기 - 활동 중간에 휴식시간을 갖거나 피곤해하는 영유아는 쉴 수 있도록 배려하기 - 영유아의 건강상태를 수시로 확인하여 적절히 조치하기 - 낮잠시간을 충분히 갖되, 교사들도 잠깐 쉴 수 있도록 배려하기

(2) 영유아 행동요령

폭염발생시 영유아 대처 행동요령을 살펴보면,

등하교 시에는 등원 전 유아교육기관의 임시 휴원 등의 비상연락망을 확인하고, 되도록 천천히 걷고, 자외선 차단제를 발라 피부를 보호한다. 원복이 아닌 경우 가볍고 얇은 옷을 착용하고 모자나 양산으로 햇볕을 가린다.

기관에서는 한낮의 뜨거운 햇볕은 피하고, 야외 활동을 자제하고, 지정된 음용수를 규칙적으로 자주 마신다. 폭염경보가 발령되었을 때는 실외 및 야외활

동을 금지한다. 또한 손 씻기 등 개인위생을 철저히 한다.

가정에서 야외활동을 자제하고 물을 끓여 먹으며 날 음식은 삼가며 변질이 의심되면 버린다. 에어컨, 선풍기는 잠들기 전에 끄거나 일정시간 가동 후 꺼지도록 한다, 창문이 닫힌 자동차 안에 홀로 있지 않는다.

폭염과 관련된 증상이 보이거나 폭염 환자(쓰러진 영유아)발생 시 응급조치를 취한다.(선생님, 보호자 또는 119에 연락)

3. 지진

1) 지진의 정의 및 크기

(1) 지진의 정의

지진은 지구 내부의 급격한 지각변동으로 지구의 표면이 흔들리는 현상으로, 파장으로 인한 충격에 의해 땅이 흔들리는 자연적인 원인으로 인해 단층면에서 순간적으로 발생하는 변동 자체를 지진이라고 한다(위키백과). 즉, 지진이란 지구내부의 활동과 판구조 운동으로 인해 지구내부, 지각에서 장시간 축적된 에너지가 순간 방출하면서 일부가 지진파 형태로 전파되어 지표면까지 도달하면 흔들리는 현상이다.

(2) 지진의 규모와 진도

규모는 지진 자체가 갖는 에너지의 크기이다. 따라서 지진파가 관측된 어느 곳에서 계산하더라도 규모는 동일하다. 그러나 진도는 지진파가 전달된 지점마다 다르게 표현된다. 큰 지진이라도 아주 멀리서 관측되면 그 영향이 작아져 진도도 작아지며, 같은 지역에서도 지반조건이나 건물상태 등에 따라 진도가 달라진다(보건복지부·한국보육진흥원(2016). 어린이집 지진관리·대응 매뉴얼).

지진의 시간적 분포에 따라 전진, 본진, 여진으로 나뉘는데 그 내용은 다음과 같다.

- 전진 : 큰 규모의 지진을 일으키는 단층 내에서 큰 지진 전에 발생하는 작은 규모의 지진
- 본진 : 어떤 진원 부근(하나의 단층)에서 발생하는 일련의 지진 중 규모가 가장 큰 지진
- 여진 : 본진 뒤에 발생하는 작은 규모의 지진

표 11-2. 지진의 규모 및 자연, 사람에 대한 영향

규모	구조물, 자연계 등에 대한 영향	인체영향	JMA 진도 (8급등)
미만 2.5	사람의 몸으로는 느낄 수 없고 지진계에만 기록됨	느낄 수 없음	0(무감)
3.0	정지하고 있는 사람, 특히 감각이 민감한 사람이 다소 흔들린다고 느낌	민감한 사람만이 느낌	I (미진)
3.5	모든 사람이 느낄 정도로 창문이 다소 흔들림	여러 사람이 느낌	II (경진)
4.0	건물이 흔들리고 창문이 움직이며 형광등과 같은 매달린 물건이 흔들리거나 그릇의 물이 출렁임	약간 놀람 자다 깸	III(약진)
5.0	건물의 흔들림이 심하고 불안정하게 놓인 꽃병이 넘어지며 그릇의 물이 넘침, 많은 사람이 집 밖으로 뛰어나옴	매우 놀람 자다 깨 나옴	IV(중진)
6.0	벽에 금이 가고 비석이 넘어짐, 굴뚝, 돌담, 축대 등이 파손됨	서있기곤란하고 심한 공포를 느낌	V (강진)
7.0	건물파괴 30% 이하, 산사태가 발생할 수 있고 땅에 금이 감, 사람이 서있을 수 없음	도움 없이 걸을 수 없음	VI(열진)
8.0	건물파괴 30%이상, 산사태가 나고 땅이 갈라짐	이성상실	VIII(격진)
9.0 이상	건물 완전 파괴됨/철로가 휘고 지면에 단층 현상이 발생/대공항	대공항	
	관측된 바 없음		

출처: 기상청, http://www. kma.go.kt/).

2) 지진의 발생원인

지구 표면을 이루는 암석을 지각이라고 부르며, 이것은 커다란 퍼즐 조각처럼 서로 쪼개져 맞물려 있다. 판이라고 하는 이 조각들은 연약권이라 불리는 점성을 가진 층 위를 1년에 수 cm 이상의 속도로 천천히 움직이는데, 이에 관한 이론을 판구론이라고 한다.

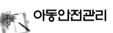

천천히 움직이는 판은 서로 부딪치면서 암석들을 조이거나 늘여 점차 압력을 키우게 된다. 그 압력이 매우 커져 더 이상 버티지 못하면 암석이 깨지고 갈라지면서 지진이 발생한다. 이때의 충격파가 땅을 흔들리게 하는 것이다(기상청, http://www. kma.go.kt/).

3) 우리나라 지진 발생 사례

- 전진 : 2016년 9월 12일 오후 7시 44분 경상북도 경주시 남서쪽 9km 지역에서 규모 5.1의 전진 발생했다.
- 본진 : 2016년 9월 12일 오후 8시 32분(전진발생 48분 후) 경주시 남남서쪽 8Km 지역에서 규모 5.8의 본진이 발생했다.
- 여진 : 2016년 9월 19일 오후 8시 33분(본진발생 일주일 후) 경주시 남남서쪽 11km 지역에서 규모 4.5의 지진이 또 다시 발생, 9월 20일에는 여진 횟수가 400회를 넘었다.

피해규모로는 지진 발생 직후 휴대폰의 통화와 문자, 카카오톡 메신저와 일부 포털사이트에 장애 발생하였고, 경주 지진으로 인한 부상자가 23명, 재산상 피해는 1,118건이라고 발표함. 9월 15일 집계된 재산상 피해는 5,120건으로 증가했고 경주시와 울산시에 피해가 집중되었다(보건복지부·한국보육진흥원(2016).

5) 지진 안전교육

지진 발생 시 대응순서 및 지진이 일어났을 경우 대응방법, 올바른 대피방법 등을 보건복지부·한국보육진흥원(2016)어린이집 지진관리·대응매뉴얼에 제시된 내용을 정리하여 소개하고자 한다.

(1) 어린이집 지진 발생 시 대응순서

◀ 표 11-2. **지진의 규모 및 자연, 사람에 대한 영향**

<1단계> 지진발생감지 및 알림	■ 지진 첫 감지자는 큰 소리로 지진 발생을 알리고, 지휘명령총괄 (원장)에게 연락
<2단계> 안전 확보	■ 대피자들(영유아, 보육교직원 등)은 현재 위치에 가깝고 몸을 보호할 수 있는 곳으로 신속히 이동하여 몸을 웅크리고 머리를 보호 ※지진대피 3대원칙  ■ 차단을 담당하는 보육교직원은 가시, 전기를 신속히 차단(2차 피해방지) ■ 출입구 확보를 담당하는 보육교직원 대피 가능한 출입구(문, 창문)를 개방
<3단계> 피난장소로 이동	 ■ 각 반 보육교사는 영유아의 비상연락처 지참 ■ 원장은 보육교직원 비상연락처 지참 ■ 구급을 담당하는 보육교직원은 비상용품(비상기기, 비상약품, 물 등)을 신속히 챙김 ■ 지진이 멈추면 피난 경로의 안전을 확보하여 피난 장소로 이동(큰 동원, 광장 등)
<4단계> 부상자 확인 및 응급처치	 ■ 보육교사는 영유아 부상자 확인 ■ 원장은 영유아와 보육교직원의 부상자 확인 ■ 부상자가 있을 경우 응급처치를 하고 의료기관 등에 연락
<5단계> 재해정보 확인 / 보호자연락 후 인계	 ■ 재해정보 담당 보육교사는 비상기기(라디오, 핸드폰 등)로 재난방송을 통해 지진 상황을 확인 ■ 보육교사는 보호자에게 연락하여 안전하게 인계 ■ 연락이 되지 않을 경우 피난 장소에서 휴식을 취하고 보호자에게 연락을 시도

출치: 보건복지부 한국보육진흥원(2016). 어린이집 지진관리·대응매뉴얼—어린집안진공제회(2015)재구성

(2) 어린이집 내에서 지진이 일어났을 경우 대응 방법

■ 보육교사는 영유아가 안심할 수 있도록 상호작용을 해준다.

■ 피아노, 창문, 책상, 기타 넘어지기 쉬운 물건 등으로부터 영유아를 멀리 이동시킨다.

■ 지진의 흔들림이 진정되면 재빨리 마당으로 대피하고 전체 원아 및 교직 원의 안전과 인원수를 확인하여 총괄책임자(원장)에게 보고한다.

■ 보육교사는 지시가 있을 때까지 마당에 앉아 대기한다.

■ 어린이집 내에는 안전이 확인될 때까지 들어가지 않는다.

(3) 어린이집 밖에서 지진이 일어났을 경우 대응 방법(어린이집 인근)

■ 흔들림을 느끼면 즉시 영유아를 모아 최대한 담이나 건물과 먼 곳으로 모 여 앉는다.

■ 흔들림이 진정될 때까지 기다린다.

■ 끊어진 전선 등은 절대로 만지지 않도록 영유아에게 주의를 준다.

■ 바닥의 균열·함몰, 머리로 떨어지는 낙하물을 주의한다.

■ 해일 등의 2차재해 등이 없는지 휴대폰 등으로 확인한다.

■ 필요한 경우 어린이집에 지원을 요청한다.

■ 담임교사는 영유아와 함께 인근의 안전한 장소에서 대기한다.

■ 상황이 진정되면 안전을 확인하면서 신중하게 어린이집으로 돌아온다.

(4) 소풍, 현장학습 장소에서 지진이 일어났을 경우 대응 방법

■ 비상시 대피가능한 안전한 장소를 사전(사전답사 등)에 파악한다.

■ 영유아의 안전을 최우선으로 하여 침착하게 행동한다.

■ 소풍, 현장학습을 중단하고 영유아의 안전 확보 후, 어린이집으로 연락을 취한다.

■ 재해 상황에 따라 지원을 요청한다.

■ 연락이 닿지 않는 경우, 현장 지휘자가 상황을 판단하여 조치를 취한다.

■ 창문유리 및 간판 등의 파편 등 낙하물에 주의한다.

■ 끊어진 전선에 직접 감전되거나, 웅덩이, 가드레일을 통해 감전될 수 있으 므로 주의한다.

(5) 등·하원 시 지진이 일어났을 경우

- 주변의 보호자에게 협조를 얻어 대피 행동을 지시한다.
- 원장은 재해 상황에 따라 어린이집 운영 여부를 판단하여 게시물을 정문에 부착한다.
- 재해 상황에 따른 어린이집 운영 방침을 부모에게 유선(문자 등)으로 공지한다.

(6) 차량운행 중 지진이 일어났을 경우

- 차량운행을 중지하고, 영유아의 안전을 확보한 후 휴대전화로 어린이집에 연락을 취한다.
- 재해 상황에 따라 지원을 요청한다.
- 연락이 닿지 않는 경우 현장의 지휘권자가 상황을 판단하여 행동한다.
- 유리창 간판 등의 파편 등 낙하물에 주의한다.
- 끊어진 전선은 직접 감전되거나, 웅덩이, 가드레일을 통해 감전될 수 있으므로 주의한다.

① 집 안에 있는 경우
- 방석이나 가방으로 머리를 보호해요.
- 책상 밑으로 들어가 다리를 잡아요.
- 대피 방송을 듣고 비상구로 대피해요.

② 집 밖에 있을 경우
- 떨어지는 물건에 주의해서 넓은 공터로 대피해요.

③ 상가에 있을 경우
- 안내를 듣고, 침착하게 행동해요.

④ 엘리베이터에 있을 경우
- 빨리 엘리베이터에서 내려 가까운 복도로 대피해요.

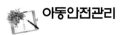

6) 올바른 대피방법

11-3. 지진의 규모 및 자연, 사람에 대한 영향

상황	대피방법
지진대피소로의 대피	• 피난장소를 사전에 확인한다. • 대피경로를 파악한다. • 영유아의 안전을 위해 앞, 뒤, 중간 등에 교직원을 배치하여 이동한다. • 출석부 및 비상시 필요한 물품을 최소한으로 소지한다
광역피난에 대한 대피	• 지역에 대형 화재가 발생한 경우 방재 시민 조직과 소방·경찰 등의 유도에 따라 다른 지진구호소로 대피한다.
해일발생 시의 대피	• 단시간에 쓰나미가 올 것으로 예상되기 때문에 신속하게 대피한다. • 인근 아파트가 있는 경우 옥상에 일시 대피한다.

※ 대피를 위해 어린이집을 떠날 때 주의할 점!

영유아를 데리러 오는 부모에게 소재를 명확히 하기 위해 반드시 행선지 게시문을 정문 및 건물에 부착한다.

출처: 보건복지부·한국보육진흥원(2016). 어린이집 지진관리·대응 매뉴얼

7) 보호자와의 인계원칙

영유아를 안전하게 보호자에게 넘겨주기 위해서는 교직원의 노력뿐만 아니라 보호자 측의 협력이 필요하다. 따라서 부모를 대상으로 한 오리엔테이션 등을 통해 어린이의 생명을 보호하기 위해 어린이집과 가정과의 팀워크가 중요함을 안내한다.

① 연락 수단을 공유한다.
- 재해 발생 시에는 전화 연결이 원활하지 않을 수 있으므로, 미리 여러 가지의 연락수단을 정하여 보호자에게 알린다. (예: 핸드폰 번호, 집 전화번호, 메일주소, 휴대폰에서 볼 수 있는 홈페이지, 블로그, 트위터, 어린이집에 설치한 게시판 등)
- 즉시 정보를 전달할 수 있도록 여러 상황을 예상하여 정형화된 문구를 준비해둔다.
- 재해 발생 시에는 보호자 측에서도 안부상황을 어린이집에 전해줄 것을 공지한다.

② 대피장소를 공유한다.
- 사전에 오리엔테이션을 통해 어린이집 대피장소를 보호자와 공유한다.
(※ 대피 훈련 등을 통해 학부모와 현지장소 확인을 하는 것도 좋음)

③ 영유아 인계 규칙을 공유한다.
- 보호자와 연락이 닿지 않는 경우를 대비하여 미리 영유아의 인계 규칙을 정하고 보호자와 공유한다.

※ 인계 규칙의 예
- 재해 시 안전을 확인할 수 없는 경우에는 영유아를 인계하지 않는다. 그러한 경우 보호자와 함께 어린이집에 머물거나 함께 대피를 한다.
- 영유아의 보호자가 귀가 난민이 되는 경우를 고려하여 보호자 이외로 인계할 수 있는 사람(조부모 등)의 인적사항(이름, 연락처, 생년월일 등)을 미리 받아 둔다.

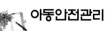

 실제 1.   지진대피훈련

▣ (팀 활동)팀을 이루어 경기도 교육청(2013)에서 제시한 지진 대피 훈련 요령에 따라 다 같이 지진 대피 훈련을 해 봅니다.

실제 2.　놀이를 통한 폭염 대응 교육 사례

■ 놀이의 배경

숲 활동 시 더워하며, 물을 마시는 유아가 "선생님 너무 더워서 물을 마셔야 겠어요" 라고 이야기를 하였다. 하나둘 아이들이 모여 물을 마시게 되었다.

우리 몸은 더우면 왜 물을 마실까? 더운 날 우리가 어떻게 해야 할까?

■ 놀이를 통한 안전교육 실행에서의 교사의 고민과 교육적 지원

1. 관심의 시작

우리 몸은 더우면 왜 물을 마실까? 더운 날 우리가 어떻게 해야 할까?

2. 놀이와 활동

2-1. 놀이

▷ 놀이 제목: 그늘에 숨어요.

▷ 놀이 과정(글, 사진):

　더운 여름날이 되어 아이들이 숲에서 더워하는 모습을 보여주었다. 폭염에 대해 이야기를 나누며 우리가 지금보다 더 더워졌을 때 해야 하는 행동에 대해 이야기를 나누어보았다. 즐겁게 춤을 추다가 노래에 맞춰 아이들과 햇빛과 그늘을 왔다 갔다 하면서 놀이할 수 있도록 계획하였다.

더위를 피해 그늘에 숨어요 놀이를 하는 모습

■ 교사의 놀이 관찰 및 지원 실제

　더위에 대비해야 하는 것에 대해 이야기를 나누고, 더위를 피해 그늘에서 활동 할 수 있도록 하였다. 즐겁게 춤을 추다가 노래에 맞춰 놀이를 하니 더욱 흥미로워 하는 모습을 볼 수 있었으며, 실외에서 활동하여, 아이들에게 노래만 지원해주었다.

2-2. 놀이
▷ 놀이 제목: 아이스크림 놀이
▷ 놀이 과정(글, 사진):
　더운 여름날 더위를 식히기 위해 물을 자주 마시고, 그늘에서 지내고 또 할 수 있는 것이 무엇인지 물어보니, 차가운 음식을 먹어야 한다고 하여서, 아이스크림 그림 자료를 지원해주었다. 아이들과 아이스크림 먹기 놀이를 하고, 차가운 음식이 또 어떤 것이 있는지 함께 알아보았다. 또 차가운 음식을 먹을 때 조심해야할 것에 대해서도 알 수 있도록 계획해보았다.

아이스크림 놀이

■ 교사의 놀이 관찰 및 지원 실제

　더운 여름 우리 몸을 식히기 위해 아이스크림을 먹어야 한다는 아이의 이야기에 아이스크림 그림 자료를 역할 영역에 넣어주니 아이스크림을 먹으며 더위를 식히는 놀이를 하기도 하고, 아이스크림 장사를 하는 놀이를 하기도 하였다. 그리고 차가운 음식을 먹으면 우리 몸의 온도가 내려가서 더위를 식힐 수 있음을 놀이를 통해 알게 되었으며, 아이들이 차가운 음식에 대해 여러 가지 이야기를 해주었다. 차가운 음식을 먹으면 배탈이 날 수도 있고, 몸의 온도가 갑자기 내려가면 감기에 걸릴 수 있으니 건강에 주의하여 먹을 수 있도록 이야기해주었다.

3. 마무리와 새로운 놀이로의 확장

▷ 놀이 제목: 물놀이를 해요.

▷ 놀이 과정(글, 사진):

　더운 여름 폭염을 피해 우리가 할 수 있는 놀이는 무엇일까 이야기를 나누어보니 아이들이 실내에서 노는 것과 물놀이를 이야기 하여 아이들에게 물놀이를 제안하였다. 물놀이에 필요한 것이 무엇인지 알아보는 것과 물놀이 시 주의해야 할 것에 대해 이야기하기로 계획한 후 물총을 지원하기로 약속 한 후 물놀이를 진행하기로 하였다.

물놀이 안전 이야기나누기	물총놀이

■ 교사의 놀이 관찰 및 지원 실제

　물놀이를 하기 위해서 우리가 체조를 해야 한다는 아이들의 이야기에 체조를 해주었다. 그리고 물총에 물을 담아 아이들과 물총놀이를 하였다. 물놀이 시 지켜야 하는 안전에 대해서도 이야기를 나눈 후 친구와 안전하게 놀이할 수 있도록 하였다. 더운 여름 갑자기 몸의 온도가 내려가면 감기에 걸릴 수 있으니, 물놀이 후 따뜻한 물로 샤워를 하기로 이야기를 나눈 후 옷을 입기로 약속하였다.
물놀이를 통해 무더운 폭염에도 즐겁게 보낼 수 있음을 알게 되었다.

참조: 누리과정(놀이실행자료) 계획안 양식

■ 교육계획안의 예

<폭염대응: 그늘에 숨어요>		
2020. O. O(요일) ~ O. O(요일)		
안전교육 경험	놀이	'그늘에 숨어요'
		'아이스크림 놀이'
		'물놀이'
	활동	(동화)-수박파티
		(신체)-물놀이 전 체조

활동사진	 <신체- 물놀이 체조>	

이번 주 유아들의 관심	물놀이	더위
	폭염	

새로운 관심과 놀이 확장	여름 과일	채소

가정연계 내용	더운 여름을 대비할 수 있는 것에 대해 알아보 았습니다. 아이들이 더운 여름을 즐기고, 여름 채소와 과일에 관심을 갖게 되었습니다. 가정에 서도 함께 관심을 기울여 여름 제철과일과 채소 를 알 수 있게 해주면 감사하겠습니다.	여름 과일과 채소

참조: 누리과정(놀이실행자료) 계획안 양식 p.132

실제 3. 놀이를 통한 지진대피 안전 교육 사례

■ 놀이의 배경

 한 아이가 나뭇가지로 땅에 그림을 그린 후 "땅이 갈라졌어요" 라고 이야기하자 다른 친구들이 모여 "왜 땅이 갈라졌어?"하고 물어보자, 지진이 났다고 이야기를 한다. 지진이 났다고 하니 아이들이 모두 "으악 도망쳐!"하고 멀어져가는 모습을 보고, 지진이 났을 때 대피하는 방법과 우리 몸을 보호하는 방법을 알기 위해 놀이를 계획해보았다.

 땅이 갈라지는 이유는 왜일까? 지진이 나면 우리는 어떻게 해야 할까?

■ 놀이를 통한 안전교육 실행에서의 교사의 고민과 교육적 지원

1. 관심의 시작

> 땅이 갈라지는 이유는 왜일까? 지진이 나면 우리는 어떻게 해야 할까?

2. 놀이와 활동

2-1. 놀이

▷ 놀이 제목: 지진이 났어요.

▷ 놀이 과정(글, 사진):

 숲 속에서 땅이 갈라진 그림을 그리며 놀았던 아이의 모습을 보고, 실제 땅이 갈라진 그림을 보여주며 무슨 상황인지 아이들과 이야기를 나누어 보았다. 아이들이 지진이라고 이야기를 해주어 땅이 갈라지는 이유에 대해서도 함께 생각해보았다. 그리고, 소세지를 양쪽 끝에서 구부리며 잘 휘다가 다시 힘을 놓았을 때 흔들리면서 원래대로 돌아가는 모습을 보여주었다. 그리고 계속해시 힘을 주었을 때에는 결국 갈라지는 모습을 보여주고, 지진이 나는 이유에 대해서도 알아보았다. 땅이 쌓여있는 지층이 서로 힘을 많이 주었을 때 흔들리고 땅이 갈라진다는 것을 알게 되었다.

지진에 대해서 알아보아요.

■ 교사의 놀이 관찰 및 지원 실제

아이들이 소세지가 양쪽에서 힘을 주고 힘을 놓았을 때 흔들림을 보며 관심이 높아졌다. 그리고 실제로 지진이 일어났을 때 위험한 상황들에 대해서도 이야기를 해보았다. 나무와 동물들이 위험하다고 이야기하여, 지진이 일어났을 경우 우리 사람들 또한 위험한 상황이 많다고 이야기해주며, 함께 지진이 났을 때 대처하는 방법에 대해서도 알아보기로 하였다.

2-2. 놀이

▷ 놀이 제목: 머리를 보호해요.

▷ 놀이 과정(글, 사진):

지진이 생기는 원인에 대해 알아본 후 우리 원에서 지진이 났을 때 상황을 이야기해보며, 대피방법이 그려진 그림을 지원하여 아이들에게 보여주며, 이야기를 해주었다. 먼저 어른과 아이가 해야 할 일이 다름을 알려준 후, 아이들은 자신의 몸과 머리를 보호할 수 있어야한다고 이야기해주니, 한 아이가 재빨리 책상 밑으로 몸을 숨긴다. 다른 아이들도 따라 몸을 숨기고, 교사는 불과 문을 열어 탈출구를 확보해야 한다고 이야기 하였다. 가방으로 자신의 머리를 보호하며, 어린이집 밖으로 나가야 하는 상황이 올 수 있음을 이야기해주니, 아이들이 하나둘 문 앞으로 모이기 시작하였다.

| 책상 밑으로 몸을 피하는 모습 | 가방으로 머리를 보호하는 모습 |

■ 교사의 놀이 관찰 및 지원 실제

　지진이 났을 상황에 책상 밑으로 몸과 머리를 보호하고, 가방을 챙겨 머리를 한 번 더 보호하는 것을 연습해보았다. 그리고 실제 강한 지진이 날 수도 있기 때문에 신속하게 교사 앞으로 모여 어린이집 밖으로 나갈 수 있는 길을 알아보기 위해 함께 나가보기도 하였다. 한 아이가 문을 열려고 해서 이건 어른이 해야 하는 일이니 유아는 먼저 몸을 보호할 수 있도록 알려주었다. 놀이를 통해 아이들이 지진이 난 상황에 대한 대처방법을 대해 알게 되었다.

3. 마무리와 새로운 놀이로의 확장

▷ 놀이 제목: 땅들아 괜찮니? 미리 알려줘!
▷ 놀이 과정(글, 사진):

　지진이 났을 경우 대피하는 방법을 알아보고 나니 지진이 날까봐 무서워하는 아이들이 있었다. 그래서 "지진이 나기 전 땅이 알려주는 것들이 있단다"하고 이야기해주니 함께 나가 땅을 살펴보자고 하였다. 지진이 나기 전 동물과 곤충들은 지진을 피해 이동하는 모습이 보여진다고 사진과 사례를 들려주니 아이들이 곤충들에게 다가가 말을 걸기도 하였다.

| 땅들아 괜찮니? 미리 알려줘! |

■ 교사의 놀이 관찰 및 지원 실제

땅을 살펴보기 위해 교사가 청진기를 지원해주고, 아이들이 자유롭게 땅을 살펴보며 땅에게 말을 걸기도 한다. "땅아 아프면 이야기해줘"하며 청진기를 대며 관찰한다. 청진기로 땅과 곤충들에게 말을 걸고 난 후 아이들에게 지금은 과학이 많이 발전해서, 지진이 다가오는 모습도 알 수 있다고 이야기 해주며, 기상청 홈페이지에 들어가서 아이들이 궁금해 하는 것들을 함께 알아보기도 하였다

참조: 누리과정(놀이실행자료) 계획안 양식

■ 교육계획안(예시)

<재난대응: 지진이 났어요>
2020. O. O(요일) ~ O. O(요일)

안전교육 경험	놀이	'지진이 났어요'	
		'머리를 보호해요'	
		'땅들아 괜찮니?미리 알려줘'	
	활동	(동화)-지구 껍질이 흔들흔들	
		(음률)-재난 상황 사이렌을 들어보아요	
활동사진	 <사이렌소리를 들어보아요>		
이번 주 유아들의 관심	지진		사이렌
	땅		
새로운 관심과 놀이 확장	안전모		구급차
가정연계 내용	지진에 대해 알아보고 대피하는 것을 놀이로 해 보니 아이들이 안전에 대해 관심이 커졌네요. 아이들과 가정에서도 지진 대피 하는 방법을 알려주시면 좋을 것 같습니다.		지진대피행동 요령

응급처치

12장. 응급처치

1. 응급처치의 개요

1) 응급처치의 정의 및 중요성

응급처치란 응급 환자가 발생한 때부터 생명의 위험에서 회복되거나 심신상의 중대한 위해가 제거되는 과정에서 응급환자를 위하여 하는 상담·구조·이송·응급처치 및 진료 등의 조치를 말한다.

심장이 정지된 환자가 현장에서 즉시 심폐소생술을 하면서 구급차를 불러 전문소생술을 실시한다면 환자의 30~40%가 살아날 수 있다. 즉시 구급차호출, 심폐소생술, 제세동술에 이어 전문소생술을 하는 과정이 잘 연계되면 환자는 최대의 생존확률을 가질 수 있다. 이때 만일 아무런 처치도 하지 않는다면 100%가 사망하게 된다. 최대한의 생존율을 보장하기 위해서는 신고, 심폐소생술, 제세동술, 전문소생술의 이 4가지 과정이 연쇄적으로 신속하게 이루어져야한다. 이 4가지 과정을 응급처치에서 가장 중요한 개념으로 소생의 고리(Chain of Survival), 혹은 생존의 사슬 등으로 부른다.

결론적 응급환자가 살 수 있는 방법은 현장에서 즉시 응급처치가 이루어지면서 신속히 전문적 처치와 연계되어야 한다. 특히 영유아를 돌보는 부모나 교사는 응급상황에 대처할 수 있는 능력을 가질 수 있도록 응급처치에 대한 정확한 지식과 기술을 획득하기 위해 지속적인 교육과 훈련이 필요하다.

이러한 근거로 응급처치의 목적은 대상자의 생명을 구하는 것이며, 환자의 통증과 불편감 및 고통을 경감할 수 있도록 돕는 것이다. 또한 합병증 발생을 예방하고 부가적인 상해를 입지 않도록 하며, 대상자를 한 인간으로서 의미 있는 삶을 영위할 수 있도록 하는데 그 목적이 있다.

표 12-1. 응급 상황에 대한 일반적인 준비

심장정지 시간	0~4min	4~6min	6~10min	10min 이후
사고발생시 환자의 상태	임상적 사망	뇌손상	뇌사	생물학적 사망

소생의 고리

| 신속한 심정지 확인과 신고 | 신속한 심폐소생술 | 신속한 제세동 | 효과적 전문소생술 | 심정지 후 통합치료 |

참고동영상

응급처치 4분의 기적
https://www.youtube.com/watch?v=MNAy5YDTxoM

2) 응급처치를 위한 사전 준비

(1) 응급처치의 기본원칙

응급처치를 하는 사람은 자신부터 안전을 확보하여야 한다. 구조자가 위험한 상태에서 환자에게 달려드는 것은 환자나 구조자 모두에게 해로운 일이다. 또한 응급처치를 시행하는 사람은 응급상황에서 신속, 침착, 질서 있게 대처해야 한다. 환자가 여러 명이 발생한 경우 긴급한 환자부터 처치해야 하며 이송이 필요한 상태라면 지체 없이 119에 신고하여 도움을 빌아야 한다.

응급처치를 실시하는 환자에게는 끝날 때까지 가급적 음식물을 주지 말아야 한다. 특히 무의식 환자에게 음식물을 제공하는 것은 기도를 막아 숨을 못 쉬게

할 수 있으므로 절대 금지해야 하며, 심각한 손상, 심한 출혈 등 수술이 필요한
환자에게 음식물 제공은 수술 시작 시간을 지연시킬 수 있다.

> **응급환자 신고 시 전달해야 할 기본정보**
>
> ⊞ 환자가 발생한 위치, 주소 및 전화번호
> ⊞ 응급상황이 발생한 경위와 환자상태
> ⊞ 주위의 위험요소 유무(화재, 사고, 위험물질 등)
> ⊞ 환자의 수

(2) 응급처치를 위한 준비물

유아교육기관이나 가정에서는 응급 상황에 대비하여 응급처치를 위한 재료와
약품 등을 갖추어야 한다.

① 의료용 재료
- 붕대, 거즈, 소독솜
- 삼각붕대, 탄력붕대
- 칼, 가위, 핀셋, 족집게
- 면봉, 반창고
- 설압자(또는 숟가락)
- 체온계(고막체온계)
- 일회용 장갑, 밴드
- 각종 부목
- 얼음주머니 또는 냉찜질팩
- 소형전등
- 쿠션, 들것

② 바르는 약(외용제)
- 베타딘, 포비돈
- 상처용 외용연고
- 스토로이드계의 피부연고

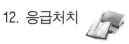

- 근육용 마사지 연고
- 화상용 바세린 거즈
- 생리식염수
- 벌레 물린데 바르는 연고
  (히스타민 연고)나 파스
- 바세린 로션

③ 먹는약(내용제)
- 어린이용 설사약
- 멀미약
- 진통제
- 해열제
- 소화제

(3) 응급 상황에 대한 일반적인 준비

다음과 같은 사항을 미리 준비해 둠으로써 응급 상황에 보다 빠르고 적절하게 대처할 수 있다.

① 역할 분담
- 사고 당한 유아를 보살피고 응급처치 하는 역할, 부모와 구조대 또는 응급실에 연락 하는 역할, 남은 유아를 돌보는 역할, 대피를 주도하는 역할 등으로 교사의 역할을 미리 정하여 놓는다.

② 응급대응 전화번호 비치
- 가까운 병원의 응급실이나 구급차를 부를 수 있는 전화번호, 119구조대 등의 전화번호나 유아와 관련된 부모의 연락처, 유아 주치의 전화번호 등도 손쉽게 찾을 수 있도록 준비해두어야 한다.

③ 응급처치방법 숙지
- 교사가 취할 수 있는 응급처치방법을 알아두고 상황에 따라 참고할 수 있는 응급 처치매뉴얼을 쉽게 꺼낼 수 있는 곳에 비치한다.

④ 상비 의약품 준비
- 응급상황이나 안전사고 발생 시 사용할 수 있는 상비의약품과 기구를 준비해 놓는다.
- 상비의약품은 유아의 손이 닿지 않는 시원한 곳에 보관하고 정기적으로 보충하여야 한다.
- 소풍이나 견학 등 야외활동에 필요한 휴대용 구급상자 준비해 놓는다.

⑤ 유아 개인정보 숙지
- 치료 시 알아 두어야 할 유아에 대한 개인 정보를 미리 수집 및 부모의 동의를 미리 받아두고 필요한 정보를 준비해 놓는다.
- 비상연락처 및 응급처치 동의서는 손쉽게 볼 수 있는 곳에 보관하고 야외활동 시 휴대용 구급상자와 함께 반드시 가지고 간다.

⑥ 사고보고서 작성준비
- 사고 발생 시 사고보고서를 작성할 수 있도록 준비해 둔다.

⑦ 특이체질 유아 파악
- 교사는 특별한 도움이 필요한 유아마다 어떤 도움이 필요한지 사전에 숙지하고 있어야 하며 특이체질 유아를 위한 구급상자를 미리 마련해 놓는다.

⑧ 부모동의서 사전 준비
- 응급상황 발생 시 응급처리가 가능한 연계 종합병원을 사전에 부모동의서에 확인하여 보관한다.

3) 안전사고 대처요령

(1) 응급상황 및 사고 발생 시 대처방법

안전사고가 발생하면 교사가 당황하지 않는 것이 무엇보다 중요하다. 교사가 당황하게 되면 사고를 당한 영유아나 나머지 영유아들이 함께 당황해하거나 더 불안해 할 수 있기 때문이다. 따라서 응급상황 시 교사는 당황하지 않고 사고의 원인을 파악하여 필요한 조치를 취해야 한다. 사고를 파악할 때에는 누가 어떻게 다쳤는지, 그 현장에 남아 있는 위험이나 또 다른 사고의 위험은 없는지 판단하고 다친 영유아의 부상정도를 파악하여 적절한 대처법을 실시하여야 한다. 119나 응급실에 구조 요청을 하고, 부모에게 연락을 취해야 하며, 남은 영유아를 안심시키는 일 또한 매우 중요하다. 일련의 과정이 정리가 되면 사고보고서를 작성한다.

표 12-2. 응급 상황 시 대처방법

상황	행동요령
즉시, 침착하게 행동	• 다친 유아를 안심시키고, 다른 유아들도 현장에서 벗어나도록 하여 안심시키기 • 다친 유아를 함부로 움직이지 말고, 신속하게 상황 판단
도움요청	• 간단하게 처치할 수 없는 경우라면 섣불리 접근하기보다는, 119 구급 상황관리센터에 연락하여 상황을 명확하게 전달하고 도움 요청하고 기다리기
응급처치 실시	• 응급처치를 할 수 있다면 도움을 받을 수 있을 때까지 사전에 계획한 응급조치 절차 계획에 따라 신속하게 행동
상황설명	• 응급처치 할 사람이 오면 상황을 설명하고, 평가하도록 함
유아와 함께 있기	• 부모가 도착할 때까지 교사는 유아와 함께 있도록 함
사고발생 보고서 작성	• 24시간 내에 사고발생 관련 보고서 작성하고 기록철에 해당보고서를 철하고 가능하다면 사본 1부를 당일 부모에게 줌 • 1부는 유아 개인파일에 보관하며 작성된 사고보고서를 토대로 위험물 제거 및 교정활동 계획을 수립

(2) 응급상황에 대처하는 교사의 자세

① 모든 교사는 기도확보와 심폐소생술 등의 응급처치법에 관한 교육을 받도록 한다. 응급처치는 가까운 전문기관(대한적십자사의 각 지사에서 매월 2회 교육 실시, 중앙소방학교 민간자원봉사자 교육 등)에서 손쉽게 배울 수 있다.

② 손이 쉽게 닿는 곳에 필요한 물품이 갖추어진 구급상자를 준비해둔다. 구급상자에는 응급전화번호, 약품의 사용방법 등을 부착한다.

③ 영유아의 비상연락망, 응급 시 도움을 요청할 수 있는 기관의 번호와 응급절차과정목록 등을 전화기 옆에 비치한다.

④ 야외학습을 나갈 때 교사는 휴대용 구급상자와 비상연락망을 준비 한다.

⑤ 응급상황 발생 시 조치에 대한 부모 동의서를 준비한다.

표 12-3. 응급처치 동의서 및 비상연락망

응급처치 동의서 및 비상연락망

반 이름 : _____   영유아 이름 : _____   성별 : _____

사고발생시 응급처치는 부모의 동의를 얻어야 함을 이해합니다. 따라서 귀 기관에서는 사고 시 응급처치에 대한 신속한 동의가 이루어지도록 다음의 연락처로 연락을 취해주시고, 다음의 절차에 따라 응급처치를 하는 경우 그 권한을 귀 기관에 위임할 것에 동의합니다.

날짜 : _____   부모이름 : _____   서명 또는 인_____

※ 응급처치의 절차

1. 본 기관에서는 사고 발생 시 가장 먼저 부모님께 연락합니다.

　　　　　　(시간/기간)　　　　　　(전화번호)
　가. 어머니와는 _____ 동안에 ☎_____ 로 연락할 수 있습니다.
　　　　　　　　　　　　　　　동안에 ☎_____ 로 연락할 수 있습니다.
　나. 아버지와는 _____ 동안에 ☎_____ 로 연락할 수 있습니다.
　　　　　　　　　　　　　　　동안에 ☎_____ 로 연락할 수 있습니다.

2. 부모님과 신속하게 연락이 되지 않을 경우 부모님이 정해 주신 다음의 사람들에게 연락합니다.

　가. 이름 _____ 은 ☎_____ 로 연락할 수 있습니다.
　　　아동과의 관계는 _____ 입니다.
　나. 이름 _____ 은 ☎_____ 로 연락할 수 있습니다.
　　　아동과의 관계는 _____ 입니다.

3. 필요한 경우 119 구조대에 연락할 것이며(기관에서 지정하는 의료기관이나, 부모님이 정하신 의료기관) 으로 응급 수송할 것입니다. 비용은 보호자 부담으로 합니다.

4. 의료기관 수송 후에는 다음의 의료보험 관련 정보를 주어 신속한 치료를 받을 수 있도록 합니다.
　　의료보험종류 _____
　　　　　번호 _____
　　　　　기관 _____

○ ○ ○ 어린이집

2. 안전사고 상황별 응급처치 방법

1) 피부에 상처가 났을 때

(1) 타박상(멍이든 경우, 부딪힌 상처)

- 차가운 찜질을 한다.
- 심하게 눌렸거나 멍이 큰 경우, 통증이 지속되는 경우, 부어오르는 경우는 병원의 진료를 받도록 한다.

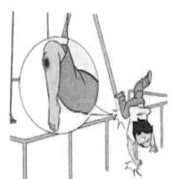

(2) 찰과상(피부가 긁힌 상처)

- 상처가 작으면 물로 깨끗이 씻어내고 출혈이 멈출 때까지 깨끗한 천으로 싸고 눌러 준다.
- 상처가 깊거나 넓고 벌어진 경우는 꿰매야 하므로 병원에서 치료를 받아야 하며, 이 때 미리 가루약이나 항생제를 바르지 않는다.
- 출혈이 많은 경우 119에 도움을 청하고 구급대원이 올 때까지 깨끗한 천으로 감싼 후 압박한다.

(3) 절상, 열상(베인 상처)

- 유리, 칼, 면도날 또는 유리조각과 같은 예리한 물체에 의해 피부와 그 아래조직이 베이거나 찢어져 생긴 상처를 말한다.
- 상처부위가 잘 감염되지 않으나 대부분 출혈이 심하다. 베인 상처로 인한 출혈은 거즈나 깨끗한 수건으로 수분 간 압박하면 멈춘다.
- 길이 1cm 이상의 상처나 피하조직이 드러난 경우에는 봉합수술이 필요하므로 압박한 채 병원에서 의사의 치료를 받아야 한다.

표 12-4. 피부에 상처가 생겼을 경우 대처방법

상황	대처방법
예리하고 날카로운 물건에 찔리거나 베인 경우	• 더러운 것이 묻었을 경우 깨끗한 물로 씻는다. • 상처를 흐르는 물에 잘 씻은 후 물기를 잘 닦은 다음 소독약으로 소독하고 깨끗한 수건이나 소독한 거즈를 상처에 대어 감싼다. • 출혈이 심한 경우 거즈를 출혈부위에 두텁게 대고 직접 누르고 붕대로 감아 지혈한다. 이 때 출혈부위를 심장보다 높게 유지한다. • 깊은 상처의 경우 파상풍의 위험이 있으므로 예방접종을 한다.
부상 발생 시	• 영유아의 부상 정도를 알아보고, 응급처치를 하며 치료가 필요한 경우 보건실에 연락하여 도움을 받는다. • 병원으로 이송이 필요한 경우라면 신속히 이동이 이루어지도록 한다.

2) 코피가 날 때

- 고개를 앞으로 숙이게 하고 입으로 넘어간 코피는 뱉어 내도록 한다.
- 코의 중간부위에 찬찜질을 해 준다.
- 코피가 15분 이상 지속되거나 출혈량이 많으면 119에 도움을 요청하고 병원 진료를 받도록 한다.

3) 이물질이 들어간 경우

(1) 코
- 반대편 콧구멍을 막고 세차게 코를 풀도록 한다.
- 면봉으로 제거하려고 시도하면 더 깊게 들어가거나 코피가 날 수 있으므로 병원에 가서 제거 한다.
- 풀어도 이물질이 나오지 않거나 코를 풀 수 없는 영아의 경우에는 병원에 데리고 가서 확인한다.

(2) 눈

- 눈의 표면에 먼지가 붙을 경우 눈꺼풀을 벌려 눈의 안쪽에서 바깥쪽으로 물을 흘려 씻어 내도록 한다. 안약은 함부로 사용하지 않는다.
- 눈을 감게 하고 깨끗한 손수건 등으로 띠를 만든 후 눈을 가려 많이 움직이지 못하게 하여 병원으로 이송한다.
- 영유아가 눈을 비비면 각막이 손상될 수 있으니 눈을 비비지 않도록 한다.
- 눈을 함부로 만지지 않도록 한다.
- 박힌 물체는 움직이지 않게 고정한다.
- 손상된 쪽과 다치지 않은 쪽 모두 가려주어서 2차 손상 예방한다.
- 양쪽 눈을 가리는 경우 환자가 매우 불안해하므로 응급처치과정을 설명한다.

이물질 사고 사례(코, 눈)

- 자유 선택 활동 중 유아가 구슬을 콧속으로 넣은 후 담당교사에게 와서 코를 만지며 울상을 지어 살펴보니 오른쪽 코에 하얀 구슬이 확인되어 병원에 내원하여 제거함
- 영아가 자신의 머리를 묶었던 고무줄을 코에 집어넣어 병원에 내원하여 제거함
- 실외놀이 중, 모래 놀이터에서 유아가 모래놀이를 하다가 모래가 눈으로 들어감

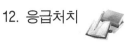

(3) 삼킴

- (강산, 강알칼리 성분)화학제품을 삼키거나 빨아 먹은 경우 억지로 토하게 하지 않는다.
- 억지로 구토하게 하는 경우 토사물 흡인으로 인한 식도 손상 등 합병증을 유발 할 수 있다.
- 입과 얼굴을 철저히 헹구고 병원 응급실로 이동한다.
- 삼킨 제품의 성분에 따라서 겉으로는 증상이 없어도 심한 식도, 위 손상이 있을 수 있기 때문에 병원 응급실로 빨리 가는 것이 중요하다.
- 병원 방문 시 영유아가 삼킨 제품의 성분, 삼킨 양 등을 확인하여 의사에게 전달한다.

표 12-5. 약품으로 인한 사고 발생 경우 대처방법

상황	대처방법
눈에 들어갔을 때	• 눈에 순간접착제와 같은 화학물질이 튀었을 경우 절대 눈을 비벼서는 안 되며 완전히 제거될 때까지 깨끗한 물이나 생리식염수로 아래 위 눈꺼풀을 종종 치켜들면서 즉시 눈을 씻고 즉시 의사의 치료를 받는다. • 강한 알칼리가 눈이나 입에 묻었을 때 2%의 붕산수로 닦는다.
피부에 접촉했을 때	• 오염된 의복, 장신구 및 신발을 즉시 제거한다. • 강한 산이 묻었을 때 묽은 암모니아수 또는 탄산수소나트륨 수용액으로 중화시킨다.
흡입했을 때	• 즉시 환자를 신선한 공기가 있는 장소로 옮기고 의사의 검진을 구한다.
먹었을 때	• 즉시 의사의 검진을 받도록 조치하고 임의대로 구토를 시키거나 중화시키지 않는다. • 초기에는 삼킨 것을 주의하여 물 등으로 위세척을 하면 좋다. • 식도나 위장 내에 화상을 입을 경우, 위세척을 할 때 잠재적인 출혈이나 위 천공이 생길 수 있으므로 조심하도록 한다.

삼킴 사고 사례

- 만 3세 유아가 원에서 제공된 꿀떡을 먹음(크기는 약 3Cm, 자르지 않음).
- 입에 넣은 떡이 유아의 기도에 걸려 원장이 하임리히법을 하였으나 떡이 빠지지 않았고, 119신고 후 심폐소생술 후 병원으로 이송되었으나 치료 중 사망

4) 경련(발작)

- 발작의 경우 환자가 다치지 않도록 하고, 발작이 끝난 후 편하게 해준다.
- 영유아를 옆으로 눕히고 고개를 약간 뒤로 젖힌 자세로 기도가 확보되도록 한다.
- 입안에는 어떤 물질(약물)도 넣지 않는다.
- 발작이 일어나면 영유아가 다칠 수 있으므로 주변의 위험한 물건은 치운다.
- 옷을 느슨하게 풀어 주고 미지근한 수건으로 몸을 적셔 준다.
- 치아 사이로 어떠한 물체도 끼우려 하면 안 된다.
- 5-10분 이내 경련이 멈추지 않을 경우 구급차를 부른다. 이때 너무 먼거리의 병원보다는 가능한 한 가까운 병원에 가서 응급처치를 하도록 한다. 30분이 넘어가면 영유아들에게 중첩증이라는 위험이 올 수도 있기 때문이다.

5) 탈구/골절 사고의 경우

골절과 삔 경우가 구별되지 않을 수도 있으므로 상처 부위를 움직이지 않도록 부목을 대고 찬찜질을 해 주며 병원으로 이송한다.

> **골절, 염좌, 타박상의 공통된 응급처치 요령(RICE 요법)**
> ① Rest(안정): 이러나가나 움직이지 않게 한다.
> ② Ice(냉찜질): 찬 것을 부위에 대어주어 통증과 부종을 가라앉힌다.
> ③ Compression(압박): 탄력붕대로 환부를 적당한 강도로 압박 고정한다.
> ④ Elevation(상승): 심상보다 높게 하여 손상된 부위의 부종을 예방한다.
> ⑤ 부목을 대어 병원으로 이송한다.

6) 화상 사고의 경우

- 화상 부위의 옷과 반지 및 팔찌 등을 제거한다. 단, 불에 탄 옷이 피부에 붙어있으면 억지로 떼지 말고 잘라서 제거한다.
- 찬물에 적신 물수건으로 30분 이상 식혀준다. 심한 화상인 경우 즉시 병

원 이송이 가능하다면 깨끗한 천을 덮고 바로 이동한다.
- 감염의 위험이 높으므로 된장, 기름, 소주 등을 바르지 않는다.
- 화학 물질에 화상을 입은 경우 구급차가 도착할 때까지 상처부위를 낮게 위치하고 물로 계속 세척한다.

화상 사고 사례

- 뜨거운 음식: 간식 및 배식 시 뜨거운 죽이나 국물에 의한 화상
- 글루건: 미술활동 등에 사용하는 글루건으로 인한 화상사고 다수 발생
- 교사의 커피: 교사가 마시던 커피나 차에 의한 화상 또는 커피포트의 뜨거운 물에 의한 화상
- 화장실 온수: 영유아를 씻기는 과정에서 세면대 및 샤워기의 온수에 의한 화상
- 기타: 분유 물, 정수기, 스팀청소기, 요리 활동 시, 여름 물놀이 시 뜨거워진 바닥 등

표 12-6. 화상 사고 발생 경우 대처방법

상황	대처방법
화상을 입었을 때	• 화상부위가 적을 경우에는 깨끗한 물로 냉각시켜 통증을 감소시킨다.(흐르는 찬물 속에 최소 10분 동안 담가야 함) • 화상 부위에 더 이상의 손상이 진행되지 않도록 찬물로 식혀준다. • 물집이 생긴 경우 터뜨리지 말고 화상부위를 소독된 거즈로 덮어 공기가 직접 닿지 않도록 하여 감염 예방을 위한 조치를 취한다.
국 국물이나 뜨거운 음식에 데었을 때	• 상처 부위에 냉수를 끼얹거나 냉수에 담가서 상처 부위의 열을 식힌다. • 수돗물로 상처를 식힐 때는 물줄기가 너무 세어 상처에 흠집이 생기지 않도록 수압을 조절한다. • 더러운 물건이나 먼지가 화상 부위에 닿지 않도록 주의한다. • 민간요법으로 간장이나 된장을 바르는 것은 세균에 감염될 우려가 있으므로 좋지 않다. • 상처에 탈지면이나 기타 오일을 사용하면 안 된다.

3. 영유아 심폐소생술

음식물이나 사탕, 장난감등이 기도로 넘어가 호흡이 막히고 얼굴이 창백해지며 목을 감싸 쥐고 괴로워 할 때, 즉시 119에 연락하고 다음과 같이 응급처치를 실시한다.

1) 영유아의 기도가 막힌 경우

(1) 의식이 있는 경우

① 유아의 뒤쪽에서 양 겨드랑이 사이로 팔을 넣어 배를 감싼다.

② 유아의 키가 작은 경우 시행자가 무릎을 꿇거나 유아를 의자에 앉혀 시행자의 가슴이 유아의 등에 닿도록 한다.

③ 배꼽과 명치 사이에 주먹을 대고 다른 손으로 주먹을 감싼다.

④ 유아의 머리를 숙인 상태에서 위쪽, 안쪽으로 힘차게 밀친다.

⑤ 5회 시행 후 기도를 막았던 이물이 빠져 나왔는지 확인한다.

⑥ 이물이 제거되지 않았으면 의식을 잃을 때까지 계속한다.

(2) 영아(1세미만)의 기도가 완전히 막힌 경우

① 머리를 고정하고 등의 가운데를 5번 세게 친다.

② 양쪽 젖꼭지를 이은 선의 바로 아래 부분의 두 손가락으로 5번 누른다.

③ 입을 열어 이물이 나왔는지 확인하고 나오지 않으면 ①②과정을 반복한다.

(3) 1세 이상 아이가 완전히 기도가 막힌 경우

① 아이의 뒤에 서서 아이의 허리를 팔로 감싼다.

② 한손으로 주먹을 쥐고 그 손의 엄지를 명치와 배꼽 사이 중간에 둔다.

③ 다른 한 손으로 감싸고 빠르고 강하게 위쪽으로 당겨 올림. 이물이 배출 될 때까지 ①②③ 과정을 반복하고 의식을 잃으면 심폐소생술을 실시한다.

(4) 의식이 없는 경우

① 의식이 없는 경우에는 심폐소생술을 시행한다.

② 인공호흡 전에 입을 열어 보아 이물질이 있는지 확인한다.

③ 이물질을 제거하기 위하여 우선 유아의 입을 수지교차법으로 열어야 한다.

④ 유아의 입속을 훑어 내도록 제거 한다.

⑤ 이물질이 눈으로 확인되는 경우에만 제거한다.

완전히 막힌 경우	부분적으로 막힌 경우
• 말을 하지 못함 • 기침을 해도 기침 소리가 나지 않음 • 숨을 못 쉼 • 청색증이 생기고 의식 흐려짐	• 말을 함 • 기침하면 기침소리가 남 • 호흡이 가능 • 의식이 온전함
바로 구급차를 부름	

출처: 육아정책연구소(2017). 영유아건강관리 가이드북 유치원·어린이집용

부분적으로 막힌 경우 기침을 하도록 유도하고 119에 신고하여 병원으로 신속히 방문한다.

기도가 완전히 막힌 경우 주위 다른 사람에게 119 신고를 부탁하고 아래의 순서에 따라 응급처치를 시행한다.

표 12-7. 기본 소생술 요점 정리

상 황		대처방법
이물질을 삼켰을 때	식도에 걸린 경우	• 증상 : 호흡하기가 힘들고, 식도의 벽을 손상시켰을 경우 열이 오르며, 음식물을 삼킬 때 고통을 느낀다. 갑자기 목소리가 이상해지기도 한다. • 응급처치 : 혀를 앞쪽으로 끌어내듯해서 구역질을 하여 이물질을 토하게 한다.
	기도에 걸린 경우	• 증상 : 얼굴빛이 금세 파래지고, 기도가 완전히 막히게 될 경우 말과 기침, 호흡도 할 수 없게 되어 사망에 이르게 된다. • 응급처치 : 하임리히 요법 시행 ① 처치자는 환자의 등 뒤에 선다. ② 한쪽 팔로 환자의 허리를 감싼다. ③ 한 손으로 주먹을 쥐고 엄지손가락 방향을 환자의 배꼽과 명치끝의 중앙부분에 둔다. 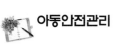 ④ 다른 한 손으로 주먹 쥔 손을 감싼 후 빠르게 후상방으로 환자의 배를 밀쳐 올린다. ⑤ 환자가 이물질을 뱉어내거나 의식을 잃고 쓰러질 때까지 반복한다. ⑥ 의식을 잃고 쓰러질 경우에는 심폐소생술을 시행한다. ※ 말을 할 수 있을 경우에는 기침을 유도하며, 지속적으로 기침을 해도 이물질이 배출되지 않을 때는 119에 연락한다. ※ 주의사항: 훈련되지 않은 일반인들이 하임리히 요법을 시행하다가 오히려 이물질이 깊숙이 들어가거나 복강 내 장기가 손상되는 합병증을 유발할 수 있기 때문에 119에 신고한 후 실시한다.
	기관지에 걸린 경우	• 증상 : 침을 제대로 삼키지 못하고 기침을 심하게 한다. • 응급처치 : 이물질을 꺼내려 하지 말고 등을 두드리거나 하여 아래로 내려 보낸다.

2) 심폐소생술

심폐소생술이란 갑작스런 심장마비이거나 사고로 인해 폐와 심장이 활동이 멈추게 되는 때에 필요한 기본적인 생명연장 차원의 꼭 필요한 기술이며 심장정지가 의심되는 환자에게 인공으로 호흡과 혈액순환을 유지함으로써 조직으로의 산소공급을 유지시켜서 생물학적 사망으로서 전환을 지연시키고자 하는 기술이다.

기본 심폐소생술시 영유아는 신체의 크기가 작고, 생리작용이 성인과 차이가 있으므로 성인과 똑같은 기본소생술을 적용할 수는 없다. 성인은 가슴압박을 5cm 이상의 깊이로 분당 최소 100회 이상하도록 권장하지만, 영아에게 5cm이상의 가슴 압박을 가할 경우 오히려 갈비뼈가 다 부러질 위험이 있으므로 2~3cm의 깊이로 최소 100회 이상이 적당하다. 또한 성인과는 다르게 한손으로 심장압박을 실행하며, 가슴 두께의 3분의1지점을 압박한다. 1세 이상의 유아의 심폐소생술은 이전 2번 인공호흡에 30번의 심장 압박을 실시한다.

2020년 보육교직원 안전교육(안전사고 예방 및 대응)에서 제시된 기본소생술 흐름도는 **그림 12-1**과 같다.

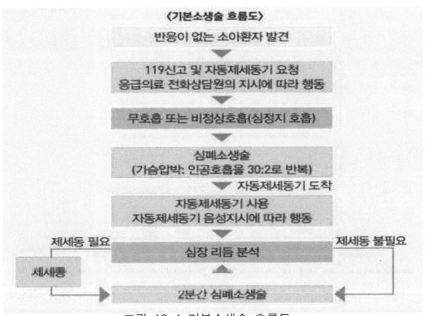

그림 12-1 기본소생술 흐름도

출처: 보건복지부·어린이집안전공제회(2020). 2020년 보육교직원 안전교육(안전사고 예방 및 대응)

중앙응급의료센터(https://www.e-gen.or.kr)에서 제시한 영유아의 심폐소생술에 대한 응급처치는 다음과 같다.

① 어깨를 흔들며 반응을 확인한다.

- 1세 미만 영아의 경우 발바닥을 때려 반응을 확인한다.
- 반응이 없는 경우 주변에 사람에게 119 호출 및 자동 심장 충격기를 가져올 것을 요청한다.
- 혼자인 경우 1분간 심폐소생술 시행 후 응급기관에 연락한다.

② 가슴압박 30회 실시

- 압박할 위치는 양쪽 젖꼭지 부위를 잇는 선의 정중앙의 바로 아래 부분이다.
- 한 손으로 손바닥의 아래 부위만을 환아의 흉골 부위에 접촉시킨다.
- 시술자의 어깨는 환자의 흉골이 맞닿는 부위와 수직이 되게 위치한다.
- 한 손으로 1분당 100~120회 이상의 속도와 4~5 cm 이상 깊이로 강하고 빠르게 30회 눌러준다.

③ 영아의 흉부압박

- 압박할 위치는 양쪽 젖꼭지 부위를 잇는 선 정 중앙의 바로 아래 부분이다.
- 검지와 중지 또는 중지와 약지 손가락을 모은 후 첫 마디 부위를 환자의 흉골 부위에 접촉시킨다.
- 시술자의 손가락은 환자의 흉골이 맞닿는 부위와 수직이 되게 위치한다.
- 1분당 100~120회 이상의 속도와 4정도의 깊이로 강하고 빠르게 30회 눌러준다.

④ 인공호흡 2회 실시

- 호흡이 없으면 환아의 기도를 유지한 채 1초
  간 구조 호흡을 한다.
- 가슴이 올라오는 정도를 본다.
- 2회 연속 시행한다.
- ※ 소아의 경우 입 대 입, 영아(1세미만)의 경우 입으
  로 입과 코를 막고 호흡한다.

⑤ 가슴압박과 인공호흡을 반복

- 30회의 가슴압박과 2회의 인공호흡을 119구급
  대원이 도착할 때까지 반복하여 시행한다.

◢ 표 12-8. 기본 소생술 요점 정리

구분		성인	소아	영아
심정지 확인		무반응 무호흡 혹은 심정지 호흡 10초 이내 확인된 무맥박(의료제공자만 해당)		
심폐소생술의 순서		가슴압박-기도유지-인공호흡		
가슴압박 속도		최저 분당 100회 이상(최고 120회 미만)		
가슴압박 깊이		최소 5Cm	가슴 두께의 최소 1.3이상 (4~5Cm)	가슴 두께의 최소 1.3이상 (4Cm)
가슴이완		가슴압박 사이에는 완전한 가슴이완		
가슴압박중단		가슴압박의 중단은 최소화(불가피한 중단 시는 10초이내)		
기도유지		머리기울임-턱 들어올리기(head lift- chin-lift)		
가슴압박 대 인공호흡 비율	전문기도 확보이전	30:2	30:2(1인 구조자) 15:2(2인 구조자)	
	전문기도 확보이후	가슴압박과 상관없이 6초마다 인공호흡		
일반인 구조자		가슴압박소생술시행	심폐소생술	

출처: 어린이집안전공제회(2019). 어린이집 안전 가이드북.

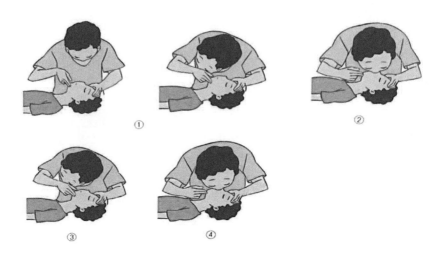

참고동영상

심폐소생술 실습
https://www.youtube.com/watch?v=-FGO6yUITv4

그림 12-2 영유아 인공호흡 순서

① 영유아의 머리를 조심스럽게 뒤로 젖혀 기도를 연 후 호흡 여부를 확인해야 한다. 이때 어른의 경우보다 조금 더 젖혀야 기도가 확보된다. 또한 잘 보고 듣는 등 조심스러운 관찰을 통하여 호흡 여부를 확인해야 한다. 고개가 많이 젖혀지면 오히려 호흡을 악화시키므로 조심스레 다룬다.
② 호흡이 멈추었을 때는 작은 영아라면 입과 코를 입으로 막고 처음에는 계속하여 2번(한번에 1~1.5초가량) 크게 천천히 숨을 불어넣는다. 영유아는 어른보다 적은 양의 공기가 필요하므로 약하게 살살 불어넣어야 한다(큰 유아라면 어른같이 코를 막고 입에만 숨을 불어넣는다).
③ 숨을 불어넣을 때에는 가슴이 올라오는지 공기가 나가는지 확인해야 한다.
④ 3초마다 반복하여 1분당 20번의 속도를 유지한다.

표 12-9. 자동심장 충격기(AED)사용법

1. 전원 켜기
▶ 자동제세동기의 전원을 켠다.

2. 두 개의 패드 부착
▶ 유아의 경우 우측 패드는 오른쪽 빗장뼈 밑에, 좌측 패드는 왼쪽 중간 겨드랑이 밑에 붙인다.
영아의 경우 좌측 패드는 가슴 앞에, 우측 패드는 등에 부착한다.

3. 심장 리듬 분석
▶ 물러나라는 신호가 나오면, 모두 물러나게 한다.

4. 제세동
▶ 분석결과 '쇼크가 필요하다'라는 신호가 나오면 자동으로 충전이 된다. 충전이 완료되기 직전에 다시 물러나라는 신호가 나오면 모두 물러나게 하고, 몸무게 1kg 당 2-4J로 쇼크 버튼을 누른다.

5. 즉시 가슴압박 시작
▶ 쇼크가 끝나면 즉시 가슴압박을 시작한다. 자동제세동기는 2분 후 자동으로 다시 분석단계를 시작한다.

그림 12-3. 자동제세동기 사용 순서

실제 1. 심폐소생술 실습

■(전문가 특강) 심폐소생술과 자동심장 충격기 사용법의 영상이나 전문가 특강을 통해 실제로 심폐소생술을 실시해 보고 느낀점을 말해봅니다.

■ 느낀점:
■ 관련 자격증 또는 이수증 붙이기

참고문헌

<논문 및 전문서적>

강희숙(1993). 국민학교 어린이의 보행자 교통안전교육에 관한 연구: 교통안전 지식, 태도 및 실천을 중심으로. 보건교육건강증진학회지, 10(1), 61-71.

곽은복(2008). 교사를 위한 아동안전교육. 서울: 창지사.

경기도교육청(2013). 행복을 지키는 안전교육 길라잡이. 경기: 경기도교육청.

과학기술정보통신부, 한국지능정보사회진흥원(2020). 스마트폰 과의존 실태조사. 세종: 과학기술정보통신부.

교육부(2014). 교육분야 안전 종합 대책 발표.(2014. 11. 11. 보도자료). 교육부

교육부(2015). 유·초·중·고 발달단계별 '학교안전교육 7대영역 표준안' 발표. 보도자료(2월 25일). 세종: 교육부.

교육부(2020). 건강·안전 관리 길라잡이. 세종: 교육부

교육부, 경상남도교육청, 학교안전공제중앙회(2016). 학교 안전교육 7대 표준안 유치원용. 서울: 교육부, 경상남도교육청, 학교안전공제중앙회

교육부, 보건복지부(2019). 2019 개정 누리과정. 세종: 교육부, 보건복지부.

국민안전처(2016). 생애주기별 안전교육 길잡이 지도서. 세종: 국민안전처 기획조정실 정보통계담당관

국민재난안전포털(2022). 안전한 놀이시설 이용을 위한 놀이기구별 안전수칙. https://m.safekorea.go.kr/idsiSFK/neo/main_m/lit/playground.html 2022. 02. 09. 인출.

권혜진(2021). 어린이집 안전사고 사례에서 본 안전사고 유형과 교사의 법적 책임 고찰. 안전문화연구, -(14), 199-211.

김남순(2020). 코로나바이러스감염증-19 현황과 과제. 보건복지 Issue & Focus, 373, 1-13.

김선옥(2017). 바깥놀이를 통한 자연물 탐색 활동이 영아의 사회정서 발달과 또래 상호작용에 미치는 효과. 대구가톨릭대학교 대학원 석사학위논문.

김선희, 윤재희(2019). 인권교육 경험을 통한 유아 인권감수성의 특성. 어린이문학교육연구, 20(2), 161-188.

김희태, 구미아, 김평례, 남연정, 이은숙, 장호진(2021). 아동안전관리. 서울: 양성원.

남유정(2013). 어린이집에서 발생하는 연령별 안전사고의 유형 및 내용분석. 중앙대학교 대학원 석사학위논문.

대전유아교육진흥원(2021). 제5주기 2021년 유치원 평가 매뉴얼. 대전: 대전유아교육진흥원.

도남희, 이윤진, 조이리, 박은영(2015). 안전한 영유아 보육·교육 환경 조성 방안(총괄보고서): 유치원과 어린이집 환경을 중심으로. 서울: 육아정책연구소.

문은주(2005). 부모의 응급처치 방법에 대한 인식조사: 영유아기 자녀를 둔 부모를 중심으로. 성신여자대학교대학원 석사학위논문.

박용조(2021). '인권을 통한 교육'의 방법적 원리 탐색-UN인권교육 관련 문서를 중심으로-. 법과
    인권교육연구, 14(3), 71-98.

보건복지부(2017). 어린이집 보육교직원 안전교육. 서울: 어린이집안전공제회.

보건복지부(2020). 아동학대 연차보고서. 세종: 보건복지부.

보건복지부(2020). 제4차 표준보육과정 해설서. 세종: 보건복지부.

보건복지부, 어린이집안전공제회(2020). 2020년 보육교직원 안전교육 예방 및 대응. 서
    울: 어린이집 안전공제회

보건복지부, 학국보육진흥원(2016). 어린이집 지진관리·대응 매뉴얼. 서울: 한국보육진흥
    원.

서울특별시교육청(2020). 유치원용 인권교육자료 개발. 서울: 서울특별시교육청.

서울특별시교육청 유아교육진흥원(2020). 제5주기 2020년 유치원평가 가이드북. 서울:
    서울특별시 교육청.

서울특별시육아종합지원센터(2015). 선생님-아이-엄마아빠 함께 배워요(2권). 서울:
    서울특별시육아종합지원센터.

서울특별시육아종합지원센터(2020). 선생님-아이-엄마아빠 함께 배워요. 서울: 서울특
    별시육아종합지원센터.

소방방재청(2005). 어린이시설 안전점검 매뉴얼. 소방방재청.

신동주(2004). 유치원의 실외놀이환경 구비 실태 및 실외놀이시설 안전점검 실태. 유아교
    육학논집, 8(4), 151-173.

성미영, 민미희, 정현심(2018. 아동안전관리. 서울: 학지사.

안혁근, 정지범, 김은성(2009). "안전한 나라 만들기"위한 안전도시 모델 개발 연구. 한국행정학회
    학술발표논문집, 2009, 1-26.

어린이집안전공제회(2019). 어린이집 안전 가이드북. 서울: 어린이집안전공제회.

어린이집안전공제회(2020). 어린이집 안전사고 예방 및 대응. 서울: 어린이집안전공제회.

어린이집안전사고공제회(2021). 어린이집 안전사고 사례집. 서울: 어린이집안전사고공제회.

여성가족부(2011). 아동안전지도매뉴얼. 서울: 여성가족부.

여성가족부(2013). 국민 47.3%, 아동 성폭력의 원인은 "가해자 처벌이 미약"하기 때문. 대한민국
    정책브리핑 보도자료.(2013. 12. 9)

오주현, 박용완(2019). 영유아의 스마트 미디어 사용 실태 및 부모 인식 분석. 육아정책연
    구, 13(3), 3-26.

육아정책연구소(2017). 영유아 건강관리 가이드북: 유치원·어린이집용. 서울: 육아정책연
    구소.

윤선화(2000). 유아교사의 안전지식, 지각 및 실천에 관한 연구. 숙명여자대학교 교육대학원 석사학
    위논문.

이금선(2017). 어린이집 건강 및 안전에 대한 인식과 안전 환경 실태- 대전시를 중심으로. 충남대
    학교 교육대학원 석사학위논문.

이기숙, 장영희, 정미라, 윤선화(2011). 영유아 안전교육. 서울: 양서원

이미희(2015). 보육교사의 아동학대 인식과 대처방안 연구. 가야대학교 행정대학원 석사학위논문.

이순영(2010). 영유아 보육시설 안전사고 실태 및 종사자 인식 연구: 서울시 강북구 국공립 민간(사립) 보육시설을 중심으로. 광운대학교 정보복지대학원 석사학위논문.

이영애, 신은수(2015). 유아교육기관 운영관리. 서울: 방송통신대학교 출판문화원.

이윤경, 문혁준, 권희경, 김명애, 김혜금, 김혜연, 서소정, 안효진, 정지나, 조혜정, 천희영(2013). 아동안전관리. 서울: 창지사.

이현숙(2017). 어린이집 영유아 안전사고 영향 요인에 관한 연구. 단국대학교 대학원 박사학위논문.

전남련, 김진혜, 권경미, 권순남, 강은숙, 홍은미(2010). 유아 건강·안전교육. 경기: 정민사.

정옥분(2018). 아동발달의 이해. 서울: 학지사.

정효정, 심순애, 이준희, 장문규, 전영택(2010). 현장중심 상담심리. 경기: 파워북

조경자, 이현숙(2004). 유아건강교육. 서울: 학지사.

주아련(2021). 팬데믹 상황에서 보육교사의 감염병 지식, 건강통제 소재, 자기효능감, 예방행위 실천과의 관계. 숙명여자대학교 교육대학원 석사학위논문.

중앙보육정보센터(2008). 보육시설 안전관리 매뉴얼. 중앙보육정보센터.

천희영(2013). 아동안전관리. 서울: 창지사.

최경아(2017).영유아 안전교육에 대한 교사의 인식과 운영 실태 및 방해요인 분석 : - 광주광역시를 중심으로. 호남대학교 대학원 석사학위논문.

최은영(2018). 유치원과 어린이집의 전염성 질환 관리 현황 및 대책. 육아정책연구소.

학교안전공제중앙회(2021). 2020년 학교 안전사고 분석통계. 서울: 한국안전공제중앙회.

한국보육진흥원(2020). 2021 어린이집 평가 매뉴얼. 서울: 한국보육진흥원.

한국소비자원(2015). 어린이 안전사고 3년 연속 증가. https://www.kca.go.kr/home/sub.do?menukey=4002&mode=view&no=1001696171&page=46. 한국소비자원 보도자료(2015. 7. 7)

한국소비자원(2021). 2020 어린이 안전사고 동향 분석. 충북: 한국소비자원 위해정보국 위해예방팀

한국인터넷진흥원(2019). 스마트폰 과의존 실태조사 결과. 전남: 한국인터넷진흥원.

한국체육시설안전기술(2022). 놀이시설별 안전사고 분석. https://cps.or.kr/safe2/cps5sub2.jsp 2022. 02. 09. 인출.

허인애(2003). 교사가 지각한 유아교육기관 안전사고의 분석. 탐라대학교 교육대학원 석사학위논문.

행정안전부(2019). 어린이놀이시설 중대사고 분석 결과. 세종: 행정안전부.

행정안전부(2021). 국민행동요령: 어린이 놀이시설 안전. 세종: 행정안전부.

행정안전부(2021). 재난안전 상황분석 결과 및 중점관리 대상 재난안전사고. 세종: 행정안전부.

Decker, C. A., & Decker, J. R. (1976). *Planning and administering early childhood programs.* Columbus, OH: Merrill.

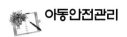

Henniger, M. L. (1994). Planning for outdoor play. *Young Children, 49*(4), 10−15.

<전문사이트>
깨비키즈 http://www.kebikids.com
경기도 학교 안전공제회 http://www.ggssia.or.kr
경찰청 https://www.police.go.kr
국가법령정보센터 https://www.law.go.kr
기상청 https://www.weather.go.kr
도로교통공단교통사고분석시스템 http://taas.koroad.or.kr
국민재난안전포털 https://www.safekorea.go.kr
네이버 지식백과 https://terms.naver.com/
대구율원초등학교 http://www.dgyulwon.es.kr/index.do
두산백과 http://www.doopedia.co.kr
베이비타임즈 http://www.babytimes.co.kr
서울시육아종합지원센터 http://seoul.childcare.go.kr
소방청 https://www.nfa.go.kr
스마트쉼센터 https://www.iapc.or.kr
아동권리보장원 https://www.ncrc.or.kr
안전Dream 아동·여성·장애인 경찰지원센터 https://www.safe182.go.kr
양천소방서 http://fire.seoul.go.kr/yangchun
어린이안전학교 http://www.go119.org
어린이집안전공제회 https://www.csia.or.kr
위키백과 https://ko.wikipedia.org/wiki
음성경찰서 http://www.cbpolice.go.kr/es
한국교통안전공단 https://www.kotsa.or.kr
한국보건의료연구원 https://www.neca.re.kr
한국소비자원 http://www.kca.go.kr

<사진 출처>
건영유치원
이화유치원
의림유치원
누리뜰어린이집
더 숲 어린이집
해태어린이집

<뉴스 영상>

YTN news. https://www.youtube.com/watch?v=uWSaGiZTGmU. 집 앞 놀이터 사고 잦아... 대부분 '부주의'. 자료(2016. 02. 17)

SBS NEWS. https://www.youtube.com/watch?v=7II7dhNpE9k. 어린이집서 자다가 '돌연사'... 원인불명에 가슴치는 부모들. 자료(2015. 1. 31)

안녕!MBC충북. https://www.youtube.com/watch?v=MNAy5YDTxoM. '응급처치' 4분의 기적. 자료(2015. 4. 7)

<개인 유투버 영상>

임성욱. https://www.youtube.com/watch?v=2GEoCCbQ1V4. 놀이터 안전 사고 예방 교육. 2013. 9. 27.

◆ 오경숙
　원광대학교 대학원 교육학박사(유아교육)
　국제대학교 유아교육과 교수
　아동안전지도/부모교육/아동건강교육외 다수

◆ 강영식
　원광대학교 대학원 교육학박사(유아교육)
　충남대학교 교육대학원 유아교육과 교수
　부모교육/가족관계론/아동영양학외 다수

◆ 김유나
　덕성여자대학교 대학원 교육학박사(유아교육)
　경동대학교 유아교육과 외래교수

◆ 정서진
　충남대학교 교육대학원 교육학석사(유아교육)
　더 숲 어린이집 교사

◆ 삽화 및 표지

　원재희
　홍익대학교 미술대학

아동안전관리

1판 1쇄 인쇄 2022년 02월 28일
1판 1쇄 발행 2022년 03월 05일
저　　　자 오경숙 외
발 행 인 이범만
발 행 처 **21세기사** (제406-00015호)
　　　　　경기도 파주시 산남로 72-16 (10882)
　　　　　Tel. 031-942-7861　　　Fax. 031-942-7864
　　　　　E-mail : 21cbook@naver.com
　　　　　Home-page : www.21cbook.co.kr
　　　　　ISBN 979-11-6833-019-1

정가 21,000원